Steuererklärung 2019/2020

Arbeitnehmer, Beamte

Hans W. Fröhlich, Angela Rauhöft

Steuererklärung 2019/2020

Arbeitnehmer, Beamte

Stiftung Warentest

Liebe Leserin, lieber Leser!

Die meisten Arbeitnehmer zahlen Monat für Monat mehr Lohnsteuer, als dem Fiskus zusteht. Geld zurück gibt es später nur per Steuererklärung: Im Schnitt sind es rund 1000 Euro. Wer keine Steuererklärung abgibt, verschenkt oft eine Menge Geld. Warum eigentlich?

Klar: Niemand füllt gern eine Steuererklärung aus. Manch einer gruselt sich fast schon, wenn er die Steuerformulare nur von Weitem sieht. Die Steuergesetze sind schwer verständlich, dazu kommen immer neue Gerichtsurteile und Verwaltungsanweisungen. Das alles empfinden viele völlig zu Recht als Zumutung. Aber sollte man sich den Frust darüber so viel Geld kosten lassen?

Wir meinen nein und bieten Ihnen Unterstützung in Form dieses Ratgebers. Die wichtigsten Zusammenhänge werden auch für Steuerlaien verständlich erklärt. Schritt für Schritt führt Sie das Buch durch die Formulare und weist Sie auf die Neuerungen 2019 hin. Damit meistern Sie auch die größeren Änderungen in diesem Jahr , welche die Steuerformulare 2019 enthalten. Dazu kommen Steuertipps, die sich auf das konzentrieren, was Arbeitnehmer und Beamte am häufigsten beschäftigt. So ist die Gefahr gebannt, sich zwischen Tausenden von Steuertipps zu verlaufen. Tabellen, Musterrechnungen, Beispiele, Übersichten und ausgefüllte Originalformulare erleich tern die Orientierung.

Dieser Ratgeber wendet sich an alle, die ihre Steuererklärung noch auf „geduldigem Papier" oder schon elektronisch abgeben. Das funktioniert vor allem durch die strikte Orientierung an den Zeilennummern der Originalformulare

Den Abschnitt zur Elektronischen Steuererklärung (ELSTER) haben wir in dieser Ausgabe erneut ausgebaut. Damit helfen wir – Schritt für Schritt – allen, die sich auf den Weg vom Papierformular zu Computer & Tablet machen wollen oder müssen. Aber auch wer bereits seine Steuererklärung digital erstellt, findet bodenständige Hilfen, verständlich für steuerliche und technische Laien.

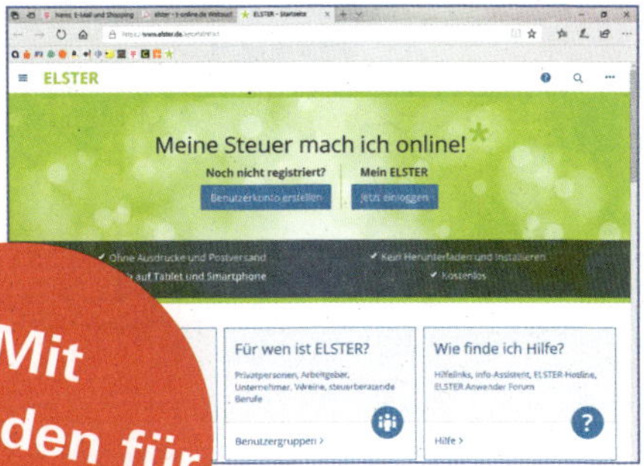

Mit Leitfaden für ELSTER

Inhaltsverzeichnis

Grundkurs Lohnsteuer

Mit diesem kleinen Grundkurs können Sie einschätzen, ob das Finanzamt Ihnen etwas zurückzahlen muss oder nicht. Er erleichtert das Ausfüllen der Steuererklärung und den Umgang mit dem Finanzamt. Wer sich danach mit Begriffen, Terminen, Fristen und den wichtigsten Anforderungen an seine Steuererklärung besser auskennt, vermeidet Fallstricke und hat in der Regel mehr Netto vom Brutto.

Haben Sie jemals versucht, ein Steuergesetz, eine Anweisung der Finanzverwaltung, ein Finanzgerichtsurteil oder einen Fachbeitrag zum Steuerrecht zu lesen? Wenn ja, kennen Sie das Problem: Steuerchinesisch und ein abschreckend bürokratischer Sprachstil im Juristendeutsch. Versteht da nicht fast jeder Normalsteuerzahler nur noch Bahnhof? Selbst ganz einfache Zusammenhänge verschwinden hinter Wortungetümen. Wir versuchen, diese Knoten zu lösen und steuerliche Fachbegriffe so weit wie möglich zu vermeiden. Dort, wo sie unverzichtbar sind, werden sie so erklärt, dass auch Steuerlaien mitkommen. Die ersten wichtigen Begriffe erläutern wir gleich hier in diesem Kapitel und machen sie begreiflich. Sie erleichtern die Einsicht in viele Zusammenhänge, und sie tauchen an verschiedenen Stellen dieses Ratgebers wieder auf.

Grundbegriffe erklärt

Die gute Nachricht: Arbeitnehmer müssen sich mit nur wenigen Fachbegriffen plagen, und die sind noch dazu vergleichsweise übersichtlich. Die schlechte Nachricht: Manche Fachbegriffe sind in der Alltagssprache verwurzelt und stehen dort für allgemeine Sachverhalte. In der Steuerfachsprache bedeuten sie etwas ganz anderes. So werden beispielsweise Begriffe wie „Einkommen“ oder „Einkünfte“ in der Alltagssprache ziemlich gleich verwendet. In der Steuerfachsprache liegen dazwischen Welten, noch dazu ganz klar abgegrenzte. Darüber hinaus gibt es Spezialbegriffe, unter denen sich kein Mensch etwas vorstellen kann, es sei denn, er verfügt über steuerliches Fachwissen. Eine dieser Perlen der Sprachschöpfung heißt „Progressionsvorbehalt“ (→ Seite 13). Für Arbeitnehmer ist es hilfreich, wenn sie mit den hier erläuterten Begriffen umgehen können. Wer sie im Hinterkopf behält oder hier wieder nachschlägt, findet sich besser durch Steuerprobleme aller Art.

Auf der Einnahmenseite dreht sich im Steuerrecht alles um den Begriff der **Einkünfte**. Davon gibt es sieben unterschiedliche, die sogenannten **Einkunftsarten**. Die unterliegen der Einkommensteuer, sind nach ihrer jeweiligen Quelle benannt und heißen deshalb einigermaßen nachvollziehbar Einkünfte aus

- Land- und Forstwirtschaft,
- Gewerbebetrieb,
- selbstständiger Arbeit,
- nichtselbstständiger Arbeit,
- Kapitalvermögen,
- Vermietung und Verpachtung.

Neben diesen sechs gibt es eine siebte Einkunftsart. Sie nennt sich „sonstige Einkünfte“ und darunter fällt, was bei den anderen Einkunftsarten nicht unterzubringen ist, beispielsweise Renteneinkünfte.

Die zentrale Einkunftsart aller Arbeitnehmer, ob Angestellte, Arbeiter oder Beamte, heißt **Einkünfte aus nichtselbstständiger Arbeit**. Die ergeben sich vor allem aus Löhnen und Gehältern, die der Arbeitgeber zahlt. Aber Löhne und Gehälter sind nicht dem Begriff Einkünfte aus nichtselbstständiger Arbeit gleichzusetzen: Vereinfacht gesagt sind Einkünfte im steuerlichen Sinn nämlich immer die Einnahmen aus einer Quelle minus die Ausgaben, die erforderlich sind, um diese Einnahmen zu erzielen. Für Arbeitnehmer und Beamte heißt das: Ihre Einkünfte sind vor allem Lohn oder Gehalt minus der Kosten, die sie für ihren Job aufbringen müssen. Die heißen **Werbungskosten** und stehen ihnen zunächst in Form des **Arbeitnehmerpauschbetrag**s zu. Der Pauschbetrag beläuft sich auf 1000 Euro für ein Kalenderjahr. Arbeitnehmer können ihn auch dann in vollem Umfang nutzen, wenn sie nur einige Monate im Jahr gearbeitet haben. Alle, die höhere Ausgaben für ihren Job haben, etwa für Fahrten zur Arbeit, ein häusliches Arbeitszimmer, die Anschaffung eines Computers, Fachbücher, andere Arbeitsmittel oder eine doppelte Haushaltsführung, können diese Ausgaben als Werbungskosten in tatsächlicher Höhe geltend machen.

→ Zum Beispiel Ariane A.

Sie ist alleinstehend und in einem Verlag fest angestellt, Bruttolohn im Jahr 30 000 Euro. Die drei Kilometer zur Firma fährt sie arbeitstäglich je nach Wetter und Laune mit dem Rad oder mit ihrem Auto. Ausgaben für den Job hat sie sonst keine, andere Einkünfte auch nicht. Mit ihren Werbungskosten kommt sie nicht über den Arbeitnehmerpauschbetrag von 1 000 Euro, denn ihr Arbeitsweg schlägt gerade mal mit 198 Euro zu Buche (3 km mal 220 Tage mal 0,30 Euro, → Seite 87). Sie erzielt folglich 29 000 Euro Einkünfte aus nichtselbstständiger Tätigkeit (30 000 minus 1 000). Würde sich der tägliche Arbeitsweg, zum Beispiel nach einem Umzug, auf 30 Kilometer verlängern, kämen allein dadurch 1 980 Euro Werbungskosten zusammen (30 km mal 220 Tage mal 0,30 Euro). Das würde Arianes Einkünfte auf 28 020 Euro drücken (30 000 minus 1 980).

Das Finanzamt fasst alle positiven und negativen Einkünfte zusammen. Freibeträge, beispielsweise der Entlastungsbetrag für Alleinerziehende (Steuerklasse II), sind danach zu berücksichtigen. Das Zwischenergebnis wird als **Gesamtbetrag der Einkünfte** bezeichnet. Der Betrag spielt zum Beispiel bei der Berechnung von Steuervorteilen eine Rolle oder bei der Berechnung der zumutbaren Belastung (→ Seite 53). An dieser Stelle dient er uns vor allem als Ausgangspunkt für einen nächsten Rechenschritt.

Werden vom Gesamtbetrag der Einkünfte **Sonderausgaben** und **außergewöhnliche Belastungen** abgezogen, ergibt das in der Steuersprache das **Einkommen**. Sonderausgaben sind bestimmte private Kosten, die steuerlich abzugsfähig sind. Dazu gehören beispielsweise Spenden oder Kirchensteuer. Jedem steht zunächst ein Sonderausgabenpauschbetrag von jährlich 36 Euro zu. Die wichtigsten Sonderausgaben für Arbeitnehmer sind in der Regel die Beitragszahlungen an Renten-, Kranken- und Pflegeversicherungen (→ Seite 68). Diese speziellen Sonderausgaben werden auch **Vorsorgeaufwendungen** genannt und zusätzlich zum Sonderausgabenpauschbetrag berücksichtigt.

Unter außergewöhnlichen Belastungen versteht das Steuerrecht weitere private Ausgaben, die das Finanzamt ganz oder teilweise steuermindernd anerkennt. Darunter fallen etwa Krankheitskosten oder Aufwendungen behinderter Menschen (→ Seite 49).

Wie die weitaus meisten Arbeitnehmer kann Ariane A. aus dem Beispiel zuvor einen Teil ihrer Versicherungskosten absetzen. Für 2019 wären das 4 811 Euro für die gezahlten Rentenversicherungs-, Kranken- und Pflegeversicherungsbeiträge (→ Seite 68). Wenn sie keine weiteren Sonderausgaben und keine außergewöhnlichen Belastungen geltend machen kann, käme sie damit auf ein Einkommen von 24 153 Euro (29 000 minus 4 811 minus 36 Euro Sonderausgabenpauschale).

Um aus dem Einkommen das **zu versteuernde Einkommen** zu berechnen, also den Betrag, der unter dem Strich tatsächlich zu versteuern ist, können weitere Freibeträge abgezogen werden. Vor allem geht es an dieser Stelle um den Kinderfreibetrag und den sogenannten Betreuungsfreibetrag. Das betrifft vor allem gut verdienende Eltern, bei denen die finanzielle Entlastung durch das Kindergeld geringer ausfällt als die Entlastung durch beide Freibeträge (→ Seite 122). Da Ariane A. ihren erwachsenen Sohn steuerlich nicht mehr als Kind geltend machen kann, ist die Höhe ihres Einkommens also genauso hoch wie ihr zu versteuerndes Einkommen von 24 153 Euro. Nach geltendem Steuertarif müsste sie als Alleinstehende 3 550 Euro Einkommensteuer und rund 195 Euro Solidaritätszuschlag zahlen. Gegebenenfalls kämen noch bis zu rund 320 Euro Kirchensteuer hinzu. Wer herausfinden will, wie viel Einkommensteuer auf sein zu versteuerndes Einkommen fällig wird, findet dazu ein praktisches Tool unter www.bmf-steuerrechner.de („Berechnung der Einkommensteuer").

Liegt das zu versteuernde Einkommen unter dem **Grundfreibetrag**, oft auch als **steuerfreies Existenzminimum** bezeichnet, wird keine Einkommensteuer fällig.

→ **NEU:** Der Grundfreibetrag erhöht sich 2019 von 9 000 auf 9 168 Euro pro Person und Jahr. Für Ehepaare und eingetragene Lebenspartner verdoppelt er sich auf 18 336 Euro.

Neben dem Arbeitslohn erhalten Angestellte manchmal Lohnersatzleistungen. Die heißen so, weil sie anstelle von Arbeitslohn gezahlt werden, zum Beispiel Arbeitslosengeld, Kurzarbeitergeld, Mutterschafts-, Eltern- oder Krankengeld (→ Seite 189). Solche Leistungen sind steuerfrei, können aber unter dem Strich trotzdem zu höheren Steuern führen. Das funktioniert über den sogenannten **Progressionsvorbehalt**. Hinter dem sperrigen Begriff verbirgt sich für Arbeitnehmer im Zusammenhang mit Lohnersatzleistungen folgender Vorgang: Zum zu versteuernden Einkommen wird eine im Jahresverlauf bezogene Lohnersatzleistung hinzugezählt und auf dieser Grundlage der durchschnittliche Steuersatz ermittelt. Danach zieht man die Lohnersatzleistung wieder ab und wendet den so ermittelten Steuersatz auf das ursprüngliche zu versteuernde Einkommen an. Das führt in der Regel zu einer höheren Steuerbelastung als vorher. Hätte beispielsweise Ariane A. zu ihrem zu versteuernden Einkommen von 24153 Euro noch 2000 Euro Kurzarbeitergeld erhalten, wäre ihr Durchschnittssteuersatz (→ Seite 256) von 14,70 Prozent auf 15,76 Prozent gestiegen. Sie müsste auf dasselbe zu versteuernde Einkommen von 24153 Euro „dank Progressionsvorbehalt" 256 Euro mehr Einkommensteuern zahlen.

Den laufenden Steuerabzug von Lohn und Gehalt übernimmt der Arbeitgeber im Auftrag des Finanzamts. Das funktioniert über sechs unterschiedliche **Lohnsteuerklassen**. Vor allem die familiäre Situation entscheidet darüber, welcher Lohnsteuerklasse Arbeitnehmer angehören.

- **Alleinstehende.** Ohne Kinder sind sie in Klasse I. Haben sie mindestens ein Kind, kann es auch Steuerklasse II sein.
- **Ehepaare und eingetragene Lebenspartnerschaften**. Sie können wählen. Dabei ist die Kombination der Steuerklassen IV/IV in der Regel erste Wahl, wenn beide Partner etwa gleich viel verdienen. Liegen die Löhne weit auseinander, sorgt die Kombination III/V für den geringsten laufenden Steuerabzug (Klasse III für den Partner mit dem höheren Gehalt, → ab Seite 243). Bei großen Lohnunterschieden müssen Ehepaare jedoch mit zum Teil erheblichen Nachzahlungen rechnen. Um dies zu vermeiden, besteht für Paare eine Alternative unter dem Begriff „Faktorverfahren". Ein Faktor gleicht den Verdienstunterschied aus und mindert die Steuerbelastung im Vergleich zur Steuerklassenwahl IV/IV (oder vier-vier). Die jährliche Gesamtbelastung nach Abgabe der Steuererklärung ändert sich nicht. Der Faktor kann

ebenso wie die anderen Steuerklassen aber die Höhe von Lohnersatzleistungen, etwa von Elterngeld, beeinflussen (→ Seite 205).

Die Lohnsteuerklasse VI gilt für ein zweites und für jedes weitere Arbeitsverhältnis – unabhängig von familiären Verhältnissen. Die Zuordnung zu Lohnsteuerklassen beeinflusst die Abzüge vom Bruttolohn und damit die Höhe des laufenden Nettolohns. So ist zum Beispiel ein Bruttomonatsgehalt von 3 000 Euro in den Klassen I und IV mit rund 417 Euro Lohnsteuer belastet (ohne Solidaritätszuschlag und ohne Kirchensteuer). In der Klasse III sind es nur rund 173 Euro und in der Klasse V rund 736 Euro Lohnsteuer. Die Unterschiede kommen daher, dass die einzelnen Steuerklassen unterschiedliche Freibeträge und Pauschalen enthalten. So drücken der in Klasse III eingearbeitete doppelte Grundfreibetrag und ein teilweise höherer Abzugsbetrag für Vorsorgeaufwendungen (das sind hier die Beiträge für die Renten- und Kranken- und Pflegeversicherung) die laufende Steuerlast erheblich (→ Seite 243).

Der Steuerabzug über die Lohnsteuerklasse erfolgt im Jahresverlauf pauschal nach einem ziemlich groben Raster. Dadurch kann der laufende Lohnsteuerabzug von der tatsächlichen Steuerschuld erheblich abweichen. Von mehr als 20 Millionen Arbeitnehmern und Beamten holt sich der Fiskus auf diese Weise mehr oder weniger als ihm zusteht. In fast 90 Prozent aller Fälle ist es mehr: Im Bundesdurchschnitt zahlen die Finanzämter Arbeitnehmern pro Steuererklärung fast 1 000 Euro zurück.

Welche Steuerklassenkombination für Ehe- und Lebenspartner am günstigsten ist, finden Sie unter www.test.de/Steuerratgeber-Extra oder auf der BMF-Homepage unter www.bundesfinanzministerium.de (Suchbegriff „Steuerklassenwahl“).

Aufgrund der Gesetzesänderung für gleichgeschlechtliche Paare wird durchgängig in allen Formularen ein Partner regelmäßig als „Person A“ bezeichnet, der andere als „Person B“. Alle in diesem Ratgeber genannten Bestimmungen gelten für alle Ehen und eingetragene Lebenspartner gleichermaßen. Es wird im Buch aber nicht überall gesondert erwähnt. Weitere Infos finden Sie ab Seite 37.

Warum die meisten Arbeitnehmer zu viel Steuern zahlen

Für den Finanzminister ist die Lohnsteuer besonders wichtig. Sie gehört zu seinen mit Abstand größten Einnahmeposten. Rund 251 Milliarden Euro brachte sie 2018 brutto in die Staatskasse. Der Fiskus kann sofort über diese sichere Einnahmequelle verfügen.

Was den Finanzminister freut, ist für Lohnsteuerzahler ein Nachteil, und der beginnt genau an dieser Stelle. Der Sofortabzug der Lohnsteuer funktioniert nämlich wie zuvor beschrieben zunächst pauschal und ohne die konkrete Lage des einzelnen Arbeitnehmers zu berücksichtigen. Das führt dazu, dass das Finanzamt in den weitaus meisten Fällen zunächst mehr Geld kassiert, als ihm zusteht.

So wird der Arbeitnehmerpauschbetrag in den Lohnsteuerklassen I bis V in jedem Monat mit 83,33 Euro berücksichtigt (1000 durch 12, Ergebnis gerundet). Hat ein Arbeitnehmer beispielsweise aber nur sechs Monate eines Jahres gearbeitet, etwa weil er im Juli erstmals einen Job angetreten hat oder weil er in den anderen Monaten arbeitslos war, oder weil er am 1. Juli in Rente ging, konnte er nur für sechs Monate den Arbeitnehmerpauschbetrag nutzen, also 500 Euro. Die restlichen 500 Euro stehen ihm aber trotzdem zu, weil es ein Jahresbetrag ist. Ein Arbeitnehmer erhält ihn auch dann ohne zeitanteilige Kürzung, wenn er nur an einem einzigen Tag des Jahres gearbeitet hat. Die Berechnungen, nach denen der Arbeitgeber die Lohnsteuer einbehält, gehen davon aus, dass ein Angestellter volle zwölf Monate des Jahres beschäftigt ist. Wer kürzer gearbeitet hat, zahlt somit zwangsläufig im Jahresverlauf zu viel Lohnsteuer für den Arbeitslohn.

Solange sich die Werbungskosten im Rahmen des Arbeitnehmerpauschbetrags bewegen, bleibt der Nachteil für Arbeitnehmer meist überschaubar. Liegen sie höher, etwa durch eine größere Entfernung zwischen Wohnung und Betrieb, durch häufige Dienstreisen, ein Heimbüro, einen

zweiten Haushalt am Arbeitsort, Fortbildungsaufwand oder höhere Ausgaben für Arbeitsmittel, kann ein Angestellter übers Jahr ein paar Hunderter oder gar Tausender zu viel Steuern bezahlen. Grund: Werbungskosten oberhalb der Pauschale sind in den Lohnsteuertabellen für den Arbeitgeber nicht vorgesehen, sie werden folglich beim Lohnsteuerabzug auch nicht berücksichtigt. Diese Ausgaben senken die laufende Steuerlast nur, wenn Arbeitnehmer und Beamte dafür Freibeträge beantragt haben (→ Seite 183). Ansonsten können sie erst in der Steuererklärung die Kosten geltend machen, vorausgesetzt, man gibt eine ab. Wer keine abgibt, beschenkt die Staatskasse nicht nur zeitweise, sondern auf Dauer.

Gleiches gilt für die sogenannten Sonderausgaben oberhalb der eingearbeiteten und ziemlich mageren Pauschale von 36 Euro (3 Euro monatlich), beispielsweise für Kirchensteuer, Spenden oder Ausbildungskosten, sowie auch für die außergewöhnlichen Belastungen, etwa Krankheitskosten und Unterhaltszahlungen (→ Seite 143). Außergewöhnliche Belastungen werden beim regulären Lohnsteuerabzug im Jahresverlauf nicht einmal pauschal erfasst.

Anders sieht es beim Vorsorgeaufwand aus. Die Beiträge zur Rentenversicherung, Kranken- oder Pflegeversicherung drücken bereits den laufenden Lohnsteuerabzug und das in der Regel sehr zutreffend.

Viele Steuervergünstigungen bleiben beim Lohnsteuerabzug jedoch unberücksichtigt. Hier hilft nur die Abgabe einer Steuererklärung, um an sein Geld zu kommen.

- So bleiben jährlich als sogenannter Härteausgleich bis zu 410 Euro Einkünfte steuerfrei, die Angestellte neben Lohn und Gehalt einnehmen. Arbeitnehmer, Beamte und Pensionäre können bis zu dieser

Höhe zum Beispiel Mieteinkünfte, Renteneinkünfte, freiberufliche oder gewerbliche Einkünfte steuerfrei einnehmen. Für Zinsen und andere Kapitaleinkünfte funktioniert das nicht (→ Seite 196).

- Für Nebeneinkünfte von Angestellten bis 820 Euro gibt es einen „erweiterten Härteausgleich". Dabei unterliegen Einkünfte zwischen 410 und 820 Euro einer ermäßigten Besteuerung (→ Seite 195).
- Auch den Altersentlastungsbetrag für Menschen über 65 (→ Seite 170), die Steuererstattungen für Dienstleistungen rund um den Privathaushalt (→ Seite 58) oder für Parteispenden (→ Seite 43) können Arbeitnehmer und Beamte nur nutzen, wenn sie eine Steuererklärung abgeben.
- Nur die Eltern, die eine Steuererklärung samt Anlage(n) Kind abgeben, können Kinderbetreuungskosten und weitere steuerliche Kinderförderungen geltend machen (→ ab Seite 122). Für Unterhaltszahlungen an den erwachsenen Nachwuchs brauchen Eltern die Anlage Unterhalt (→ Seite 143).

Der Fiskus kassiert mit der pauschalen Lohnsteuer mehr, als ihm zusteht. Die Zahlen des Statistischen Bundesamts sind in diesem Punkt eindeutig. Rund 1,5 Millionen Arbeitnehmer, die 2015 eine Steuererklärung abgaben und die ausschließlich Einkünfte aus nichtselbstständiger Tätigkeit (und gegebenenfalls Kapitaleinkünfte) hatten, mussten Steuern nachzahlen. Aber in 13,5 Millionen Fällen gab es Geld vom Finanzamt zurück. Bei dieser Rechnung werden Ehepaare, die eine gemeinsame Steuererklärung abgegeben haben, als ein „Steuerfall" gezählt.

Mit hoher Wahrscheinlichkeit können aber noch deutlich mehr Arbeitnehmer und Beamte von der Abgabe einer Steuererklärung profitieren. In den genannten Zahlen sind etwa 8 Millionen Steuererklärungen von Arbeitnehmern nämlich gar nicht drin. Grund: In diesen Steuererklärungen ging es neben Einkünften aus nichtselbstständiger Tätigkeit (und eventuell aus Kapitalvermögen) noch um weitere Einkünfte, beispielsweise solche aus Vermietung , aus Renten, aus einer gewerblichen oder aus einer freiberuflichen Tätigkeit, die diejenigen selbst oder ihre Partner hatten. In solchen Fällen werden Steuererstattungen und Steuernachzahlungen, die sich aus Einkünften aus nichtselbstständiger Tätigkeit ergeben, statistisch gar nicht einzeln erfasst. Die Steuererstattungen dürften sich schätzungsweise aber in der Größenordnung bewegen, die für Menschen zutrifft, die ausschließlich Einkünfte aus nichtselbstständiger Arbeit haben. Dort kam es bei fast 90 Prozent aller abgegebenen Steuererklärungen zu einer Steuererstattung. Ganz und gar fehlen in dieser Statistik weitere rund 8 Millionen Arbeitnehmer und Beamte, die überhaupt keine Steuererklärung abgegeben haben. Auch sie dürften über erhebliches Steuersparpotenzial verfügen, das sich nur per Steuererklärung erschließen lässt, wenn, ja wenn sie denn eine abgeben würden.

Die Aussicht auf rund 1 000 Euro Steuererstattung (Durchschnitt 2015) relativiert auch die Plage mit den Formularen: Wer zehn Stunden Arbeit in eine Steuererklärung steckt, kommt immerhin auf 100 Euro „Stundenlohn". Das rechnet sich und auch der Zeitumfang dürfte etwa passen. Und wer weniger Zeit braucht, macht einen noch besseren Schnitt.

TIPP: Das Finanzamt kassiert im Jahresverlauf in der Regel mehr, als ihm zusteht. Daher sollten Arbeitnehmer und Beamte grundsätzlich immer prüfen, ob sich eine Steuererklärung für sie lohnt. Wenn ja, müssen sie nur noch den inneren Schweinehund überwinden, die Steuererklärung ausfüllen und abgeben.

Abgabepflicht und Abgabekür

Viele Arbeitnehmer und Beamte müssen nicht nachdenken, ob sie eine Steuererklärung abgeben. Sie sind dazu verpflichtet. Der Fiskus befürchtet in diesen Fällen, dass ihm ohne Steuererklärung etwas durch die Lappen gehen könnte. Also will das Finanzamt schwarz auf weiß und ganz genau sehen, was das Jahr über finanziell gelaufen ist. Unter dem Strich führen viele dieser „Pflichtveranlagungen" aber trotzdem dazu, dass der Fiskus Geld zurückgeben muss.

Abgabepflicht

Arbeitnehmer müssen eine Steuererklärung abgeben, wenn sie im Jahresverlauf neben ihrem Arbeitslohn weitere steuerpflichtige Einkünfte oder Lohnersatzleistungen von mehr als 410 Euro eingenommen haben. Bis 410 Euro Nebeneinkünfte bleiben für Arbeitnehmer steuerfrei (→ Seite 195). Wer beispielsweise Ackerland verpachtet, muss eine Steuererklärung abgeben, wenn die Pachteinkünfte 410 Euro übersteigen.

Die Abgabepflicht betrifft auch viele, die eine gemeinsame Steuererklärung abgeben. Ist etwa bei einem Ehepaar der eine Arbeitnehmer und der andere Freiberufler oder Rentner oder Vermieter, wird eine Steuererklärung fällig, wenn Einkünfte aus diesen Quellen von mehr als 410 Euro vorliegen. Für Paare mit gemeinsamer Steuererklärung verdoppelt sich die 410-Euro-Grenze nicht

Steuerpflichtige Nebeneinkünfte und Lohnersatzleistungen werden erfreulicherweise nicht zusammengerechnet. Ein Arbeitnehmer, der im Jahr zum Beispiel bis zu 410 Euro Einkünfte aus einer vermieteten Immobilie hat und dazu bis zu 410 Euro Kurzarbeitergeld erhält, ist nicht dazu verpflichtet, eine Steuererklärung abzugeben.

Eine Ausnahme von der Abgabeverpflichtung bilden Zinsen und andere Einkünfte aus Kapitalvermögen. Wurden private Kapitaleinkünfte pau-

schal mit 25 Prozent Abgeltungsteuer, Solidaritätszuschlag und gegebenenfalls Kirchensteuer belegt, lösen sie keine Steuererklärungspflicht aus, egal wie hoch sie sind. Wenn aber kirchensteuerpflichtige Arbeitnehmer eine **Sperrvermerkserklärung** beim Bundeszentralamt für Steuern (BZSt) eingereicht haben, ist eine Steuererklärung in der Regel Pflicht. Wenn Arbeitnehmer die sogenannte **Günstigerprüfung** beantragen wollen, weil sie der Meinung sind, dass ihnen die Abgeltungsteuer Nachteile bringt, funktioniert das nur mithilfe einer Steuererklärung, einschließlich der Anlage KAP (→ ab Seite 149).

Arbeitnehmerpaare müssen auch dann eine Steuererklärung abgeben, wenn sie sich für die **Steuerklassenkombination III/V** oder für das **Faktorverfahren** (→ ab Seite 204) entschieden haben. Bei Kombination IV/IV besteht grundsätzlich keine Verpflichtung, eine Steuererklärung abzugeben. Dagegen löst die **Klasse VI**, die es für ein zweites und jedes weitere Arbeitsverhältnis gibt, bei Alleinstehenden wie bei Paaren Erklärungspflicht aus.

Wenn beim Lohnsteuerabzug im Jahresverlauf **Freibeträge** berücksichtigt wurden, führt das ebenfalls zur Pflichtabgabe einer Steuererklärung. So können Freibeträge, etwa für Werbungskosten oberhalb des Arbeitnehmerpauschbetrags, für Unterhaltszahlungen, Krankheitskosten oder für Vermietungsverluste den laufenden Lohnsteuerabzug drücken (→ Seite 183). Sie werden gewissermaßen „vorausschauend“ beantragt und genehmigt. Anhand der Steuererklärung prüft das Amt dann nachträglich, ob die beantragte Erwartung eingetroffen ist. Ausnahmen sind hier Behinderten- und Hinterbliebenenpauschbeträge (→ Seite 49). Ihre Eintragung löst keine Abgabepflicht aus. Gleiches gilt im Jahr 2019 auch für alle anderen eingetragenen Freibeträge, wenn Arbeitnehmer nur einen

Bruttojahreslohn bis 11 600/22 050 Euro (Alleinstehende/Ehepaare oder Lebenspartner) haben.

Arbeitnehmer und Beamte sind grundsätzlich verpflichtet, eine Einkommensteuererklärung abzugeben, wenn die vom Arbeitgeber pauschal berücksichtigten **Beiträge zur Kranken- und Pflegeversicherung höher ausgefallen sind als die tatsächlich gezahlten Beiträge**. Das betrifft viele Beamte (→ Seite 209). Die Pflichtabgabe entfällt aber auch in diesem Fall bei Bruttoarbeitslöhnen bis 11 600 beziehungsweise 22 050 Euro (Alleinstehende/Paare).

Schließlich wird auch dann eine Steuererklärung fällig, wenn das **Finanzamt** eine sehen will und **zur Abgabe auffordert**. Dem sollte man besser nachkommen. Wenn nicht, darf das Amt Einnahmen und Ausgaben schätzen. Das tut es oft zu seinen Gunsten und berechnet auf dieser Grundlage die Steuer, die dann entsprechend hoch ausfällt.

Abgabekür

Menschen in den Lohnsteuerklassen I, II und IV sowie Alleinverdiener in Klasse III sind grundsätzlich nicht verpflichtet, eine Einkommensteuererklärung abzugeben. Sie müssen abgeben, wenn einer der gerade genannten Pflichtgründe auf sie zutrifft. Ungeachtet dessen ist es oft vorteilhaft, freiwillig eine Steuererklärung abzugeben. Das nennt sich „Antragsveranlagung" und wenn mindestens einer der folgenden Umstände zutrifft, haben Sie Aussichten auf eine Steuererstattung:

- Die **Werbungskosten** liegen oberhalb des Arbeitnehmerpauschbetrags. Das ist oft schon der Fall, wenn der Betrieb weiter als 15 Kilometer von der Wohnung entfernt liegt. Auch bei häufigeren Dienstreisen, doppelter Haushaltsführung, Umzug, Fortbildung, einem Arbeitszimmer oder mehreren Arbeitsplätzen kann sich eine Steuererklärung lohnen. Was alles zu den abzugsfähigen Werbungskosten gehört, finden Sie ab Seite 86.

- Sie können höhere Versicherungsbeiträge geltend machen, daneben weitere **Sonderausgaben** oberhalb der mageren Pauschale von 36/72 Euro (Alleinstehende/Ehe- und Lebenspartner), zum Beispiel für die Kirchensteuer, für Spenden oder für eine erste Berufsausbildung (→ab Seite 41).
- Sie können das Finanzamt an höheren Krankheitskosten, an Ausgaben für die Unterstützung bedürftiger Angehöriger oder an weiteren **außergewöhnlichen Belastungen** beteiligen (→ Seite 53).
- **Sie waren nicht das gesamte Jahr über angestellt.** Dadurch werden Pauschalen, die Ihnen ganzjährig zustehen, beim laufenden Lohnsteuerabzug nur für einen Teil des Jahres berücksichtigt (→ Seite 16).
- **Private Lebensumstände** haben sich aus steuerlicher Sicht zum Besseren verändert, etwa durch Hochzeit oder eine Geburt.
- Sie können Ausgaben für Haushaltshilfen, für Handwerker- und andere **Dienstleistungen im Privathaushalt** geltend machen. Gefördert werden auch Kosten für Treppenreinigung und den Hauswart, die in sehr vielen Haushalten anfallen, oder auch für den Winterdienst und für Gartenarbeiten (→ Seite 58).
- Sie haben **Verluste** aus verschiedenen Einkunftsarten zu verrechnen oder in andere Jahre zu übertragen, Abfindungen oder ausländische Einkünfte. Bei solchen Fällen sollte in der Regel ein Steuerprofi (→ Seite 213) helfen.
- Bei Zinsen und anderen **Kapitalerträgen** kann es sich lohnen, eine Steuererklärung abzugeben: beispielsweise, wenn der eigene Grenzsteuersatz unter 25 Prozent liegt (→ Seite 256) oder wenn der Altersentlastungsbetrag (→ Seite 251) auch für Zinsen, Dividenden, Kursgewinne und andere Kapitalerträge nutzbar ist.

- Sie können **Kinderbetreuungskosten** für Ihr Kind bis zum 14. Geburtstag geltend machen. Diese Ausgaben sind als Sonderausgaben abzugsfähig (→ Seite 136).

→ Zum Beispiel das Ehepaar Bianka und Ben B.

Beide haben Lohnsteuerklasse IV, wohnen in Köln und arbeiten im selben Betrieb. Die 25 Kilometer dorthin fährt das kinderlose Ehepaar an 220 Tagen im Jahr mit Bens privatem Pkw. Bianka verdient monatlich 2 500 Euro brutto, Ben 3 000 Euro. Weitere steuerlich relevante Einnahmen, Ausgaben oder eingetragene Freibeträge haben sie nicht. Im Jahresverlauf zieht ihnen der Arbeitgeber zusammen rund 8 996 Euro Lohnsteuer und Solidaritätszuschlag ab und überweist das Geld an das Finanzamt. Wie die folgende vereinfachte Rechnung zeigt, bringt ihnen die freiwillige Abgabe einer Steuererklärung rund 427 Euro Steuererstattung, die allein von den Ausgaben für den Arbeitsweg verursacht wurde.

Bruttojahreslohn (3 000 plus 2 500 mal 12)	**66 000**
minus Fahrtkosten zur Arbeit (220 Tage mal 25 km mal 0,30 Euro mal 2 Personen, → Seite 87)	–3 300
Einkünfte	62 700
minus Rentenversicherungsbeiträge (66 000 mal 18,6 %, davon 88 % Höchstbetrag im Jahr 2019 minus 6 138 Euro Arbeitgeberanteil, → Seite 68 und 247)	–4 665
minus Krankenversicherungsbeiträge (66 000 mal 7,75 % minus 4 % für Krankengeld, → Seite 70)	–4 911
minus abzugsfähige Pflegeversicherungsbeiträge (66 000 mal 1,775 %, → Seite 70)	–1 172
minus Sonderausgabenpauschale (36 mal 2)	–72
zu versteuerndes Einkommen	**51 880**
Einkommensteuer plus Solidaritätszuschlag laut Einkommensteuertabelle (gerundet)	8 569
im Jahresverlauf bei Kombination IV/IV bereits abgeführt	8 996
Steuererstattung (8 995 minus 8 569, Angaben in Euro)	**427**

Termine, Fristen, Vorarbeiten

Für die Steuererklärung 2019 ist der Abgabetermin für Einkommensteuererklärungen der 31. Juli des Folgejahres. Wer seine Steuererklärung mithilfe eines Steuerberaters oder eines Lohnsteuerhilfevereins anfertigt, hat in der Regel bis zum 28. Februar des zweiten Jahres nach dem Steuerjahr Zeit. Das ist für die Steuererklärung 2019 der 28. Februar 2021.

Das Finanzamt kann Einkommensteuererklärungen steuerlich beratener Bürger für 2019 bereits vor Ende Februar 2021 anfordern. Es setzt dann eine viermonatige Frist. Um die zu verlängern, bedarf es zwingender Gründe.

Seit die Vorschriften des Gesetzes zur „Modernisierung des Besteuerungsverfahrens" greifen, sollten Arbeitnehmer und Beamte die Fristen besonders genau im Auge behalten. Reichen sie nach der Frist die Steuererklärung ein, kann das Finanzamt Verspätungszuschläge festsetzen. Für Arbeitnehmer und Beamte, die ihre Steuererklärung ohne professionelle Hilfe anfertigen, besteht ein kleiner zeitlicher Spielraum. In der Regel genügt ein formloser schriftlicher Verlängerungsantrag an das Finanzamt mit Begründung und einem neuen Terminvorschlag.

Gehen die Unterlagen ohne eine Fristverlängerung verspätet ein, entscheidet der Sachbearbeiter, ob die Verspätung mit Gebühren „bestraft" wird. Sind bereits 14 Monate nach Ende des Steuerjahres vergangen, muss der Bearbeiter jedoch monatlich mindestens 25 Euro Zuschlag festsetzen.

→ **BEACHTE:** Wer eine Einkommensteuererklärung für das Jahr 2019 abgeben muss, sollte auf die geänderten Regeln achtgeben. Wird die Steuererklärung verspätet eingereicht, kann jeder Monat mit einem Verspätungszuschlag zu Buche schlagen.

Alle bisher genannten Termine betreffen Arbeitnehmer, die verpflichtet sind, eine Steuererklärung abzugeben. Wer freiwillig abgibt, hat dafür vier Jahre Zeit. Allerdings gibt es für diese Frist keine Verlängerung. Bis Ende 2019 nimmt das Finanzamt noch die Steuererklärung für das Jahr 2015 entgegen. Die Steuererklärung für das Jahr 2019 hat bis Dezember 2023 Zeit.

Bevor es richtig losgeht, sind ein paar Vorarbeiten zweckmäßig.

- **Steuererklärungsformulare.** Sie besorgen sich die Vordrucke beim Finanzamt. Auch über das Internet können Sie die Formulare aufrufen, ausfüllen und ausdrucken. Sie finden sie zum Beispiel im Formularcenter der Finanzverwaltung unter www.formulare-bfinv.de (wählen Sie im Menü links „Steuerformulare", dann „Einkommensteuer", dann „Einkommensteuer 2019") oder auf den Internetseiten von Länderfinanzverwaltungen. Verwenden Sie nur die Formulare des betreffenden Jahres. Die Jahreszahl befindet sich auf jedem Formular (erste Seite, oben rechts). In diesem Ratgeber geht es immer um die Formulare des Jahres 2019 Wer eine Steuererklärung mit elektronischer Unterschrift abgibt, registriert sich bei Elster (→ Seite 225).
- **Die Papiervordrucke** zur Steuererklärung 2019 sind gegenüber dem Vorjahr deutlich verändert. Einige Felder für Einnahmen müssen Sie nicht mehr ausfüllen . Auch einige Angaben werden von anderen Stellen an die Finanzverwaltung elektronisch gemeldet und müssen deshalb nicht mehr von Hand in die Erklärung eingetragen werden. Außerdem besteht die Steuererklärung 2019 aus mehr einzelnen Vordrucken. Jeder Arbeitnehmer muss sich herausssuchen, welche Vordrucke er benötigt. Nur der Hauptvordruck muss immer ausgefüllt werden und kann in einigen Fällen sogar ausreichen. Die Vereinfachte Steuererklärung für Arbeitnehmer gibt es dafür ab 2019 nicht mehr.
- **eDaten und weitere Belege.** Zahlreiche Daten für die Steuerberechnung werden bereits von anderen Stellen an die Finanzverwaltung gemeldet. Gleichzeitig erhalten Sie per Post einen Ausdruck dieser elektronisch gesendeten „eDaten". Bei Arbeitnehmern sind das die Lohnsteuerbescheinigung des Arbeitgebers oder eine Bescheinigung von

der Krankenkasse oder dem Arbeitsamt über erhaltene Lohnersatzleistungen. Weitere Belege betreffen gemeldete Beiträge zum Riester- oder Rürup-Rentenvertrag. Suchen Sie auch alle anderen Bescheide, Mitteilungen und Belege über eventuell steuerpflichtige Einnahmen heraus, zum Beispiel Steuerbescheinigungen von Banken oder Mieteinnahmen. Weiterhin brauchen Sie Kontoauszüge, Quittungen, Rechnungen oder andere Belege für Ausgaben, die steuerlich relevant sein können. Sollten Sie Rechnungen nicht finden, können Sie Ersatzbelege beschaffen oder Eigenbelege ausstellen. Nachvollziehbare Eigenbelege akzeptiert das Amt etwa für Ausgaben wie Fahrtkosten zum Arzt mit dem Pkw oder die Reinigungskosten von Berufskleidung. Belege müssen Arbeitnehmer bereits seit 2017 in der Regel nicht mehr zusammen mit der Steuererklärung einreichen. Sie müssen aber vorzeigbar sein, wenn das Amt sie sehen will.

- **Übersichten anfertigen.** Es empfiehlt sich manchmal, bestimmte Ausgaben zunächst in Listenform zu erfassen, etwa Fahrt- und Übernachtungskosten. Das erhöht die eigene Übersicht und kann das Ausfüllen der Formulare erleichtern. Weil das Finanzamt Steuererklärungen zunehmend automatisch bearbeitet, sollten alle wichtigen Angaben möglichst unmittelbar in die entsprechenden Formularzeilen geschrieben werden. Zusätzliche Anlagen sind dann entbehrlich.

In der Regel werden nur volle Euro-Beträge in die Formulare eingetragen. Cent-Beträge können Sie auf den nächsten vollen Euro aufrunden (bei Ausgaben etwa von 320,35 auf 321 Euro) oder abrunden (bei Einnahmen). Cent-Beträge gehören nur an die Stellen, wo der Vordruck sie vorsieht. Machen Sie sich von allem, was Sie ans Finanzamt schicken, eine Kopie. Sie wissen so stets, was Sie dem Amt mitgeteilt haben, und Sie haben für das nächste Jahr eine arbeitssparende Ausfüllvorlage. Wer elektronisch arbeitet, hat die ohnehin. Achten Sie besonders auf die Veränderungen, die die neuen Steuerformulare enthalten. Auf die wichtigsten Neuerungen weisen wir bei den entsprechenden Formularteilen und in einer Übersicht ab Seite 258 hin.

Durch die Formulare

Sie brauchen jetzt die aktuellen Vordrucke, Ihre Belege und die Hinweise dieses Ratgebers. Wir bewegen uns immer entlang der Zeilennummern. Das sorgt für gute Orientierung, sowohl wenn Sie die Formulare per Hand ausfüllen als auch elektronisch mit ELSTER oder anderweitig. Auf gehts!

Zugegeben: Beim Durchblättern der Formulare löst die Mischung aus Amtsdeutsch und Steuerchinesisch nicht selten ein Stirnrunzeln aus. Das Lesen, Verstehen und Ausfüllen der Einkommensteuererklärung bleibt anstrengend. Wer die Formulare ausfüllen muss, kann sich aber damit trösten, nicht allein zu sein. Über 28 Millionen Erklärungen werden jedes Jahr abgegeben, und all diese Menschen haben es auch geschafft. Außerdem ist in die Steuererklärung 2019 häufig weniger einzutragen bisher.

Auf den nächsten Seiten finden Sie eine Anleitung, die Schritt für Schritt durch die Formulare führt und dabei die Belange von Arbeitnehmern und Beamten besonders berücksichtigt. Am Ende steht das gute Gefühl, den „Papiertiger" oder den „digitalen Sumpf" besiegt zu haben.

Die Formulare erhalten Sie beim Finanzamt. Auch über das Internet können Sie die Steuererklärungsformulare finden. Unter www.formulare-bfinv.de ist „Formularcenter" anzuklicken und danach das Feld „Steuerformulare“ sowie „Einkommensteuer“ auszuwählen. Die Vordrucke können auch am PC ausgefüllt und danach ausgedruckt werden. Wer eine Erklärung für die Jahre vor 2019 abgibt, muss unbedingt die alten Formulare verwenden. Zur elektronischen Steuererklärung finden Sie ab Seite 225 ausführliche Hinweise für die Arbeit mit ELSTER und kommerziellen Steuerprogrammen.

NEU: Die Papiervordrucke zur Steuererklärung 2019 sind gegenüber den Vorjahren stark verändert. Einige Felder, die bereits übermittelte „eDaten“ abfragen, müssen in der Regel nicht mehr ausgefüllt werden.

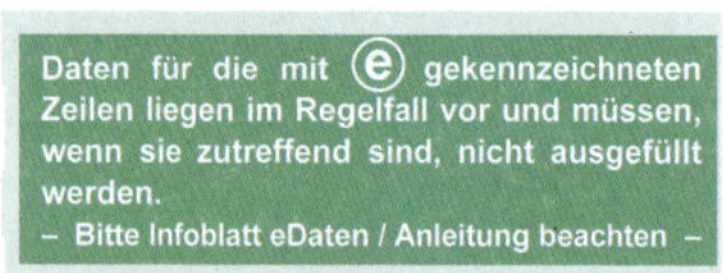
Daten für die mit (e) gekennzeichneten Zeilen liegen im Regelfall vor und müssen, wenn sie zutreffend sind, nicht ausgefüllt werden.
– Bitte Infoblatt eDaten / Anleitung beachten –

Zahlreiche Daten für die Steuerberechnung werden bereits von anderen Stellen an die Finanzverwaltung gemeldet. Gleichzeitig erhalten Sie per Post einen Ausdruck dieser elektronisch gesendeten „eDaten“, zum Beispiel die Lohnsteuerbescheinigung des Arbeitgebers oder eine Bescheinigung von der Krankenkasse über die gemeldeten Beiträge zur Basiskrankenversicherung. Wenn die Angaben in den zugesandten Bescheinigungen richtig sind, müssen diese gemeldeten eDaten in die Papiervordrucke der Steuererklärung NICHT mehr eingetragen werden. In den Vordrucken sind die Zeilen, die das betrifft, mit (e) gekennzeichnet und dunkelgrün unterlegt. Außerdem enthält jedes Formular, in dem bestimmte Zeilen nicht mehr ausgefüllt werden müssen, einen Hinweis im oberen Bereich.

Wenn Sie, zum Beispiel in der Anlage N, nur Angaben in den dunkelgrünen Feldern eintragen würden, können Sie auf dieses Formular sogar ganz verzichten. Tragen Sie in der Steuererklärung nur Beträge ein, die elektronisch an die Finanzverwaltung gemeldet werden, wie Ihren Arbeitslohn oder die Basiskranken- und Pflegeversicherung, und machen keine weiteren Ausgaben geltend, können Sie einfach den Hauptvordruck mit Ihren

persönlichen Daten und der Unterschrift zum Finanzamt schicken. Damit haben Sie die Pflicht zur Abgabe der Steuererklärung erfüllt. Sie sollten dabei Folgendes beachten:

Wenn Sie Felder mit eDaten frei lassen, gilt für Sie eine Änderung, die mit dem „Gesetz zur Modernisierung des Besteuerungsverfahrens" eingeführt wurde. Danach werden die gemeldeten Daten des Arbeitgebers oder Ihrer Krankenkasse so behandelt, als ob Sie die Beträge in die Steuererklärung tatsächlich eingetragen hätten. Die Daten gelten als Ihre Angaben und die unterschriebene Steuererklärung ist trotz nicht ausgefüllter Zeilen und fehlender Anlagen aus Sicht des Finanzamtes vollständig.

Die Neuregelung bedeutet jedoch keineswegs, dass Sie alles so hinnehmen können, wie es gemeldet wurde. Einerseits kann eine Datenmeldung falsch sein und die Steuer zu Ihrem Nachteil zu hoch ausfallen. Andererseits müssen Sie auch Angaben ergänzen oder berichtigen, wenn Sie feststellen, dass etwas fehlt und die Steuer möglicherweise zu niedrig ausfallen würde.

Bevor Sie mit der Steuererklärung beginnen, sind die gewohnten Vorarbeiten notwendig. Suchen Sie alle Bescheide, Mitteilungen und andere Belege über steuerpflichtige Einnahmen heraus, zum Beispiel Lohnsteuerbescheinigungen oder Steuerbescheinigungen von Banken. Weiter geht es mit Kontoauszügen, Quittungen, Rechnungen oder anderen Belegen für Ausgaben. Besonders wichtig ist der Schritt, die Unterlagen zu den gemeldeten Daten zu kontrollieren. Prüfen Sie in der Lohnsteuerbescheinigung, ob der Arbeitgeber Ihren Lohn korrekt an die Finanzverwaltung übermittelt hat. Finden Sie einen Fehler, müssen Sie die richtigen Werte unbedingt

in die Anlage N eintragen. Legen Sie am besten einen Beleg oder eine Erläuterung zum festgestellten Fehler der Steuererklärung bei. Der Sachbearbeiter im Amt muss dann ermitteln, welcher Betrag im Steuerbescheid zu berücksichtigen ist.

Ein Blick in die Anleitung zu den einzelnen Vordrucken hilft beim Ausfüllen der Steuererklärung. Die bisher zusammengefassten Erläuterungen für den Mantelbogen gibt es nicht mehr. Mit der Umstellung muss der Arbeitnehmer nicht mehr seitenweise für seinen Steuerfall völlig überflüssige Informationen durchlesen. Jedem Formular wird seine eigene Anleitung an die Seite gestellt. Die Finanzverwaltung möchte, dass die gesuchte Information nach kurzem Lesen gefunden wird.

Ebenfalls neu ist das Infoblatt eDaten. Für eine Übergangszeit wird das Infoblatt Sie in den nächsten Jahren begleiten. In einem Frage-/Antwortkatalog werden die Neuerungen dargestellt.

Das Weglassen der Eintragungen bei den eDaten gilt bisher nur für die Steuererklärung auf Papier. Wer seine Steuererklärung elektronisch ausfüllt, übernimmt weiterhin die Beträge aus den Bescheinigungen oder dem elektronischen Abruf (Leitfaden für ELSTER, →Seite 225) in seine Steuererklärung. Mit einem Steuerprogramm kann dann bereits im Voraus berechnet werden, ob eine Steuernachzahlung anfällt und wie sich Ausgaben steuermindernd auswirken.

Alle in diesem Ratgeber genannten Bestimmungen für Ehen zwischen Männern und Frauen gelten ebenso für Ehen gleichgeschlechtlicher Partner und für eingetragene Lebenspartnerschaften, auch wenn das nicht überall gesondert erwähnt wird. Die Partner der beiden letztgenannten Verbindungen werden in den Formularen seit 2017 als „Person A" und „Person B" bezeichnet (→ Seite 35).

TIPP: Vergessen Sie nicht, sich von allem, was Sie ans Finanzamt schicken, eine Kopie zu machen. Kommt es zu Rückfragen, können Sie besser reagieren. Sie wissen so stets, was Sie dem Amt mitgeteilt haben.

Durch den ersten Schwung Formulare gehen wir Schritt für Schritt:

- Hauptvordruck: den brauchen alle Arbeitnehmer und Beamten,
- Anlage N: für fast alle Arbeitnehmer, Beamten und Pensionäre,
- Anlage KAP: für Sparer, die nicht per Abgeltungsteuer abrechnen,
- Anlage Sonderausgaben: für Spenden, Kirchensteuern und weiteres,
- Anlage Vorsorgeaufwand: für alle abziehbaren Versicherungsbeiträge,
- Anlage Außergewöhnliche Belastungen,
- Anlage Haushaltsnahe Aufwendungen: für Handwerker und andere Dienstleister,
- Anlage Kind: die brauchen Eltern mit kindbedingten Abzugsbeträgen,
- Anlage AV: für alle, die in geförderte Riester-Verträge einzahlen,
- Anlage Unterhalt: für Unterstützer von anderen.

Den zweiten Schwung Formulare behandeln wir flotter und zeigen, wo sie wichtig sein können: Anlage SO, Anlage G, Anlage S, Anlage R, Anlage V und Anlage WA-Est.

Hauptvordruck: So geht's los

Der Mantelbogen ist nicht mehr. Der Hauptvordruck wurde bisher landläufig Mantelbogen genannt, weil er die einzelnen Papieranlagen wie ein Mantel umschlossen hat. Das neue Formular hat nur noch zwei Seiten anstatt wie bisher vier. Für die fehlenden Abschnitte gibt es jetzt vier weitere Anlagen (→ Seite 258), die wir gesondert erläutern.
Die folgenden Hinweise und Tipps sind immer auf die Nummern der Formularzeilen bezogen. Damit sind sie für alle nutzbar, egal ob sie die Formulare per Hand oder elektronisch ausfüllen (→ das ausgefüllte Musterformular → Seite 262).

Zeile 1 bis 5: Anträge und Zuständigkeiten

In **Zeile 1** machen Sie in das linke Kästchen ein Kreuz, wenn es um die Abgabe der Einkommensteuererklärung geht. Das rechte Kästchen wird markiert, wenn (auch oder nur) eine Arbeitnehmersparzulage beantragt wird.

Zeile 2 kreuzen kirchensteuerpflichtige Menschen links an, wenn die Bank von ihren Zinsen oder anderen Kapitalerträgen im Jahresverlauf keine Kirchensteuer einbehalten hat. Die muss auf diesem Weg nachträglich berechnet werden. Hat die Bank laut ihren Abrechnungen Kirchensteuer einbehalten, bleibt dieses Kästchen frei. Verluste aus nichtselbstständiger Tätigkeit sind zwar selten, wenn Angestellte trotzdem welche hatten, etwa wegen vorweggenommener Werbungskosten (→ Seite 65), kreuzen sie das rechte Kästchen an. Sie sollten sich bei Einzelheiten der Verlustver rechnung oder -verteilung möglichst von einem Steuerprofi helfen lassen (→ Seite 213).

Zeile 3 fragt nach der Steuernummer. Wer noch keine hat, schreibt gar nichts oder „NEU" hinein.

In **Zeile 4** tragen sie das Amt ein, in dessen Amtsbezirk Sie zum Zeitpunkt der Abgabe der Steuererklärung wohnen. **Zeile 5** müssen Sie nur ausfüllen, wenn Sie seit Ihrer letzten Steuererklärung umgezogen sind. In **Zeile 4** am rechten Rand finden Sie ebenfalls den ersten Hinweis auf eine grundlegende Veränderung ab der Steuererklärung 2019. Die für Sie gemeldeten Daten, zum Beispiel vom Arbeitgeber, brauchen Sie nicht mehr in die Steuererklärung einzutragen, wenn Sie diese auf Papier ausfüllen. Die Felder, in denen Sie in der Regel keine Eintragungen vornehmen sollen, sind mit einer dunkelgrünen Farbe hervorgehoben.

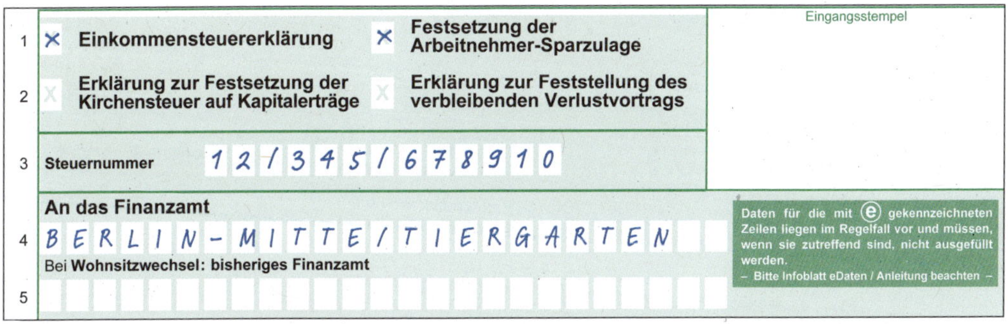

1 × Einkommensteuererklärung × Festsetzung der Arbeitnehmer-Sparzulage

2 Erklärung zur Festsetzung der Kirchensteuer auf Kapitalerträge | Erklärung zur Feststellung des verbleibenden Verlustvortrags

Eingangsstempel

3 Steuernummer 12/345/678910

An das Finanzamt

4 BERLIN-MITTE/TIERGARTEN

Bei Wohnsitzwechsel: bisheriges Finanzamt

5

Daten für die mit (e) gekennzeichneten Zeilen liegen im Regelfall vor und müssen, wenn sie zutreffend sind, nicht ausgefüllt werden.
– Bitte Infoblatt eDaten / Anleitung beachten –

Zeile 6 bis 23: Allgemeine Angaben

Die Angabe der Telefonnummer in **Zeile 6** ist freiwillig, kann aber die Bearbeitung beschleunigen. In **Zeile 7 und 16** wird nach der elfstelligen persönlichen Identifikationsnummer gefragt. Die Steueridentifikationsnummer befindet sich in der Regel auf der Lohnabrechnung des Arbeitgebers. Wer sie noch nicht kennt, kann diese mit einem schriftlichen Antrag beim zuständigen Finanzamt oder beim Bundeszentralamt für Steuern erhalten. Ehepaare sollten darauf achten, dass dem Ehemann die **Zeilen 7 bis 14** zustehen. Auch wenn die Ehefrau die einzige Steuerquelle der Familie ist, kommt sie erst danach. Bei gleichgeschlechtlichen Ehepaaren und eingetragenen Lebenspartnern gehört in **Zeile 7** derjenige als „Person A", dessen Nachname im Alphabet vor dem Nachnamen des anderen steht. Der andere Partner wird ab **Zeile 16** eingetragen. Handelt es sich um dieselben Nachnamen, entscheidet die alphabetische Reihenfolge der Vornamen. Gibt es auch dort Gleichheit, entscheidet das Geburtsdatum nach dem

Motto: „Alter geht vor Schönheit", der Ältere bekommt **Zeile 7**, der Jüngere als „Person B" **Zeile 16**. Die Fragen zu den persönlichen Angaben bleiben insgesamt trotzdem nachvollziehbar. Eine Zugehörigkeit zu Religionen wird rechts in **Zeile 11 und 20** mit den dort abgedruckten Abkürzungen markiert. Weitere Abkürzungen stehen in der „Anleitung zur Einkommensteuererklärung" des Finanzamts und finden sich auch bei ELSTER.

Zeile 15 betrifft nur bestehende oder gewesene Ehe- und Lebenspartner. Wer ganz rechts (dauernd getrennt) ein Datum vor Neujahr 2019 einträgt, wird wie ein Lediger besteuert und büßt die Steuervorteile von Paaren ein (→ Seite 202).

Zeile	Allgemeine Angaben	
6		Telefonische Rückfragen tagsüber unter Nr.: 030/11223344
	Steuerpflichtige Person (**stpfl. Person**), nur bei Zusammenveranlagung: **Ehemann** oder **Person A** *) (Ehegatte A / Lebenspartner[in] A nach dem LPartG)	
7	Identifikationsnummer (IdNr.): 13 579 111 315	*) Bitte Anleitung beachten.
8	Name: KÜHN	Geburtsdatum: 11111961
9	Vorname: FELIX	**Religionsschlüssel:** Evangelisch = EV, Römisch-Katholisch = RK, nicht kirchensteuerpflichtig = VD, Weitere siehe Anleitung
10	Titel, akademischer Grad	
11	Straße (derzeitige Adresse): BRUNNENALLEE	Religion: VD
12	Hausnummer: 7 / Hausnummerzusatz / Adressergänzung: SEITENFLÜGEL	
13	Postleitzahl: 10117 / Wohnort: BERLIN	
14	Ausgeübter Beruf: ANGESTELLTER	

TIPP: Haben sich Ehe- oder Lebenspartner 2019 getrennt, aber dann doch noch mindestens einen Tag zusammengelebt oder 2019 einen Versöhnungsversuch unternommen, tragen sie das Trennungsdatum von 2019 ein und können für 2019 eine gemeinsame Steuererklärung abgeben.

Zeile 24: Für Ehepaare und eingetragene Lebenspartner

Paare entscheiden selbst, ob sie eine gemeinsame Steuererklärung („Zusammenveranlagung“) oder zwei getrennte abgeben. Die gemeinsame Steuererklärung ist fast immer günstiger, das heißt, eine Steuererstattung ist höher. Die „Einzelveranlagung“ kann in besonderen Lebenssituationen (hohe medizinische Kosten, Abfindung vom Arbeitgeber) zu einer geringeren Steuerbelastung führen. Ist ein Partner Arbeitnehmer und der andere Beamter, kann sich das auch lohnen, da getrennt mehr Versicherungsbeiträge abzugsfähig sein können (→ Seite 210). Die Einzelveranlagung erlaubt es nicht, dass bestimmte Kosten, etwa Sonderausgaben, außergewöhnliche Belastungen oder auch Steuerermäßigungen nach freier Entscheidung des Paars einem der Partner zugeordnet werden. Die Kosten darf grundsätzlich nur derjenige absetzen, der sie auch tatsächlich getragen hat. Ehe- und Lebenspartner können aber beantragen, dass sie bei jedem zur Hälfte abgezogen werden (**Anlage Sonstiges**, → Seite 65). Ehe- und Lebenspartner können nach einer Änderung ihres Steuerbescheids erneut wählen, ob sie eine gemeinsame oder zwei getrennte Steuererklärungen abgeben. Das funktioniert aber nur, wenn eine neue Wahlentscheidung zu einer geringeren Steuer führen würde.

Auch Nebeneinkünfte bis 410 Euro oder steuerliche Verluste können für eine getrennte Veranlagung sprechen. Ist ein Partner 2019 verstorben, kann der andere für die Jahre 2019 und 2020 noch bestimmte Steuervorteile nutzen, zum Beispiel den „Splittingtarif“. Von ihm profitieren Paare besonders, wenn die Einkünfte der Partner weit auseinanderliegen. Hat etwa einer der beiden gar keine Einkünfte, der andere aber 100 000 Euro zu versteuerndes Einkommen, beläuft sich der Splittingvorteil auf fast 9 168 Euro. Ab Seite 202 lesen Sie mehr zur Besteuerung von Ehepaaren und eingetragenen Lebenspartnerschaften.

Zeile 25 bis 28: Bankverbindungen

In **Zeile 25** schreiben Sie die IBAN (International Bank Account Number) Ihrer inländischen Bank. BIC (Bank Identifier Code), Name und Ort der Bank werden hier nicht abgefragt. Handelt es sich um ein ausländisches

Kreditinstitut, das innerhalb des „Europäischen Zahlungsverkehrsraums" (SEPA) agiert, schreiben Sie die IBAN in **Zeile 26** und die BIC in **Zeile 27**. An SEPA nehmen die EU-, EWR-Staaten sowie die Schweiz, Liechtenstein und Monaco teil. Bankverbindungen außerhalb des SEPA-Raums gehören nicht in die **Zeilen 26 bis 27**, sondern müssen dem Finanzamt formlos schriftlich mitgeteilt werden.

In **Zeile 28** wird das rechte Buchstabenfeld nur ausgefüllt, wenn das Finanzamt eine Steuererstattung nicht auf Ihr Konto oder auf das Konto Ihres Partners überweisen soll, sondern wenn Sie die Erstattung an jemand anderen abgetreten haben.

Zeile 31 bis 35: Abweichende Adresse

Sie füllen **Zeile 31 bis 35** nur aus, wenn der Steuerbescheid nicht an die oben angegebene Wohnadresse gehen soll. Neu ist der etwas verwirrende Hinweis oberhalb der **Zeile 31**: „Nur ausfüllen, wenn dem Finanzamt keine entsprechende Bekanntgabevollmacht vorliegt." Gemeint ist Folgendes: Sie können generell festlegen, dass der Steuerbescheid nicht an Sie, sondern an jemand anderen geschickt werden soll oder an eine andere Adresse. Hat das Finanzamt bereits eine Vollmacht, brauchen Sie das hier nicht nochmals anzugeben. Neu ist **Zeile 36.** Hier tragen Sie den Staat ein, falls der Steuerbescheid im Ausland zugestellt werden soll.

Zeile 37: Arbeitnehmer-Sparzulage

Anspruch auf eine Arbeitnehmer-Sparzulage können Sie haben, wenn Ihr zu versteuerndes Einkommen nicht mehr als 17 000 Euro oder 35 800 Euro bei Zusammenveranlagung beträgt. Für bestimmte Sparanlagen, Beteiligungen an Unternehmen, beträgt die Einkommensgrenze 20 000 Euro beziehungsweise 40 000 Euro bei Zusammenveranlagung. Die Zulage für die eingezahlten Vermögenswirksamen Leistungen beantragen Sie mit der Ziffer „1" in **Zeile 37**. Zusätzlich müssen Sie in **Zeile 1** die „Festsetzung der Arbeitnehmersparzulage" ankreuzen. Die eingezahlten Beträge werden elektronisch vom Empfänger an die Finanzverwaltung übermittelt. Ob Ihnen die Zulage zusteht, errechnet dann das Finanzamt.

Zeile 38 und 39: Einkommensersatzleistungen

Die beiden Zeilen sind für Einkommensersatzleistungen vorgesehen. Das sind Zahlungen, die Ihnen anstelle eines Einkommens zustehen, beispielsweise Arbeitslosen- oder Krankengeld. Hat Ihnen das Arbeitsamt oder die Krankenkasse mitgeteilt, welche Daten elektronisch an die Finanzverwaltung übermittelt wurden, können Sie **Zeile 38** frei lassen. Die elektronischen Daten (eDaten) werden beim Finanzamt automatisch in Ihre Steuererklärung übernommen. Liegt der Steuerbescheid dann in der Post, sollten Sie unbedingt überprüfen, ob die übernommenen Ersatzleistungen mit denen Ihrer Bescheinigung übereinstimmen. Den Betrag finden Sie im Steuerbescheid im Abschnitt „Erläuterungen zur Steuerfestsetzung". Haben Sie Anspruch auf vergleichbare Leistungen aus dem EU- oder EWR-Ausland oder der Schweiz, liegen der Finanzverwaltung keine eDaten vor. Dann sind die Beträge in **Zeile 39** einzutragen.

Zeile 40: Ergänzende Angaben

Seit der Steuererklärung 2017 können Sie in diesem zusätzlichen Feld vermerken, dass Sie dem Finanzamt ergänzende Angaben mitteilen. Diese Möglichkeit für weiterführende Angaben wurde auf Grund der vollautomatischen Bearbeitung der Steuererklärungen eingeführt. Vor allem für einfachere Steuererklärungen werden immer häufiger Steuerbescheide ohne Bearbeitung oder Prüfung durch Finanzbeamte erstellt. Das „Gesetz zur Modernisierung des Besteuerungsverfahrens" sieht jedoch vor, dass jeder Bürger weiterhin das Recht hat, dass seine Steuererklärung von einem Finanzbeamten persönlich geprüft wird. Das kann notwendig sein, wenn Sie bestimmte Angaben in andere Zeilen der Steuerformulare nicht eintragen können oder wenn Sie etwas geltend machen wollen, von dem Sie wissen, dass die Finanzverwaltung dazu eine andere Rechtsauffassung hat. Wer in **Zeile 40** die Ziffer „1“ einträgt, stoppt den Computer beim Finanzamt und erreicht die personelle Bearbeitung. Die zusätzlichen Erläuterungen sind auf einer formlosen Anlage mit der Überschrift “Ergänzende Angaben zur Steuererklärung“ einzureichen. Wer eine elektronische Steuererklärung abgibt, hat für diese Angaben ein zusätzliches Textfeld im Steuerprogramm.

Zeile 41 bis 42: Unterschrift

In das Kästchen in **Zeile 41** gehört die Ziffer „1“, wenn ein Steuerberater oder Lohnsteuerhilfeverein bei der Steuererklärung geholfen hat. Vergessen Sie vor lauter Freude über das Ende des Hauptvordrucks nicht die Unterschrift in **Zeile 42** und unterschreiben Sie deshalb lieber gleich. Ohne Unterschrift gilt die Steuererklärung als nicht eingereicht. Für die elektronische Steuererklärung gelten andere Regeln (ab Seite 225). Denken Sie bei einer gemeinsamen Steuererklärung auch an die Unterschrift Ihres Partners. Hat ein Steuerberater oder Lohnsteuerhilfeverein bei der Steuererklärung geholfen, kommen die Angaben dazu in den Kasten rechts neben der Unterschrift. Hat der Nachbar ein bisschen geholfen, behalten Sie das besser für sich, denn der ist dazu in der Regel nicht befugt. Im schlimmsten Fall kann es für alle Beteiligten Ärger geben.

Anlage Sonderausgaben

Die für die meisten Arbeitnehmer wichtigsten Sonderausgaben sind in der Regel die Beiträge zur Renten-, Kranken-, und Pflegeversicherung. Die gehören nicht hierher, deshalb gibt es auch den Hinweis „ohne Versicherungsaufwendungen und Altersvorsorgebeiträge" auf dem Formular. Diese Anlage bietet Arbeitnehmern und Beamten trotzdem interessante Steuersparchancen. Der Fiskus berücksichtigt automatisch nur eine geringe Pauschale von 36 Euro für Alleinstehende, 72 Euro für Ehepaare/Lebenspartner. Bis zur Steuererklärung 2018 wurden diese Angaben auf der Seite 2 des Mantelbogens abgefragt. Nach der Umgestaltung 2019 sind sie in die neue Anlage Sonderausgaben einzutragen.

Zu Beginn schreiben Sie zunächst nochmals Ihren Namen und die Steuernummer. Das gilt für alle Anlagen, die zusätzlich zum Hauptvordruck abgegeben werden. Zusammen veranlagte Ehepaare und eingetragene Lebenspartner füllen eine gemeinsame Anlage aus und tragen nur den Namen ein, der im Hauptvordruck als erstes steht.

Zeile 4: Kirchensteuer

Hierher gehört die tatsächlich gezahlte Kirchensteuer, einschließlich im Jahresverlauf geleisteter Voraus- oder Nachzahlungen. Erstattete Kirchensteuer, beispielsweise aus der letzten Steuererklärung, ist in der Zeile rechts gesondert anzugeben. Freiwillige Beiträge oder Zahlungen sind nicht hier, sondern unter Spenden (**Zeile 5**) einzutragen. Kirchensteuer, die die Bank oder ein anderer Finanzdienstleister im Rahmen der Abgeltungsteuer bereits an das Finanzamt abgeführt hat, gehört nicht hierher. Ob Kirchensteuer abgeführt wurde, ergibt sich in der Regel aus den Mitteilungen der Banken (→ Anlage KAP ab Seite 149).

	Kirchensteuer		2019 gezahlt EUR		2019 erstattet EUR
4	soweit diese nicht als Zuschlag zur Abgeltungsteuer einbehalten oder gezahlt wurde	103	487,–	104	212,–

Zeile 5 bis 12: Spenden & Co.

Spenden sind für viele Arbeitnehmer ein wichtiges Anliegen. Auch wenn dabei in der Regel nicht der Steuervorteil im Vordergrund steht, sollte auf diesen nicht verzichtet werden.

Absetzbar sind Spenden „zur Förderung steuerbegünstigter Zwecke" im Inland (**Zeile 5**) und im Ausland (**Zeile 6**). Hinter dieser Formulierung verbirgt sich so ziemlich alles, zum Beispiel Kultur und Bildung, Jugend und Sport, Denkmalschutz und Heimatpflege. Auch Mitgliedsbeiträge mancher Organisationen, etwa des DRK, sind absetzbar. Spenden können grundsätzlich bis zur Höhe von 20 Prozent der Einkünfte abzugsfähige Sonderausgaben sein.

→ Zum Beispiel das Ehepaar D.

Dorothea und Daniel D. sind beide Beamte und haben zusammen 40 000 Euro Jahreseinkünfte. Sie dürfen 20 Prozent davon, also 8 000 Euro, als Sonderausgaben geltend machen. Dieses Jahr waren Not und Spendenbereitschaft besonders groß. Das Ehepaar D. spendete 5 000 Euro an das Deutsche Rote Kreuz und 3 000 Euro an den örtlichen Sportverein. Im Dezember stand der Pfarrer auf der Matte und bat um eine Spende für die einsturzgefährdete Dorfkirche. Dorothea und Daniel gaben ihm einen Scheck über 2 000 Euro. Sie schreiben 10 000 Euro in ihre Steuererklärung 2019, davon akzeptiert das Finanzamt für dieses Jahr 8 000 Euro als abzugsfähige Sonderausgaben (20 Prozent von 40 000). Die verbleibenden 2 000 Euro trägt das Amt von sich aus vor: Sie können im nächsten oder in den folgenden Jahren geltend gemacht werden.

Für die Anerkennung der Spende ist in der Regel die Spendenbescheinigung des Empfängers nach amtlichem Muster erforderlich – eine sogenannte Zuwendungsbescheinigung. Spenden an Empfänger in der EU und im Europäischen Wirtschaftsraum (EWR) gehören in **Zeile 6**. Bei Spenden bis 200 Euro ist keine Zuwendungsbescheinigung nötig, es reicht der Kontoauszug mit Angaben zum Spender und dem Spendenempfänger. Bei

Spenden an private Organisationen sind weitere Angaben wie zum Verwendungszweck auf einem Vordruck des Spendenempfängers erforderlich. Der gleiche Nachweis genügt auch für höhere Beträge in Katastrophenfällen, wenn auf bestimmte Sonderkonten gespendet wurde.

Elektronisch an die Finanzverwaltung übermittelte Spenden werden nicht mehr gesondert abgefragt, sondern sind ebenfalls in die Zeile 5 einzutragen. Die Meldung der Höhe der Spende ist bisher nicht umsetzbar, so dass das Finanzamt keine eDaten berücksichtigen kann.

	Zuwendungen (Spenden und Mitgliedsbeiträge)				
	Spenden und Mitgliedsbeiträge (ohne Beträge in den Zeilen 9 bis 12)		lt. Bestätigungen EUR		lt. Betriebsfinanzamt EUR
5	– zur Förderung steuerbegünstigter Zwecke an Empfänger im Inland	123	10000,–	124	,–
6	– zur Förderung steuerbegünstigter Zwecke an Empfänger im EU- / EWR-Ausland	133	,–	134	,–

Auch gespendete Sachen wie Kleider, Möbel oder Bücher sind von der Steuer absetzbar, wenn sich der Wert der Gegenstände nachvollziehbar ermitteln lässt. Bei erbrachten Leistungen ist das mitunter leichter festzustellen, zum Beispiel, wenn unter Verzicht auf einen – rechtlich zustehenden – Kostenersatz mit dem eigenen PKW Fahrten für den Verein unternommen wurden. Auch in diesen Fällen ist eine Spendenbescheinigung erforderlich.

TIPP: Spendenbescheinigungen müssen der Steuererklärung nicht mehr beigefügt werden. Sie müssen aber auf Anforderung vorgelegt und bis zu einem Jahr nach Erhalt des Steuerbescheids aufbewahrt werden.

In Zeile **7 bis 8** gehören Mitgliedsbeiträge und Spenden an politische Parteien sowie unabhängige Wählervereinigungen. Davon drücken bei Ledigen bis zu 1650 Euro, bei Ehe-/Lebenspartnern bis zu 3300 Euro zur Hälfte direkt die Steuerschuld. Höhere Spenden können wiederum bis zu 1650 beziehungsweise 3300 Euro zusätzlich als Sonderausgaben abgesetzt werden. Spendet beispielsweise ein lediger Beamter 2000 Euro an eine Partei, zahlt er 825 Euro weniger Steuern (50 Prozent von 1650). Die darüber hinaus gespendeten 350 Euro darf er als Sonderausgaben geltend machen (2000 minus 1650). Zusätzlich zu seiner Parteispende und in gleicher Weise steuerlich gefördert dürfte der Arbeitnehmer an eine unabhängige Wählervereinigung spenden.

In den **Zeilen 9 bis 12** geht es um Zuwendungen an bestimmte Stiftungen. Wer damit zu tun hat, braucht ohnehin einen Steuerberater. Das gilt auch für Großspenden oberhalb der 20-Prozent-Grenze.

Der Freibetrag für alle, die sich im Verein gemeinnützig engagiert haben und dafür eine Aufwandsentschädigung bekamen, gehört nicht hierher, sondern in Anlage N oder S (→ Seite 83 und 166).

Zeile 13 bis 14: Berufsausbildung

Im richtigen Leben liegen die Begriffe Ausbildung und Fortbildung eng beieinander. Das Steuerrecht errichtet dazwischen eine Mauer. Die Verwaltung versteht an dieser Stelle unter „Berufsausbildung" eine erste Ausbildung, beispielsweise ein Erststudium. Fortbildung heißt hingegen Weiterlernen nach einer Erstausbildung, etwa ein Studium nach abgeschlossener Berufsausbildung, ein Zweitstudium, Umschulungen oder Weiterbildungen. Aufwendungen hierfür gehören zu den Werbungskosten (→ ab Seite 98).

Die lebensfremde Grenze lässt sich in der Praxis nicht immer genau bestimmen. Denn was gilt überhaupt als Ausbildung, wann und wie wurde sie abgeschlossen, unterbrochen oder wieder aufgenommen, dient ihr Zweck der Erwerbstätigkeit oder dem Privatvergnügen? Das sind nur einige der Fragen, um die Bürger und Verwaltung ständig streiten.

In die Anlage Sonderausgaben gehören Kosten für eine erste Berufsausbildung und für ein Erststudium nach der Schulausbildung. Die Betonung liegt hier auf „erste" und diese liegt nur vor, wenn bisher noch gar kein Berufs- oder Studienabschluss vorhanden ist oder die bisherige Ausbildung weniger als 12 Monate gedauert hat oder kein Abschluss erzielt wurde.

Bei der Unterscheidung zwischen Erst- und weiterer Ausbildung geht es darum, wie und vor allem in welcher Höhe Bildungsausgaben steuerlich geltend gemacht werden dürfen. Für die erste Ausbildung dürfen bis zu 6 000 Euro pro Person und Jahr als Sonderausgaben abgesetzt werden. Dagegen können Aufwendungen für alle weiteren Ausbildungen in unbegrenzter Höhe als Werbungskosten geltend gemacht werden. Das gilt auch, wenn es sich zwar um eine erste Ausbildung handelt, diese jedoch als Dienstverhältnis erfolgt wie bei einem Azubi.

Erste Ausbildungskosten, die nur als Sonderausgaben geltend gemacht werden können, haben einen weiteren Nachteil: Sie wirken sich nur in dem Jahr steuerlich aus, in dem sie entstanden sind. In Ausbildungsphasen sind aber oftmals keine oder nur geringe steuerpflichtige Einkünfte vorhanden. Somit führen Ausbildungskosten in vielen Fällen nur zu einer geringen oder zu gar keiner Steuerentlastung.

Weitere Ausbildungs- und Fortbildungskosten funktionieren grundsätzlich anders: Sie können als „vorweggenommene Werbungskosten" zu steuerlich anerkannten Verlusten führen. Solche Verluste müssen nicht zwingend mit Einkünften desselben Jahres ausgeglichen werden. Sie lassen sich mit positiven Einkünften des Vorjahres oder in Folgejahren steuersparend verrechnen.

Wegen der unterschiedlichen steuerlichen Behandlung von Ausbildungs- und Fortbildungskosten gab es in den letzten Jahren zwischen Bürgern und Verwaltung immer wieder Streit. Die Finanzgerichte entschieden dabei zunehmend bürgerfreundlich. Ob die Ausgaben für eine Erstausbildung oder für ein Erststudium als Sonderausgaben oder als Werbungskosten geltend gemacht werden dürfen, muss nun das Bundesverfassungsgericht in mehreren Verfahren entscheiden (zum Beispiel Az. 2 BvL 22/14).

TIPP: Machen Sie Ihre Ausgaben für ein Erststudium oder für eine andere Erstausbildung als Werbungskosten in der Anlage N geltend und vermerken Sie das im Hauptvordruck zu Zeile 40. Steuerbescheide erlässt das Finanzamt in diesem Punkt vorläufig, Einspruch ist nicht erforderlich (→ Seite 220).

Es kann zweckmäßig sein, zunächst eine einfache Berufsausbildung vorzuschalten und danach eine kostenintensive anzuschließen. Beispielsweise hat der Bundesfinanzhof bei einer Stewardess, die sich zur Pilotin ausbilden ließ, die Kosten des teuren Pilotenkurses als vorweggenommene Werbungskosten akzeptiert (Az. VI R 6/12). Jedoch gilt nicht jede beliebige Ausbildung als Erstausbildung. Der Begriff Erstausbildung ist gesetzlich definiert als mindestens zwölfmonatige Vollzeitausbildung mit mindestens 20 Wochenstunden. Die Ausbildung muss mit einer Prüfung oder einem anderen für die jeweilige Ausbildung üblichen Abschluss enden.

Wenn Angestellte Ausgaben für teure und langwierige Bildungsmaßnahmen als Werbungskosten absetzen können, ist das in der Regel steuerlich vorteilhafter als ein Sonderausgabenabzug.

Ausbildungskosten sind ein weit gefasster Begriff. Dazu gehören etwa Fahrtkosten, Gebühren für Kurse und Prüfungen, Ausgaben für Fachbücher, Computer oder Laptop, Kopien und Schreibwaren. Auch Kosten für ein häusliches Arbeitszimmer können in bestimmten Fällen bis zu 6 000 Euro pro Jahr abzugsfähig sein (→ ab Seite 102).

Bei Ehepaaren und Lebenspartnern macht jeder Partner seine eigenen Ausbildungskosten geltend. Der Ehemann füllt **Zeile 13** aus, die Ehefrau **Zeile 14**, gleichgeschlechtliche Ehe- und Lebenspartner unterscheiden nach „Person A und B“ (→ Seite 35). Unter dem Strich kann damit ein Paar bis zu 12 000 Euro Ausbildungskosten absetzen. Es gibt aber keine Zusammenrechnung. Hatte etwa ein Partner 8 000 Euro Ausbildungskosten und der andere keine, berücksichtigt das Finanzamt nur den Höchstbetrag von 6 000 Euro pro Jahr für den, der die Kosten tatsächlich hatte.

Ausbildungskosten sind nur absetzbar, wenn eine Ausbildung auf beruflich verwendbare Kenntnisse und Fertigkeiten gerichtet ist. Andere Bildungsmaßnahmen bleiben ungefördert.

Zeile 15 bis 16: Gezahlte Versorgungsleistungen

In **Zeile 15 und 16** geht es um Versorgungsleistungen – oft im Zusammenhang mit Vermögensübertragungen der Älteren an die Jüngeren der Familie. Für das Vermögen erhalten die Älteren zum Beispiel eine lebenslange Rente. Diese Zahlungen können in seltenen Fällen Arbeitnehmer und Beamte unter bestimmten Voraussetzungen als Sonderausgaben absetzen. Wer sich damit plagen muss, sollte unbedingt einen Steuerprofi konsultieren, bevor solche Leistungen vereinbart und hier erstmals eingetragen werden.

Zeile 17 bis 21: Zahlungen an den oder die Ex

Zeile 17 behandelt Unterhaltsleistungen, die an einen geschiedenen oder getrennt lebenden Ehegatten oder Lebenspartner geleistet wurden. Voraussetzung für die steuermindernde Berücksichtigung ist, dass der Unterhaltsempfänger auf der Anlage U (→ Seite 160) zugestimmt hat, die Zahlungen als Einnahmen zu versteuern. Sie sind beim Zahler mit dem Betrag als Sonderausgaben abzugsfähig, wie sie beim Empfänger steuerpflichtig sind. Hier ist auch die Steueridentifikationsnummer des Unterhaltsempfängers einzutragen.

→ **TIPP:** Zusätzlich zum Höchstbetrag von 13 805 Euro Unterhalt können Zahlungen für Beiträge zur Basiskrankenversicherung und zur gesetzlichen Pflegeversicherung des Unterhaltsempfängers als Sonderausgaben geltend gemacht werden.

In **Zeile 18** (links) muss der Teil der Unterhaltszahlung, der auf Beiträge zur Kranken- und Pflegeversicherung entfällt, nochmals separat aufgeführt werden. Krankenversicherungsbeiträge, die Anspruch auf Krankengeld auslösen, müssen rechts zusätzlich separat erscheinen.

	Unterhaltsleistungen lt. **Anlage U** an den				
17	– geschiedenen Ehegatten, Lebenspartner einer aufgehobenen Lebenspartnerschaft – dauernd getrennt lebenden Ehegatten / Lebenspartner	117	IdNr. der unterstützten Person 1 2 5 8 9 2 2 2 4 2 5	116	1 4 5 0 0,–
18	In Zeile 17 enthaltene Beiträge (abzgl. Erstattungen und Zuschüsse) zur Basis-Kranken- und gesetzlichen Pflegeversicherung	118	EUR 6 9 5,–	Davon entfallen auf Krankenversicherungsbeiträge mit Anspruch auf Krankengeld 119	0,–

Zeile 19 und 20 behandelt Ausgleichszahlungen, die im Rahmen eines vertraglichen oder gerichtlich angeordneten Versorgungsausgleiches an einen geschiedenen Ehegatten oder Lebenspartner geleistet wurden. Sie werden vom Finanzamt in der Höhe als Sonderausgaben abgezogen, in der sie beim Empfänger steuerpflichtig sind. In **Zeile 21** gehören Zahlungen, die als Ausgleich erfolgt sind, um einen Versorgungsausgleich, also eine Kürzung der eigenen Altersbezüge, zu vermeiden. Für den Abzug ist ebenfalls die Anlage U erforderlich.

Anlage Außergewöhnliche Belastungen

Die neue Anlage enthält die Angaben, die bis 2018 auf der dritten Seite des Mantelbogens abgefragt wurden. Für Arbeitnehmer und Beamte kann sie interessant sein, weil hinter den „außergewöhnlichen Belastungen" so manches steckt, womit gerade sie ihre Steuerlast senken können. Und so „außergewöhnlich" ist das alles gar nicht, geht es doch zum Beispiel um Krankheit, Unterstützung Bedürftiger, Behinderung oder Pflege.

Daneben gibt es eine Reihe weiterer Sachverhalte, die manchmal erst nach gerichtlicher Klärung anerkannt werden. So kann nach Urteilen des Bundesfinanzhofs die Beseitigung von Gebäudeschäden durch Hausschwamm, Brand oder Hochwasser in bestimmten Fällen eine außergewöhnliche Belastung sein (VI R 70/10), ebenso die Abwehr einer Gesundheitsgefährdung durch ein mit Asbest verseuchtes Dach (VI R 47/10).

Zeile 4 bis 9: Behinderung

Je nach Grad der Behinderung gewährt das Finanzamt einen pauschalen Freibetrag zwischen 310 und 3 700 Euro jährlich (Seite 245). In die **Zeilen 4 und 9** werden die Gültigkeitsdaten der entsprechenden Dokumente (zum Beispiel Ausweis des Versorgungsamts) eingetragen sowie rechts der Grad der Behinderung, der auf ihnen vermerkt ist. Legen Sie bei einer erstmaligen Beantragung eines Behindertenpauschbetrags eine Kopie des Dokuments bei. Die kleinen Kästchen in den **Zeilen 5 bis 6** und **8 bis 9** sind, wenn die genannten gesundheitlichen Einschränkungen vorliegen, mit der Ziffer „1" auszufüllen. Die Merkzeichen Bl oder H auf dem Ausweis stehen für blind oder hilflos, die Merkzeichen G und aG (außergewöhnliche Gehbehinderung) bedeuten geh- und stehbehindert.

Behinderten-Pauschbetrag 53

– bei erstmaliger Beantragung / Änderung bitte Nachweis einreichen –

		Ausweis / Rentenbescheid / Bescheinigung gültig von	bis	unbefristet gültig	Grad der Behinderung
4	stpfl. Person / Ehemann / Person A	100 0 4 1 8	101 M M J J	102 1 1 = Ja	105 6 0
5	Ich bin	– geh- und stehbehindert	104 1 1 = Ja		
6		– blind / ständig hilflos	103 1 = Ja		

Pauschbeträge gewährt das Finanzamt grundsätzlich erst ab einem Behinderungsgrad von 50. Es gibt aber Ausnahmen, zum Beispiel bei einer Behinderung wegen einer typischen Berufskrankheit oder wenn wegen der Behinderung ein gesetzlicher Anspruch auf Rente besteht. Gemeint sind damit nur gesetzliche Leistungen der öffentlichen Hand, beispielsweise aus der Beschädigtenversorgung.

→ **TIPP**: Viele Arbeitnehmer und Beamte mit erheblichen Gesundheitsproblemen wissen nicht, dass ihnen eigentlich ein Behindertenpauschbetrag zusteht. Fragen Sie Ihren behandelnden Arzt, ob und wie ein Antrag Erfolgsaussichten hat.

Neben dem Pauschbetrag können Behinderte weitere Ausgaben geltend machen, zum Beispiel für andere Krankheitskosten und für Kfz-Fahrten. Ab einem Behinderungsgrad von 80 oder ab 70 und Merkzeichen G können ohne weiteren Nachweis 3 000 Kilometer Pkw-Fahrten berücksichtigt werden. Mit 30 Cent je Kilometer ergeben sich somit 900 Euro außergewöhnliche Belastungen. Bei Merkzeichen aG, Bl und H können mit Nachweis der tatsächlich gefahrenen Kilometer bis 15 000 Kilometer, das heißt bis 4 500 Euro angegeben werden. Auch Ausgaben für einen behindertengerechten Umbau eines Kfz oder einer Wohnung können absetzbar sein. Das gilt auch für bestimmte Kosten einer Begleitperson im Urlaub.

Anstelle des Behindertenpauschbetrags können auch die tatsächlichen, nachgewiesenen Kosten der Behinderung geltend gemacht werden. Das

passiert alles in **Zeile 18** beziehungsweise in ergänzenden Aufstellungen zu diesen Zeilen.

Um behinderungsbedingte Steuervorteile auszuschöpfen, kann die Hilfe eines Steuerprofis zumindest beim erstmaligen Ausfüllen einer Steuererklärung zweckmäßig sein.

In der **Zeile 10** ist ein Pauschbetrag für Hinterbliebene zu beantragen. Er beläuft sich auf 370 Euro und steht Menschen zu, denen aufgrund ganz bestimmter gesetzlicher Regelungen Hinterbliebenenbezüge gewährt werden, zum Beispiel nach einem Dienstunfall eines Beamten.

Zeile 11 bis 12: Pflege zu Hause

Wer eine andere Person in seiner Wohnung oder in deren Wohnung unentgeltlich pflegt, kann den Pflegepauschbetrag von 924 Euro im Jahr erhalten. Dafür gilt aber eine Reihe von Voraussetzungen: Die Pflege muss persönlich geleistet werden (eine Unterstützung durch einen ambulanten Pflegedienst schadet aber nichts). Der Gepflegte muss hilflos sein (Merkmal H) oder den Pflegegrad 4 oder 5 haben. Den Pauschbetrag erhalten Menschen, die unterhaltsberechtigte Angehörige pflegen. Es gibt ihn aber auch, wenn andere Verwandte, Lebensgefährten, Freunde oder Nachbarn gepflegt werden. Dann muss der Pflegende darlegen können, dass er die Pflege aus tatsächlichen oder sittlichen Gründen übernehmen musste. Sind mehrere Menschen an der Pflege einer Person beteiligt, etwa Geschwister, die ihre Eltern pflegen, wird der Pauschbetrag nach Zahl der beteiligten Personen aufgeteilt.

TIPP: Den Pflegepauschbetrag gibt es auch, wenn die gepflegte Person in einem Heim untergebracht ist und nur an den Wochenenden zu Hause gepflegt wird.

Zeile 11 fragt, wer der Pflegende ist und bietet mit den Ziffern „1“, „2“ oder „3“ eine Auswahl an. In Zeile 12 gehören Angaben zur gepflegten Person und dem Verwandtschaftsverhältnis. In das rechte Kästchen schreiben Sie die Anzahl eventueller „Mitpfleger“. Für zusätzliche Angaben sollten Sie ein Extrablatt beifügen.

WICHTIG: Erhalten Sie für Ihre Pflege das Pflegegeld, schließt das den Pauschbetrag aus. Anderes gilt, wenn Sie das Geld nur treuhänderisch verwalten und für die pflegebedürftige Person verwenden oder wenn das Pflegegeld für ein behindertes Kind gewährt wird.

Pflegekosten können auf unterschiedlichen Wegen geltend gemacht werden: entweder als Pflegepauschbetrag (**Zeile 11 bis 12**) oder als „allgemeine“ außergewöhnliche Belastung (**Zeile 14**) oder als Steuerermäßigung über die Beschäftigung einer Hausangestellten als geringfügige (**Zeile 14 und 20**) oder voll sozialversicherungspflichtige Tätigkeit (**Zeile 14 und 21**) und über den Behindertenpauschbetrag (**Zeile 4 bis 9**).

Wichtig ist, dass die entsprechenden Voraussetzungen gegeben sind. Die unterscheiden sich aber erheblich. So kann etwa jemand, der einen Verwandten zu Hause oder in einem Heim pflegen lässt, seine Ausgaben in der Regel als allgemeine außergewöhnliche Belastung nur geltend machen, wenn er gegenüber der zu pflegenden Person unterhaltsverpflichtet ist und der Gepflegte die Kosten nicht allein tragen kann. Das wäre etwa dann der Fall, wenn ein Kind Pflegeheimkosten für die bedürftigen Eltern übernimmt. Demgegenüber ist der Antrag für den Pflegepauschbetrag oder eine Steuerermäßigung für Pflegeleistungen im Haushalt nicht an diese Voraussetzungen gebunden. Kombinationen sind ebenfalls möglich. So lässt sich für den Teil der Pflegekosten, der wegen der „zumutbaren Belastung" (Seite 53) nicht als außergewöhnliche Belastung absetzbar ist, eine Steuerermäßigung als Pflegeleistung im Haushalt beantragen (**Zeilen 14, 20, 21**). Auch kann jemand, der Pflegeleistungen im Haushalt als haushaltsnahe Dienstleistung absetzt, neben dem Höchstbetrag von 20 000 Euro weitere Pflegekosten als außergewöhnliche Belastungen geltend machen.

Was im Einzelfall möglich und was steuerlich günstiger ist, sollte mit einem Steuerprofi besprochen werden. Grundsätzlich ist ein Abzug als außergewöhnliche Belastung günstiger, wenn der Grenzsteuersatz mehr als 20 Prozent beträgt. Alleinstehende erreichen diesen Steuersatz bereits bei einem zu versteuernden Einkommen von rund 12 300 Euro (Seite 256).

Zeile 13 bis 22: Krankheit, Todesfall und andere Katastrophen

Hier wird eingetragen, was das Steuerrecht unter „außergewöhnlichen Belastungen allgemeiner Art" versteht. Der Begriff entzieht sich einer klaren Definition und soll es wohl auch, denn hier findet sich so ziemlich alles von Krankheitskosten im weitesten Sinn über Grundwasserschäden bis zum Verlust von Hausrat durch Naturkatastrophen oder Diebstahl. Damit das Ganze nicht ausufert, muss jeder, der eine solche „allgemeine" Belastung absetzen will, einen Teil davon selbst schultern. Der nennt sich „zumutbare Belastung" und beläuft sich je nach Familienstand, Anzahl der zu berücksichtigenden Kinder und Höhe der Einkünfte auf 1 bis 7 Prozent der Einkünfte (Seite 246).

Krankheitskosten sind die außergewöhnlichen Belastungen, die Arbeitnehmer und Beamte am häufigsten geltend machen. Dazu gehören die Kosten für alle vom Arzt oder Heilpraktiker verordneten Medikamente, Heilbehandlungen und Hilfsmittel, aber nur der Anteil, der selbst bezahlt wurde. Auch dabei gibt es immer wieder umstrittene Positionen. Grund-

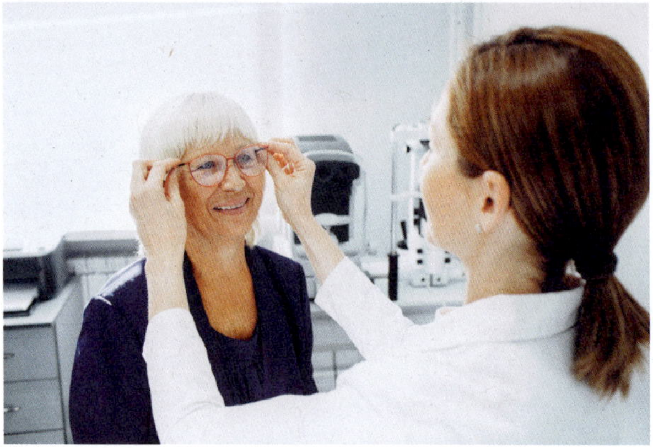

sätzlich sollten Sie alle Belege sammeln, die etwas mit Kosten für Krankheit und Gesundheit zu tun haben, zum Beispiel Zuzahlungen bei Arzt, Zahnarzt, Masseur und Apotheke, Zahlungen für Heilbehandlungen und Medikamente, die zwar verordnet, aber von der Kasse nicht getragen wurden, zum Beispiel homöopathische Mittel. Ausgaben für Brillen, Einlagen oder Rollstühle gehören dazu ebenso wie die Fahrtkosten zum Arzt und bestimmte Kurkosten.

Ausgaben für einen krankheits- oder pflegebedingten Heimaufenthalt können wie Krankheitskosten als außergewöhnliche Belastung geltend gemacht werden, auch Zahlungen für dort untergebrachte Verwandte, die unterhaltsberechtigt sind.

→ Zum Beispiel Familie F.

Franziska und Frank F. sind beide Arbeitnehmer, ihre Kinder Fanny und Falk gehen noch zur Schule. Zusammen kommen sie auf Einkünfte von 50 000 Euro. Krankheitskosten fielen reichlich an. Frank musste beim Zahnarzt 1 700 Euro zuzahlen und Franziska bei ihrer Kur 500 Euro. Hinzu kam „Kleinkram", der sich aber auf 800 Euro summierte: Zuzahlungen für Medikamente, eine Rechnung vom Heilpraktiker, eine neue Gleitsichtsonnenbrille für die blendempfindliche Franziska, ärztliche Atteste und Fahrtkosten zum Arzt. Insgesamt zahlte Familie F. somit 3 000 Euro Krankheitskosten aus eigener Tasche. Die zumutbare Belastung berechnet das Finanzamt mit 1 347 Euro (→ Berechnung Seite 246). Damit kann Familie F. 1 653 Euro Krankheitskosten als außergewöhnliche Belastung geltend machen (3 000 minus 1 347). Hätte Frank seine teure Zahnreparatur auf nächstes Jahr verschoben, hätte Familie F. in diesem Jahr gar keine Krankheitskosten absetzen können, denn sie wäre innerhalb der zumutbaren Belastung von 1 347 Euro geblieben. Ob und wie sich die Zahnarztkosten im Folgejahr auswirken, ist ungewiss. Fest steht nur: Ohne ein Vorverlegen der Zahnbehandlung wären 1 653 Euro Abzugsbetrag unter den Tisch gefallen (→ auch Seite 181).

	Andere Aufwendungen		
	Krankheitskosten (z. B. Arznei-, Heil- und Hilfsmittel, Kurkosten) Art der Aufwendungen	Summe der Aufwendungen EUR	Anspruch auf zu erwartende / Erhaltene Versicherungsleistungen, Beihilfen, Unterstützungen; Wert des Nachlasses usw. EUR
13	ZAHNARZTKOSTEN UND WEITERE	3 000,–	0,–

Wenn Hausrat oder Kleidung durch Feuer, Unwetter, Hochwasser oder Diebstahl verloren gegangen sind, können Ausgaben für die Wiederbeschaffung eine außergewöhnliche Belastung sein. Da prüft das Finanzamt aber sehr genau. Stellt sich beispielsweise heraus, dass keine Hausratversicherung abgeschlossen wurde, hält der Fiskus seine Taschen zu.

Schadstoffe in Haus oder Wohnung können zu einer außergewöhnlichen Belastung führen. Wenn zum Beispiel Asbest, Formaldehyd oder giftige Holzschutzmittel zu beseitigen sind, berücksichtigt das Finanzamt die anfallenden Kosten. Die Anforderungen dafür sind allerdings hoch: Ein Arzt muss in der Regel den Zusammenhang zwischen der Schadstoffbelastung und den gesundheitlichen Folgen attestieren; außerdem will das Finanzamt in einem solchen Fall die Gutachten über die konkrete Gesundheitsgefährdung sehen.

Unter bestimmten Voraussetzungen akzeptiert das Finanzamt auch Beerdigungskosten (**Zeile 17**) als außergewöhnliche Belastung, wenn sie ein Verwandter oder eine dem Toten nahestehende Person übernommen hat, sie 7 500 Euro nicht übersteigen und nicht aus dem Nachlass bezahlt werden können.

Zeile 20 bis 22 füllen Sie nur aus, wenn in Zeile 19 Aufwendungen enthalten sind, für die es grundsätzlich auch eine Steuerermäßigung als Pflege- oder Handwerkerleistung geben kann (→ auch Seite 59). Das betrifft zum Beispiel Pflegeleistungen, die im Rahmen eines Minijobs erbracht wurden, andere haushaltsnahe Pflegeleistungen und Arbeitskosten für Handwerkerleistungen, beispielsweise für behinderungsbedingte Umbauten.

Sie hatten beispielsweise Kosten für einen Pflegedienst von 4000 Euro im Jahr. Diesen Betrag haben Sie in Zeile 14 bereits eingetragen. Wegen der zumutbaren Belastung konnten Sie 1500 Euro von diesen 4000 Euro nicht absetzen. Wenn Sie die 4000 Euro auch in Zeile 21 eintragen, kann es für den nicht absetzbaren Betrag eine Steuerermäßigung für haushaltsnahe Dienstleistungen geben.

14	Pflegekosten (z. B. häusliche Pflege und Heimunterbringung) Art der Aufwendungen PFLEGELEISTUNG	+ 4000,–	+ ,–
15	Behinderungsbedingte Aufwendungen (z. B. Umbaukosten) Art der Aufwendungen	+ ,–	+ ,–
16	Behinderungsbedingte Kfz-Kosten Art der Aufwendungen	+ ,–	+ ,–
17	Bestattungskosten (z. B. Grabstätte, Sarg, Todesanzeige) Art der Aufwendungen	+ ,–	+ ,–
18	Sonstige außergewöhnliche Belastungen Art der Aufwendungen	+ ,–	+ ,–
19		300 4000,–	301 ,–
	Für folgende Aufwendungen wird die Steuerermäßigung für haushaltsnahe Beschäftigungsverhältnisse / Dienstleistungen / Handwerkerleistungen beantragt, soweit sie wegen Abzugs der zumutbaren Belastung nicht als außergewöhnliche Belastungen berücksichtigt werden (die Beträge sind nicht zusätzlich in den Zeilen 4 bis 6 der Anlage Haushaltsnahe Aufwendungen einzutragen):		Aufwendungen (abzüglich Erstattungen) EUR
20	Die in Zeile 19 enthaltenen Pflegeleistungen im Rahmen eines geringfügigen Beschäftigungsverhältnisses im Privathaushalt – sog. Minijob – betragen		370 ,–
21	Die in Zeile 19 enthaltenen übrigen haushaltsnahen Pflegeleistungen (ohne Minijob) und in Heimunterbringungskosten enthaltenen Aufwendungen für Dienstleistungen, die denen einer Haushaltshilfe vergleichbar sind, betragen		371 4000,–

INFO: Krankheitskosten von A bis Z

Als außergewöhnliche Belastung gelten Krankheitskosten aller Art, wenn sie auf der Grundlage von Verordnungen des Arztes oder Heilpraktikers entstanden sind. Für das Finanzamt zählen nur Ausgaben, die Sie selbst getragen haben.

- **Arzneimittel**, inklusive Zuzahlungen und Rezeptgebühren.
- **Behandlungskosten** bei Ärzten, Zahnärzten, Heilpraktikern, Physiotherapeuten, medizinischen Fußpflegern oder Logopäden. Ausgaben für bestimmte alternative Therapien, etwa für eine Ayurveda-Behandlung, sind nur bei nachgewiesener medizinischer Notwendigkeit absetzbar.
- **Fahrtkosten** zum Arzt, ins Krankenhaus, zu Heilbehandlungen oder Selbsthilfegruppen sind wie Reisekosten absetzbar (→ Seite 116). Pkw-Fahrten akzeptiert das Amt in der Regel nur, wenn die Nutzung öffentlicher Verkehrsmittel nicht möglich oder nicht zumutbar war. Besuchsfahrten zum Ehegatten oder zu Kindern ins Krankenhaus (oder in die Reha-Klinik) können Sie geltend machen, wenn der Besuch laut ärztlicher Bescheinigung notwendig war, also „den Heilungsprozess gefördert" hat.
- **Heil- und Hilfsmittel** sind u. a. Brillen, Kontaktlinsen, Hörgeräte, Schuheinlagen, orthopädische Schuhe oder Rollstühle.
- **Kurkosten** sind absetzbar, wenn die Kur notwendig war. Der Nachweis der Kurbedürftigkeit erfolgt durch ein amtsärztliches Zeugnis oder durch den Bewilligungsbescheid der Krankenkasse. Abzugsfähig sind zum Beispiel selbst gezahlte Fahrt-, Übernachtungs- und Behandlungskosten sowie 80 Prozent der Verpflegungskosten.
- **Zahnersatz**, etwa Kronen, Brücken, Zahnimplantate.
- **Zuzahlungen** von zum Beispiel 10 Euro pro Tag bei stationärem Aufenthalt in Krankenhäusern und Reha-Kliniken.

Anlage Haushaltsnahe Aufwendungen: 20 Prozent Steuerbonus

Viele Berufstätige lassen sich für Arbeiten an Haus, Hof oder Wohnung helfen. Unter bestimmten Voraussetzungen können sie die Kosten in der neuen Anlage eintragen und verringern ihre Steuerlast. Bisher wurden diese Kosten auf der dritten Seite im Mantelbogen abgefragt.

Zeile 4 bis 6: Rund um den Haushalt

Wer eine Haushaltshilfe einstellt, kann damit Steuern sparen. Die Hilfskraft muss aber typische Hausarbeiten erledigen, zum Beispiel einkaufen, putzen, waschen, kochen, Familienangehörige betreuen oder den Garten pflegen. Arbeitet die Haushaltshilfe in einem Minijob, gehören die Angaben in **Zeile 4**. Die Verdienstgrenze liegt bei 450 Euro im Monat, zudem gilt Rentenversicherungspflicht. Davon können sich Minijobber aber auf eigenen Antrag bei ihrem Arbeitgeber befreien lassen (Seite 197). Die Formulare und weitere Informationen gibt es bei der Minijobzentrale (telefonisch 03 55/2 90 27 07 99 oder im Internet unter www.minijobzentrale.de).

Die Angaben für **Zeile 4** können Sie der Bescheinigung der Minijobzentrale entnehmen, die die Sozialabgaben und Steuern pauschal eingezogen und abgeführt hat. Hierher gehört auch eine kurze Tätigkeitsbeschreibung, etwa „Reinigungsarbeiten". Von den Lohnkosten verringern 20 Prozent die Steuerschuld. Die Steuererstattung für einen Minijob bleibt jedoch auf 510 Euro im Jahr begrenzt.

→ Zum Beispiel das Ehepaar U.

Ulrike und Ulrich U. sind beide berufstätig. Sie haben Vera V. als Haushaltshilfe in einem Minijob eingestellt. Als Arbeitgeber rechnen sie mit der Minijobzentrale ab, 20 Prozent ihrer Ausgaben für Vera V.,

maximal 510 Euro, verringern direkt ihre Steuerschuld. Die Ausgaben bestehen aus dem Arbeitslohn und pauschalen Abgaben von insgesamt 14,69 Prozent (einschließlich 2 Prozent Steuern).

Lohn für Vera V. (12 × 450)	**5 400**
plus Pauschalabgabe (14,69 % von 5 400)	+ 793
Lohnkosten des Ehepaars U.	6 193
Steuererstattung (20 % von 6 194, maximal 510, alle Angaben in Euro)	**510**

Für andere haushaltsnahe Dienstleistungen akzeptiert das Finanzamt Ausgaben bis jährlich 20 000 Euro. Die Ausgaben gehören alle in **Zeile 5**. Förderfähig sind einfache Arbeiten, zum Beispiel Gartenarbeiten, Putzen, Kochen, Kinder- und Seniorenbetreuung. Das Finanzamt zieht 20 Prozent der Arbeitskosten (von bis 20 000 Euro) unmittelbar von der Steuerschuld ab. Das ergibt bis zu 4 000 Euro Steuererstattung im Jahr. Ob sich der eigene Haushalt in einer gemieteten Wohnung oder in einem Eigenheim befindet, ist dabei egal. Auch die Pflege und Betreuung von Personen im Haushalt wird von dieser Zeile erfasst. Dabei muss keine der zu pflegenden Personen Leistungen aus der Pflegeversicherung erhalten oder einem Pflegegrad (vor 2017 Pflegestufe) zugeordnet sein. Lebt die Person im Heim, sind die einer Hilfe im Haushalt vergleichbaren Dienstleistungen absetzbar. Allerdings kann dann nur derjenige, der im Heim lebt, eine Steuerermäßigung auf diese Kosten erhalten.

WICHTIG: Kinderbetreuungskosten sind vorrangig als Sonderausgaben auf der Anlage Kind zu berücksichtigen (siehe Seite 136). Ausgaben für eine Aupair sind in der Regel je zur Hälfte auf Haushaltshilfe und Kinderbetreuung aufzuteilen.

Angaben zur versicherungspflichtigen Beschäftigung einer Haushaltshilfe mit mehr als 450 Euro Monatslohn gehören ebenfalls hierher. Auch dafür kann es eine Steuererstattung von maximal 4 000 Euro im Jahr geben. Das Arbeitsverhältnis muss aber wie jeder andere versicherungspflichtige Job angemeldet und abgerechnet werden. Wer das alles richtig machen will, sollte besser einen Steuerprofi zurate ziehen, wenigstens im ersten Jahr der Beschäftigung. Die Lohnunterlagen müssen dem Finanzamt auf Anforderung vorgelegt werden können. Arbeitsverhältnisse mit Bekannten und Verwandten sind ebenfalls förderfähig. Die Helfer dürfen aber nicht zum eigenen Haushalt gehören. Wird der Ehe-/Lebenspartner als Haushaltshilfe beschäftigt, spielt das Finanzamt nicht mit.

Haushalte, die niemanden einstellen, sondern eine Firma engagieren, können ebenfalls steuerlich geförderte Hilfe im Haushalt nutzen. Das können zum Beispiel Fensterputzer, Gärtner oder Betreuungs- und Pflegedienste sein. Übrigens können in diesem Rahmen auch Speditionskosten eines privaten Umzugs und Entrümpelungsaktionen gefördert werden.

TIPP: Das Finanzamt akzeptiert auch die häusliche Betreuung von Haustieren als haushaltsnahe Dienstleistungen. Das gilt selbst für das „Gassiführen" von Hunden, wenn es zusätzlich zur Betreuung im Haushalt erfolgt.

Neben den Dienstleistungen werden Handwerkerleistungen gefördert (**Zeile 6**). Eigentümer und Mieter können mit Reparaturen und Moderni-

sierungerungen ihre Steuerschuld senken, wenn sie dafür etwa Maler oder Elektriker engagieren. Das Finanzamt akzeptiert bis zu 6 000 Euro Handwerkerkosten im Jahr. 20 Prozent davon, also bis zu 1 200 Euro, drücken die Steuerschuld. Weil Material nicht berücksichtigt wird, müssen 2019 sowohl der Gesamtrechnungsbetrag als auch die enthaltenen Lohn-, Maschinen und Fahrtkosten (rechte Spalte) eingetragen werden.

→ Zum Beispiel das Ehepaar I.

Ina und Ingo I. sind beide Beamte und wohnen in einer Mietwohnung. Ina hat in diesem Jahr für 550 Euro Personalkosten einen Fensterputzer engagiert. Der Vermieter stellte den beiden für Treppenreinigung, Gartenpflege und Hauswart in seiner Betriebskostenabrechnung 200 Euro Personalkosten in Rechnung. Der Maler bekam für seine durchgeführten Renovierungsarbeiten 3 000 Euro und die Waschmaschinenreparatur kostete 400 Euro. Das brachte 610 Euro Steuererstattung vom Finanzamt.

Fensterputzer	**550**
Anteil an Personalkosten für Treppenreinigung, Gartenpflege und Hauswart (laut Betriebskostenabrechnung)	+ 200
haushaltsnahe Dienstleistungen insgesamt	750
Steuererstattung (20 Prozent von 750)	**150**
Maler (3 000 minus 1 000 Materialkosten)	2 000
Waschmaschinenreparatur (400 minus 100 Materialkosten)	+ 300
Handwerkerleistungen insgesamt	2 300
Steuererstattung (20 Prozent von 2 300)	460
Steuererstattung insgesamt (150 plus 460, alle Angaben in Euro)	**610**

Gefördert werden Reparaturen sowie Modernisierungsarbeiten an und in vorhandenen Gebäuden. Aber auch Dachausbauten und Anbauten wie Wintergärten können förderfähig sein. Voraussetzung ist, dass keine komplett neue Wohnung entsteht. Es zählen sowohl Arbeiten auf dem Grundstück als auch Grundstücksanschlüsse unmittelbar hinter der Grundstücksgrenze. Zu den begünstigten Arbeiten gehören auch die Wartung und Reparatur technischer Geräte im Haushalt, etwa Waschmaschinen oder Kochherde. Förderfähig sind nur die Arbeitskosten. Dazu gehört ebenfalls alles, was nicht unter Material fällt, auch die Anfahrtskosten und die Umsatzsteuer auf die Arbeitskosten. Material- und Arbeitskosten müssen voneinander getrennt nachgewiesen werden können. Eine umfassende Tabelle zu den geförderten Tätigkeiten finden Sie im Internet unter www.bundesfinanzministerium.de.

Haushaltsnahe Beschäftigungsverhältnisse / Dienstleistungen

- sozialversicherungspflichtige Beschäftigungen im Privathaushalt
- haushaltsnahe Dienstleistungen, Hilfe im eigenen Haushalt
- Pflege- und Betreuungsleistungen im Haushalt, in Heimunterbringungskosten enthaltene Aufwendungen für Dienstleistungen, die denen einer Haushaltshilfe vergleichbar sind; das in Zeile 19 der Anlage Außergewöhnliche Belastungen als Erstattung für häusliche Pflege- und Betreuungskosten berücksichtigte Pflegegeld (§ 37 SGB XI) / Pflegetagegeld

Art der Tätigkeit / Aufwendungen

5 TREPPENREINIGUNG/HAUSWART LT. BETRIEBSKOSTENABRECHNUNG 212 325,–

Handwerkerleistungen

für Renovierungs-, Erhaltungs- und Modernisierungsmaßnahmen im eigenen Haushalt (ohne öffentlich geförderte Maßnahmen, für die zinsverbilligte Darlehen oder steuerfreie Zuschüsse in Anspruch genommen werden, z. B. KfW-Bank, landeseigener Förderbanken oder Gemeinden)

Zeile	Art der Aufwendungen	Summe der Rechnungsbeträge EUR		darin enthaltene Lohnanteile, Maschinen- und Fahrtkosten inkl. Umsatzsteuer EUR
6	MALERARBEITEN, FIRMA KUNTERBUNT	3860,–	214	1800,–

Zum Nachweis haushaltsnaher Dienst- und Handwerkerleistungen brauchen Sie zwei Belege: die Rechnung des Dienstleisters und den Überweisungsbeleg (Kontoauszug) des Auftraggebers. Die Nachweise müssen der Steuererklärung nicht mehr beigefügt werden, aber auf Verlangen vorzeigbar sein. Alleinstehende, die das gesamte Jahr mit einem oder mehreren anderen Alleinstehenden im gemeinsamen Haushalt lebten, tragen in

Zeile 7 die Anzahl dieser anderen Personen und in **Zeile 8** die persönlichen Daten der ersten Person ein. Die Angaben zu weiteren Personen gehören auf ein Extrablatt. Der Grund dieser Abfrage ist, dass die Höchstbeträge für die Steuerermäßigung pro Haushalt gelten.

Zusammenlebende Alleinstehende sowie Ehe- und Lebenspartner, die keine gemeinsame Steuererklärung abgeben, können jedoch die Höchstbeträge für haushaltsnahe Dienst- und Handwerkerleistungen, die sie in den **Zeilen 4 bis 6** eingetragen haben, unter sich aufteilen. Die **Zeilen 9 bis 11** ermöglichen eine genaue Zuordnung. Der Höchstbetrag für Minijobs aus **Zeile 4** kann in **Zeile 9** aufgeteilt werden, der für andere haushaltsnahe Dienstleistungen laut **Zeile 5** in **Zeile 10**. Den Höchstbetrag für Handwerkerleistungen in **Zeile 6** können sich die Partner in **Zeile 11** zuordnen. Die Aufteilung geschieht per gemeinsamem Antrag, den Sie der Steuererklärung beifügen müssen. Wenn Sie nichts eintragen, teilt das Finanzamt hälftig auf zwei Personen auf. Die Aufteilung der Höchstbeträge in den **Zeilen 9 bis 11** gilt auch für Eintragungen auf Steuerermäßigung in den Zeilen 20 bis 22 der Anlage Außergewöhnliche Belastung (Seite 55).

Zeile 12 betrifft nur Ehepaare und Lebenspartner, die 2019 einen gemeinsamen Haushalt gründeten oder diesen auflösten. In diesem Fall kann jeder Partner die vollen Höchstbeträge geltend machen.

→ **TIPP:** Angehörige von Eigentümergemeinschaften und Mieter dürfen ihre anteiligen Kosten für Leistungen wie Treppenreinigung, Gartenarbeiten oder Schneeräumung als haushaltsnahe Dienstleistungen an das Finanzamt weitergeben. Die Höhe entnehmen sie der Nebenkostenabrechnung des Verwalters oder Vermieters.

Anlage Sonstiges

Seit die Finanzverwaltung den Mantelbogen abgeschafft hat, gibt es die neue Anlage Sonstiges. Nur wenige Arbeitnehmer und Beamte werden die neue Anlage benötigen, da sie hier keine Eintragungen vornehmen müssen. In der Anlage werden vor allem „spezielle" Sachverhalte erfragt wie erbschaftssteuerlicher Erwerb, der Besitz von schutzwürdigen Kulturgütern, Spendenvortrag oder Verlustabzug.

Zeile 4: Erbschaftsteuer

Hier geht es um Einkünfte, die in der Steuererklärung auftauchen und die bestimmte Erbfälle ab 2014 betreffen. Haben Sie die Erbschaftsteuer bereits entrichtet, kann hierfür die Einkommensteuer ermäßigt werden. Denkbar sind in diesem Zusammenhang beispielsweise Mietforderungen oder andere Forderungen des Erblassers, die zum Zeitpunkt bereits bestanden und mit Erbschaftsteuer belegt worden sind. Gehen diese steuerpflichtigen Zahlungen später beim Erben ein, sollte ein Steuerprofi um Rat gefragt werden.

Zeile 5: Investitionen in Kulturgüter

Haben Sie sich an den Kauf einer alten Mühle, Parkanlage oder Bibliothek gewagt , ist eventuell ein gefördertes Baudenkmal oder Kulturgut in Ihrem Besitz. Bis zu 9 Prozent der Herstellungs- und Erhaltungskosten sind als Sonderausgaben absetzbar, wenn die (umfangreichen) Voraussetzungen eingehalten werden.

Zeile 6: Spendenvortrag

Großzügige Spender nutzen **Zeile 6**. Wurde mit der Steuererklärung 2018 ein Spendenvortrag festgestellt, setzen Sie hier ein Kreuz. Nachdem Sie den Höchstbetrag für den Abzug von Spenden im Veranlagungsjahr 2018 voll ausgeschöpft haben, beachtet das Finanzamt den verbleibenden Teilbetrag im Steuerjahr 2019.

Zeile 7 und 8: Verluste

Verluste können entstehen, wenn Arbeitnehmer sich aufwendig fortbilden und dabei wenig oder gar nichts verdienen. Das führt zu „vorweggenommenen Werbungskosten". Auch weitere Einkünfte, etwa aus Vermietung, können Verluste bringen. Über bereits festgestellte Verluste aus Vorjahren informieren Sie das Finanzamt in **Zeile 7**. Ergibt sich mit der Steuererklärung 2019 ein Verlust, wird der Betrag vom Finanzamt automatisch im Vorjahr berücksichtigt. Wer das nicht will, weil sich der Verlust in folgenden Jahren günstiger auswirkt, nutzt **Zeile 8**. Sie können einen Teil eintragen oder mit einer „0" alles in das nächste Jahr vortragen lassen.

Zeile 9: Freibetrag für Investmentverkäufe

Wer im Vorjahr Altanteile von Investmentfonds verkaufte, für die das Finanzamt einen Freibetrag gewährt hat (Anlage Kap Seite 154), kreuzt **Zeile 9** an. Das Finanzamt schreibt den verbleibenden Freibetrag fort.

Zeile 10: Ehepaare mit einzelnen Steuererklärungen

Diese Zeile betrifft nur Ehegatten und eingetragene Lebenspartner, die jeweils eine eigene Steuererklärung abgeben. Sie können hier beantragen, dass Steuerermäßigungen rund um den Haushalt, Sonderausgaben und außergewöhnliche Belastungen hälftig zwischen ihnen aufgeteilt werden.

Antrag zur Aufteilung der Abzugsbeträge bei Einzelveranlagung von Ehegatten / Lebenspartnern

Laut übereinstimmendem Antrag sind die Sonderausgaben, außergewöhnlichen Belastungen sowie die Steuerermäßigung für haushaltsnahe Beschäftigungsverhältnisse, Dienstleistungen und Handwerkerleistungen je zur Hälfte aufzuteilen. 222 1 1 = Ja

(Der Antrag auf Aufteilung in einem anderen Verhältnis als je zur Hälfte
- des Freibetrages zur Abgeltung eines Sonderbedarfs bei Berufsausbildung eines gemeinsamen volljährigen Kindes ist in Zeile 64 der Anlage Kind,
- bei Übertragung des Behinderten- oder Hinterbliebenen-Pauschbetrags eines gemeinsamen Kindes ist in Zeile 72 der Anlage Kind

zu stellen.)

Zeile 11 und 12: Steuergestaltungen

In **Zeile 11** sind grenzüberschreitende Steuergestaltungen anzuzeigen. Wer davon betroffen ist, sollte Rat bei einem Steuerberater einholen.

INFO: Geförderte haushaltsnahe Leistungen

Mit dem Schreiben vom 9. November 2016 hat das Bundesfinanzministerium Dienstleistungen rund um den Haushalt geregelt (IVC8 – S 2296-b/07/10003 :008). Dort findet sich eine Liste mit Beispielen. Es ist aber keine abschließende Aufzählung. Voraussetzung ist stets, dass eine Rechnung vorliegt und die Bezahlung nicht bar erfolgt.

Haushaltsnahe Dienst- und Pflegeleistungen

- Kochen, waschen, Wohnung reinigen, Fenster putzen, bügeln, nähen (auch im Heim oder Wohnstift)
- Wohnungs-, Fenster-, Treppen- und Hausreinigung
- Teppichreinigung vor Ort in der Wohnung
- Straßen- und Hofreinigung auf privatem Grundstück
- Laub entfernen
- Winterdienst
- Leistungen von Hausmeister, Hauswart
- Friseur, Kosmetik, Hand- und Fußpflege, wenn sie pflegebedingt erfolgen und zum Leistungsumfang der Pflegeversicherung gehören
- Betreuung von Kindern im Haushalt der Eltern, etwa durch Tagesmutter, Babysitter, Au-Pair, wenn ein Abzug als Kinderbetreuungskosten (,Seite185) nicht möglich ist
- Einkaufen, kleine Botengänge
- Briefkasten leeren, Blumen gießen
- Seniorenbetreuung einschließlich Begleitung bei Ausflügen, beim Einkaufen oder Arztbesuch, wenn diese zusätzlich zur Betreuung und Hilfe im Haushalt erfolgt
- Leistungen von Notfalldiensten, Notbereitschaften
- Private Umzugsdienstleistungen, etwa Speditionskosten
- Versorgung von kranken und alten Menschen, zum Beispiel durch ambulante Pflegedienste
- Wachdienste
- Pflege- und Betreuungsleistungen, Reinigung, Gartenpflege
- Tierbetreuung (auch Gassiführen von Hunden, wenn das zusätzlich zur Betreuung im Haushalt erfolgt)

Handwerkerleistungen

- Begünstigt sind grundsätzlich alle Arbeiten in der Wohnung sowie auf dem Grundstück, jedoch nur die Arbeitsleistung einschließlich Maschinen- und Fahrtkosten, jedoch ohne Material
- Arbeiten am Dach, an Fassaden, Garagen, Carport, Terrassenüberdachung, Innen- und Außenwänden, Aufstellen eines Baugerüstes, Dachgeschoss- und Kellerausbau. Es darf jedoch keine vollständig neue Wohnung entstehen.
- Austausch oder Modernisierung von Einbauküchen, Fenstern, Türen oder Bodenbelägen, etwa Textilbelag, Parkett, Fliesen
- Modernisierung des Badezimmers, Montageleistungen für neue Möbel
- Schönheitsreparaturen wie Streichen, Lackieren und Tapezieren von Innenwänden, Fenstern, Türen, Heizkörpern und Heizungsrohren, Wandschränken
- Garten-, Wegebau- und Pflanzarbeiten auf dem Grundstück
- Schornsteinfegerarbeiten, einschließlich Feuerstättenschau, Kehr, Reparatur-, Wartungs-, Prüf- und Messarbeiten.
- Reparatur, Wartung oder Austausch von Heizungs-, Elektro-, Strom-, Wasser- und Gasanlagen
- Graffitibeseitigung
- Entsorgung, zum Beispiel von Bauschutt, Fliesenabfuhr nach Neuverfliesung, Grünschnittabfuhr bei Gartenpflege
- Beseitigung von Hausschwamm, Ungeziefer- und Schädlingsbekämpfung
- Insektengitter einbauen
- Wartung und Reparatur von Haushaltsgeräten, zum Beispiel Waschmaschine, Trockner, Kühlschrank, Fernseher, Computer zu Hause
- Wartung und Reparatur des Müllschluckers, Müllschränke aufstellen
- Taubenabwehr, Kellerschachtabdeckungen
- Klavierstimmer
- Arbeiten an Hausanschlüssen für Strom, Wasser, Gas, Fernsehen, Internet sowie deren Wartung und Reparatur

Anlage Vorsorgeaufwand: Versicherungsbeiträge

In diese Anlage gehören die Beiträge zur Renten-, Kranken-, Pflege-, Arbeitslosenversicherung und zu anderen Versicherungen, die als Vorsorgeaufwendungen abzugsfähig sind. Beiträge zur Basiskranken- und Pflegeversicherung dürfen von gesetzlich sowie privat Versicherten grundsätzlich ungekürzt abgesetzt werden. Aufwendungen, die nicht im Leistungskatalog der gesetzlichen Krankenversicherung enthalten sind, beispielsweise eine Chefarztbehandlung, sind in diesem Rahmen allerdings nicht abzugsfähig (→ Musterformular Seite 275). Ebenso wie in den anderen Formularen finden Sie auch in der Anlage Vorsorgeaufwand die dunkelgrün hinterlegten, mit ⓔ gekennzeichneten Zeilen. Die Versicherungsbeiträge, die hier einzutragen sind, liegen der Finanzverwaltung in der Regel als gemeldete eDaten bereits vor. In der Papiererklärung können Sie die betreffenden Zeilen dann leer lassen.

Zeile 4 bis 10: Altersvorsorge

Beitragszahlungen in die gesetzliche Rentenversicherung, in berufsständische Versorgungseinrichtungen oder in landwirtschaftliche Alterskassen gehören in **Zeile 4 bis 6**, bei Ehepaaren/Lebenspartnerschaften jeweils in die zutreffende Spalte. Arbeitnehmer finden den von ihnen gezahlten und bereits an das Finanzamt gemeldeten Anteil in der Lohnsteuerbescheinigung des Arbeitgebers. Der Arbeitgeberzuschuss zur Rentenversicherung gehört in **Zeile 9.** Wenn die Beiträge in die gesetzliche Rentenversicherung nicht vom Arbeitgeber überwiesen, sondern selbst eingezahlt werden, liegen dem Finanzamt keine eDaten vor. Daher wird der vom Versicherungsträger bescheinigte Betrag in **Zeile 6** eingetragen.

Sind die Beiträge zur gesetzlichen Rentenversicherung in eine landwirtschaftliche Alterskasse oder eine berufsständische Versorgungseinrichtung geflossen, werden sie in **Zeile 5** eingetragen. Arbeitgeberzuschüsse

müssen vorher abgezogen werden. Überweist der Arbeitgeber die Beiträge und sind diese auf der Lohnsteuerbescheinigung aufgeführt, gehören die Angaben dagegen in Zeile 4 und 9 und werden vom Finanzamt als eDaten berücksichtigt. Die elektronische Meldung liegt in der Regel auch für Erstattungen oder steuerfreie Zuschüsse vor **(Zeile 7)**, ebenso für sogenannte Rürup-Rentenbeiträge **(Zeile 8)**. Die Rentenbeiträge für Minijobber werden nicht automatisch berücksichtigt, sondern müssen in **Zeile 6** (Arbeitnehmeranteil) und **Zeile 10** (Arbeitgeberbeitrag) vermerkt werden. Die Angabe ist freiwillig und vorteilhaft, wenn der Arbeitnehmer keine Befreiung von der Rentenversicherung beantragt hat.

→ **TIPP:** 2019 wuchs der abzugsfähige Höchstbetrag pro Person auf 24 305 Euro (2018: 23 712 Euro). Für Ehepaare/Lebenspartner verdoppelt sich der Höchstbetrag auf 48 610 Euro (2018: 47 424 Euro).

Der Höchstbetrag von 24 305 Euro klingt zunächst gut, praktisch kommt aber deutlich weniger Entlastung heraus. Haben zum Beispiel Arbeitnehmer und Arbeitgeber je 3 500 Euro in die gesetzliche Rentenkasse eingezahlt, zusammen also 7 000 Euro, akzeptiert das Finanzamt von dieser Summe in diesem Jahr 88 Prozent, also 6 160 Euro. Von diesem Betrag wird aber noch der Arbeitgeberanteil abgezogen (→ Seite 247). Für den Arbeitnehmer bleiben danach noch 2 660 Euro Altersvorsorgeaufwand abzugsfähig (6 160 minus 3 500). Für Beamte ist hier nur **Zeile 8** interessant (Rürup-Rente, → Seite 208).

Zeile 11 bis 44: Kranken- und Pflegeversicherung

Die **Zeilen 11 bis 22** betreffen Beiträge an inländische gesetzliche Kranken- und Pflegeversicherungen. Arbeitnehmerbeiträge (**Zeilen 11 und 13**) sind auf der Lohnsteuerbescheinigung zu finden. Darin enthalten sind auch die Zusatzbeiträge an die Krankenkassen. Die Angaben liegen normalerweise dem Finanzamt als eDaten bereits vor und müssen in die Papiersteuererklärung nicht mehr eingetragen werden. Das Finanzamt kürzt den Versicherungsbeitrag um 4 %. Dieser Anteil gilt als Absicherung von Krankengeld. Nur wer keinen Krankengeldanspruch hat, beispielsweise als weiterbeschäftigter Rentner, muss den Beitrag zusätzlich in **Zeile 12** eintragen. Er kann dann den gesamten Beitrag als Sonderausgabe geltend machen.

Beiträge zur inländischen gesetzlichen Kranken- und Pflegeversicherung					
Arbeitnehmerbeiträge zu Krankenversicherungen lt. Nr. 25 der Lohnsteuerbescheinigung	320	3875,-	420	2325,-	e
In Zeile 11 enthaltene Beiträge, aus denen sich kein Anspruch auf Krankengeld ergibt	322	,-	422	,-	
Arbeitnehmerbeiträge zu sozialen Pflegeversicherungen lt. Nr. 26 der Lohnsteuerbescheinigung	323	888,-	423	532,-	e

Wer Anspruch auf einen Arbeitgeberzuschuss zu seinen Versicherungsbeiträgen hat, darf neben seinen Rentenversicherungsbeiträgen im oben beschriebenen Umfang grundsätzlich bis zu 1900 Euro an sonstigen abzugsfähigen Versicherungsbeiträgen absetzen. Für Selbstständige und andere Menschen ohne Beitragszuschuss liegt die Grenze bei 2800 Euro, für Ehe- und Lebenspartner kann bis zu doppelt so viel zusammenkommen, wenn beide die Voraussetzungen erfüllen. Für die meisten Arbeitnehmer würde das bedeuten, dass allein ihre Beiträge zur Kranken- und Pflegeversicherung das nutzbare Abzugsvolumen von 1900 Euro ausschöpfen. So zahlen bereits Arbeitnehmer mit einem unterdurchschnittlichen Jahresbruttolohn von 20000 Euro in der Regel mehr als 1900 Euro an Pflichtbeiträgen in die Kranken- und Pflegeversicherung ein.

Lassen Sie sich davon aber nicht beeindrucken. Das Finanzamt nimmt eine „Günstigerprüfung“ zwischen der 1900-Euro-Grenze und den tatsächlich gezahlten Kranken- und Pflegeversicherungskosten vor. Die gute Nachricht: Im Ergebnis dürfen Arbeitnehmer (fast) alle ihre Kranken- und Pflegeversicherungsbeiträge absetzen, auch wenn sie über 1900 Euro liegen. Das trifft auf die Mehrzahl der Arbeitnehmer zu. Die schlechte Nachricht: Weitere „sonstige" Vorsorgeaufwendungen sind nicht mehr absetzbar, wenn der Grenzbetrag von 1900 Euro mit den Beiträgen zur Kranken- und Pflegeversicherung bereits überschritten ist. Dann werden nicht einmal die Pflichtbeiträge zur Arbeitslosenversicherung berücksichtigt, geschweige denn Beiträge zu Haftpflicht- oder zu anderen grundsätzlich absetzbaren Versicherungen.

→ Zum Beispiel Jonas J.

Der 51-jährige alleinstehende und kinderlose Arbeitnehmer erhält 30 000 Euro Bruttolohn im Jahr. Dafür zahlt er 7,75 Prozent Krankenversicherung (2 325 Euro) und 1,775 Prozent Pflegeversicherung (rund 533 Euro). Seinen Beitrag zur Pflegeversicherung kann Jonas J. voll als Sonderausgaben geltend machen. Der Krankenversicherungsbeitrag wird um 4 Prozent gekürzt, denn diese 4 Prozent entfallen pauschal auf die Versicherung von Krankengeld und sind laut Gesetz nicht abzugsfähig. Damit wirken sich 93 Euro vom Krankenversicherungsbeitrag steuerlich nicht aus (2 325 mal 4 Prozent). Es verbleiben 2 765 Euro (533 plus 2 325 minus 93), die als Sonderausgaben abgezogen werden dürfen. Klar ist aber auch: Die 1 900-Euro-Grenze für sonstige Vorsorgeaufwendungen ist damit überschritten. Jonas darf nach dieser Berechnungsmethode keine weiteren sonstigen Vorsorgeaufwendungen geltend machen, etwa seinen Beitrag zur gesetzlichen Arbeitslosenversicherung (375 Euro) oder Beiträge für seine Kfz-Haftpflichtversicherung.

Es gibt noch eine weitere Günstigerprüfung. Das Finanzamt prüft, ob die bis 2004 geltende Altregelung oder die seit 2005 geltende Neuregelung günstiger ist. Der Vorteil der Altregelung verringert sich aber schrittweise, und für Arbeitnehmer sind ohnehin meist nur 2 001 Euro absetzbar. Nur

Beiträge zur Rürup-Rente können zusätzlich berücksichtigt werden. Die Altregelung gilt letztmalig 2019.

Nach Altregelung maximal abzugsfähige Sonderausgaben										
Jahr	**2010**	**2011**	**2012**	**2013**	**2014**	**2015**	**2016**	**2017**	**2018**	**2019**
bis Euro	5 069	4 701	4 401	4 101	3 801	3 501	3 201	2 901	2 601	**2 301**

Für Jonas J. aus dem Beispiel zuvor bringt die Altregelung keine Entlastung. Mit seinen Beiträgen zur Kranken- und Pflegeversicherung und zur gesetzlichen Rentenversicherung kommt er nach alter Rechnung deutlich über die für ihn geltende alte Höchstgrenze. Aber jeder Fall liegt anders und aus anderen Verhältnissen kann sich zusätzliches Abzugspotenzial ergeben.

TIPP: Schreiben Sie immer alle aus Ihrer Sicht abzugsfähigen Beiträge in die Steuererklärung. Nur so können Arbeitnehmer die alten und neuen Abzugsmöglichkeiten und die Chancen einer Günstigerprüfung ausschöpfen.

Die **Zeilen 14 und 15** fragen nach Beitragsrückzahlungen durch die Versicherung, die die abzugsfähigen Beiträge des Arbeitnehmers verringern. Denen kommt seit 2010 eine andere Bedeutung zu, wie das Beispiel auf Seite 74 zeigt.

Die **Zeilen 16 bis 22** gelten vor allem für Rentenbezieher und Selbstständige, die Mitglied in einer gesetzlichen Krankenversicherung sind. Wer beispielsweise neben seinem Arbeitslohn eine Hinterbliebenenrente bezieht, entnimmt die Beitragshöhe aus dem Rentenbescheid. In der Regel liegen die Beträge dem Finanzamt als elektronisch gemeldete Daten bereits vor. Wenn die gemeldeten Daten in den Bescheiden richtig sind, müssen die Zeilen in der Steuererklärung auf Papier nicht mehr ausgefüllt

werden. Weil für Rentenbezüge in der Regel kein Anspruch auf Krankengeld besteht, bleibt **Zeile 20** frei. Sollte es anders sein, etwa bei Selbstständigen in der gesetzlichen Versicherung, muss der entsprechende Betrag in **Zeile 20** eingetragen werden. Beiträge von Beamten, die in der gesetzlichen Sozialversicherung versichert sind, gehören ebenfalls in die **Zeilen 16 bis 22**.

Nach einem Urteil des Bundesfinanzhofes verringern Bonuszahlungen der Krankenkasse an ihre Mitglieder nicht in jedem Fall die als Sonderausgaben abzugsfähigen Krankenversicherungsbeiträge (Az. XR 17/15). Erhalten Versicherte für ihre Teilnahme an bestimmten, von ihnen selbst bezahlten Gesundheitsmaßnahmen Geld- oder Sachleistungen ihrer Krankenkasse, schmälert das den Sonderausgabenabzug nicht. Sie sind deshalb nicht in Zeile 14 beziehungsweise 19 zu berücksichtigen.

Die **Zeile 22** fragt nach Beiträgen zu einer gesetzlichen Krankenversicherung für Wahl- oder Zusatzleistungen (etwa Chefarztbehandlung oder Einzelzimmer im Krankenhaus). Diese Beiträge werden nicht elektronisch an das Finanzamt gemeldet und müssen deshalb gesondert eingetragen werden.

Die Beiträge zur Kranken- und Pflegeversicherung von Privatversicherten, bei denen die Versicherung ihren Sitz in Deutschland hat, gehören in die **Zeilen 23 bis 26**. Diese Beträge werden elektronisch gemeldet und müssen, wenn sie korrekt sind, nicht eingetragen werden.

Zeile 23 betrifft nur die Beiträge zur Basisabsicherung, die dem Leistungskatalog der gesetzlichen Krankenversicherung entspricht. Die private Krankenversicherung schlüsselt die Beiträge für Basisabsicherung und für Sonderleistungen in der Regel von sich aus oder auf Nachfrage entsprechend auf. Beitragsteile, die hier nicht erfasst werden, sowie Beiträge zu privaten Zusatzversicherungen, etwa für Auslandsreisekrankenversicherungen oder Zahnversicherungen, müssen in **Zeile 27** manuell eingetragen werden.

In **Zeile 24** gehören Beiträge zu privaten Pflegepflichtversicherungen. Zusätzliche freiwillige Pflegeversicherungen kommen in **Zeile 28**. Diese werden nicht elektronisch gemeldet. Mit „Beitragszuschüssen von dritter Seite" **(Zeile 26)** sind nicht die Zuschüsse des Arbeitgebers gemeint, sondern etwa Zuschüsse der gesetzlichen Rentenversicherung oder der Künstlersozialkasse.

In den **Zeilen 31 bis 36** geht es um Zahlungen an ausländische gesetzliche und private Kranken- und Pflegeversicherungen. Die Abfrage erfolgt nach dem Muster der **Zeilen 23 bis 28**. Allerdings ist hier die Unterstützung eines Steuerprofis zu empfehlen. Diese Daten werden nicht elektronisch gemeldet und müssen immer eingetragen werden. Anderes gilt für die **Zeilen 37 bis 39**, in die Arbeitgeberzuschüsse für Arbeitnehmer gehören, die freiwillig gesetzlich oder privat versichert sind.

Angestellte, die mit ihrer Krankenversicherung Beitragserstattungen oder einen Selbstbehalt vereinbart haben, sollten überprüfen, ob das auch steuerlich vorteilhaft ist. Die Krankenversicherungsbeiträge zur Basisvorsorge können sie ohne Einschränkung geltend machen. Das gilt aber nur für die Beiträge, die sie tatsächlich bezahlt haben. Beitragserstattungen der Kassen verringern die als Sonderausgaben abzugsfähigen Beitragszahlungen. Versicherte mit einem hohen Grenzsteuersatz (→ Seite 256) sollten hier besonders genau rechnen.

→ Zum Beispiel Katharina K.

Die alleinstehende Dozentin ist privat versichert, Jahresbeitrag 5 000 Euro. Sie hat 500 Euro Arztkosten selbst bezahlt. Wenn sie auf die Übernahme der Kosten durch die Krankenversicherung verzichtet, erhält sie 600 Euro Beitragserstattung von der Kasse. Ein gutes Geschäft, denkt Katharina zunächst, denn unter dem Strich hat sie an-

schließend 100 Euro mehr in der Tasche (600 minus 500). Allerdings führen die 600 Euro Beitragserstattung auch zu 600 Euro weniger abzugsfähigen Sonderausgaben. Bei ihrem Grenzsteuersatz (40 Prozent) verzichtet Katharina damit auf eine Steuerersparnis von 240 Euro (600 mal 40 Prozent). Wenn sich Katharina für die Beitragserstattung entscheidet, ist der Vorteil deutlich geringer als angenommen. Sie bekommt zwar 600 Euro von der Krankenkasse, zahlt dafür aber 240 Euro mehr an das Finanzamt. Ob sich ein Verzicht auf Beitragserstattungen lohnt, hängt immer von den Bedingungen des Einzelfalls ab. Hier muss genau gerechnet werden, am besten mithilfe eines Steuerprofis. Hätte Katharina K. einen deutlich geringeren Steuersatz und hätte sie es mit anderen Rechnungs- oder Erstattungsbeträgen zu tun gehabt, könnte sich eine Beitragserstattung durch die Kasse für sie auch vorteilhaft auswirken.

TIPP: Beitragserstattungen durch die Krankenkasse verringern die absetzbaren Krankenversicherungsbeiträge. Das gilt aber nicht für Geld- oder Sachleistungen, die die Kasse ihren Versicherten für deren Teilnahme an bestimmten, von ihnen selbst bezahlten Bonusprogrammen zukommen lässt.

In **Zeile 40 bis 44** geht es um Beiträge zur Kranken- und Pflegeversicherung, mit denen „andere Personen" versichert werden. Dazu zählen an dieser Stelle nur bestimmte Menschen: vornehmlich erwachsene Kinder, für die die Eltern keinen Anspruch auf Kindergeld mehr haben. Wenn etwa die 28-jährige Tochter noch studiert, gilt sie steuerlich in der Regel nicht mehr als Kind, Kindergeld und andere Kinderförderungen gibt es nicht mehr. Die Eltern können hier die von ihnen übernommenen Beiträge zur Kranken- und Pflegeversicherung des Kindes als ihre eigenen Sonderausgaben geltend machen, wenn sie selbst Versicherungsnehmer sind. Die Versicherung muss von ihnen abgeschlossen und bezahlt werden. Wenn Eltern für ein Kind noch Kindergeld zusteht, tragen sie übernommene Versicherungsbeiträge nicht hier ein, sondern in die Anlage Kind (→ Seite 129).

Wer andere Menschen mit Unterhaltszahlungen unterstützt und damit auch die von den Unterstützten geschuldeten Beiträge zur Kranken- und Pflegeversicherung übernimmt, schreibt das in die Anlage Unterhalt (→Seite 143).

Nach Eintragung der Steuer-Identifikationsnummer (**Zeile 40**) sowie des Namens und der Anschrift der mitversicherten Person gehören in die **Zeilen 41 bis 43** die übernommenen Beiträge zur privaten Kranken- und Pflegeversicherung sowie eventuelle Beitragserstattungen. Diese Daten liegen dem Finanzamt in der Regel bereits durch eine elektronische Meldung vor und brauchen dann nicht angegeben zu werden. In **Zeile 44** geht es um zusätzliche Versicherungen außerhalb der Basisabsicherung, etwa für ein Einzelzimmer im Krankenhaus oder für eine zusätzliche Pflegeversicherung.

Zeile 45 bis 50: Weitere abzugsfähige Beiträge

Für viele Arbeitnehmer ist die Rubrik „Weitere sonstige Vorsorgeaufwendungen“ wenig interessant, weil sie allein mit ihren Beiträgen zur Kranken- und Pflegeversicherung den Rahmen der abzugsfähigen 1900 Euro überschreiten. Bei Arbeitnehmern mit geringen Löhnen, Rentnern, manchen Beamten und Selbstständigen kann hier aber noch Abzugspotenzial bestehen. Auch deshalb gilt: Immer alle abzugsfähigen Beiträge aufführen!

Zeile 45 fragt nach den Beiträgen zur gesetzlichen Arbeitslosenversicherung. Der Betrag ergibt sich aus der Lohnsteuerbescheinigung und wurde in der Regel bereits elektronisch übermittelt. Freiwillige Zahlungen in Arbeitslosenversicherungen gehören in **Zeile 46**. Beiträge zur privaten Erwerbs- und Berufsunfähigkeitsversicherung werden in **Zeile 47** erfragt. In den **Zeilen 48 bis 50** besteht die Möglichkeit, noch andere Versicherungsbeiträge geltend zu machen. Dazu gehören Beiträge zu sämtlichen Haftpflichtversicherungen – beispielsweise zur Kfz-Haftpflichtversicherung, Tierhalterhaftpflichtversicherung oder Privathaftpflichtversicherungen. Und auch Unfall- oder Risikolebensversicherungen können hier eingetragen werden. Ebenfalls lassen sich Beiträge zu bestimmten Lebensversicherungen sowie privaten Rentenversicherungen hier geltend machen (→ Übersicht ab Seite 78).

48	– Unfall- und Haftpflichtversicherungen sowie Risikoversicherungen, die nur für den Todesfall eine Leistung vorsehen	502	628,–
49	– Rentenversicherungen mit Kapitalwahlrecht und / oder Kapitallebensversicherungen mit einer Laufzeit von mindestens 12 Jahren sowie einem Laufzeitbeginn und der ersten Beitragszahlung vor dem 1.1.2005	503	,–

Zeile 51 bis 57: Ergänzende Angaben

Das Finanzamt fragt in **Zeile 51** nach steuerfreien Zuschüssen oder Beihilfen zur Krankenversicherung oder zu den Krankheitskosten. Diese bekommen sowohl gesetzlich versicherte Arbeitnehmer als auch Beamte. Besteht der Anspruch, ist in der Zeile kein Eintrag notwendig. Selbstständige und nicht familienversicherte Hausfrauen/-männer, die ihren gesamten Beitrag selbst bezahlen, tragen jedoch die Ziffer „2" (Nein) ein. Sie können dann neben Rentenversicherungsbeiträgen bis zu 2800 Euro andere abzugsfähige Versicherungsbeiträge absetzen. Für alle anderen gilt nur eine Grenze von 1900 Euro.

Die weiteren Angaben **ab Zeile 52** betreffen Menschen, die im gesamten Kalenderjahr nicht rentenversicherungspflichtig waren. Das können zum Beispiel Beamte sein, Richter, Soldaten, Praktikanten, GmbH-Geschäftsführer, Pensionäre und deren Angehörige oder auch Rentner, die sich sozialversicherungspflichtig noch etwas hinzuverdienen. Aus den Angaben entnimmt das Finanzamt, in welcher Höhe es Vorsorgeaufwendungen berücksichtigen muss. So trägt zum Beispiel ein Beamter in

Zeile 52 die Ziffer „1“ ein und bestätigt in Zeile 55, dass er dennoch Anspruch auf eine Altersversorgung hat. Für die Ehe- und Lebenspartner wird in der Spalte daneben das Gleiche abgefragt. Versicherungspflichtig beschäftigte Arbeitnehmer tragen hier für sich selbst gar nichts ein.

Versicherungsbeiträge von A bis Z

Neben den Beiträgen zur Altersvorsorge und zu einer Basisversorgung in der Kranken- und Pflegeversicherung sind in **Zeile 45 bis 50** „weitere sonstige Vorsorgeaufwendungen“ als Sonderausgaben absetzbar. Die wichtigsten zeigt diese Übersicht. Sachversicherungen, zum Beispiel Haushalt-, Kasko-, Feuer- oder Rechtsschutzversicherung, tauchen hier nicht auf, weil dafür gezahlte Beiträge nicht als Sonderausgaben absetzbar sind.

- **Arbeitslosenversicherung**
  Der gesetzliche Arbeitnehmeranteil laut Lohnsteuerbescheinigung gehört in **Zeile 45**, freiwillige Beiträge laut Vertrag in **Zeile 46**.
- **Ausbildungsversicherung**
  Beiträge gehören in **Zeile 49**, wenn sie den Bedingungen für abzugsfähige Kapitallebensversicherungen entsprechen (→ unten).
- **Auslandsreisekrankenversicherung**
  Wenn sie als private Zusatzversicherung abgeschlossen wird, gehören die Beiträge in **Zeile 27 oder 36**.
- **Aussteuerversicherung**
  Beiträge sind in **Zeile 49** abzugsfähig, wenn es sich um eine begünstigte Form der Kapitallebensversicherung handelt (→ unten).
- **Berufs- und Erwerbsunfähigkeitsversicherung**
  Beiträge für eigenständige Versicherungen gehören in **Zeile 47**. Wurden sie im Rahmen von anderen Versicherungen, zum Beispiel von Kapitallebensversicherungen, abgeschlossen, sind sie nur begünstigt, wenn auch die Beiträge der Rahmenversicherung begünstigt sind (→ bei Kapitallebensversicherung).
- **Haftpflichtversicherung**
  Beiträge für Haftpflichtversicherungen aller Art (zum Beispiel Kfz-, Privat-, Tierhalter-, Gebäude-Haftpflicht) gehören in **Zeile 48**.

- **Kapitallebensversicherung**
  Die Beiträge sind in **Zeile 49** abzugsfähig, wenn die Versicherung mit laufender Beitragszahlung vor 2005 abgeschlossen wurde, mindestens 12 Jahre läuft und alle anderen Anforderungen erfüllt sind. Das Finanzamt erkennt nur 88 Prozent der Beiträge an, trotzdem immer den gesamten Beitrag eintragen. Fondsgebundene Versicherungen und solche gegen Einmalzahlung sind nicht begünstigt.
- **Krankenhaustagegeldversicherung**
  Die Beiträge gehören in **Zeile 27 oder 36**.
- **Krankentagegeldversicherung**
  Die Beiträge gehören in **Zeile 27 oder 36**.
- **Krankenversicherung**
  Arbeitnehmerbeiträge zur Basisversorgung gehören in **Zeile 11, 23 oder 31**.
- **Pflegeversicherung**
  Arbeitnehmerbeiträge zur gesetzlichen Pflegeversicherung müssen in in **Zeile 13, 24 oder 33**. Beiträge zu einer zusätzlichen Pflegeversicherung gehören in **Zeile 28 oder 36**.
- **Rentenversicherung**
  Beiträge für private Rentenversicherungen mit Kapitalwahlrecht gehören in **Zeile 49**, wenn sie die unter Kapitallebensversicherung aufgeführten Bedingungen erfüllen. Die Bedingungen gelten auch für private Rentenversicherungen ohne Kapitalwahlrecht. Beiträge dafür gehören aber in **Zeile 50**.
- **Risikolebensversicherung**
  Beiträge sind in **Zeile 48** absetzbar.
- **Unfallversicherung**
  Die Beiträge für private Unfallversicherungen (auch für Kfz-Insassenunfallversicherungen) gehören in **Zeile 48**. Unfallversicherungen mit garantierter Prämienrückzahlung werden wie Kapitallebens- oder Rentenversicherungen behandelt und gehören entsprechend in die **Zeilen 49 oder 50**, wenn sie die dort genannten Voraussetzungen erfüllen.

Anlage N: Für Arbeitnehmer

Die Anlage N ist für viele Arbeitnehmer und Beamte die wichtigste Anlage, denn nur mit ihrer Hilfe können sie alle Ausgaben für ihren Job als Werbungskosten an das Finanzamt weiterreichen. Auch Ruheständler brauchen das vierseitige Formular, wenn sie Angaben zu der vom Exarbeitgeber bezogenen Pension machen müssen.

Das N steht für „Einkünfte aus Nichtselbstständiger Tätigkeit". Beschäftigte mit einem pauschal versteuerten Minijob können sich Anlage N sparen, denn sie zahlen für ihren Lohn keine Steuern und können auch nichts absetzen (→ Seite 197).

Bei Ehepaaren und Lebenspartnerschaften muss jeder Partner eine eigene Anlage N ausfüllen, wenn beide im Jahresverlauf Lohn oder sogenannte Lohnersatzleistungen hatten und nicht nur die bereits elektronisch übermittelten Daten einzutragen wären (→ Seite 200 und das ausgefüllte Musterformular Seite 264).

Zeile 1 bis 28: Die Einnahmenseite

Nachdem die persönlichen Angaben in **Zeile 1 und 2** ausgefüllt sind, übernehmen Sie die Steuernummer (**Zeile 3**) aus Zeile 3 des Hauptbogens. Wer noch keine Steuernummer hat, lässt die Zeile frei. Die in **Zeile 4** verlangte „eTIN" tragen Sie in diesem Jahr nur in dem Fall ein, wenn keine Identifikationsnummer (siehe Hauptbogen Zeile 7 und 16) vorhanden ist. Ansonsten bleibt **Zeile 4** frei. Die eTIN steht auf der Lohnsteuerbescheinigung des Arbeitgebers. Dort finden Sie auch alle hier erforderlichen Angaben zum Lohn, zu Versorgungsbezügen und eventuell abgeführten Steuern. Besonders hilfreich sind die Hinweise der Lohnsteuerbescheinigung darüber, was an welche Stelle der Anlage N kommt.

Zeile 5 bis 15: Lohn und Pension

Die Angaben zu Lohn, Pension und bereits abgezogenen Steuern liegen dem Finanzamt in der Regel bereits als elektronische Meldung vor. Sie haben zur Information über diese Datenmeldung eine Lohnsteuerbescheinigung erhalten. In der Papiersteuererklärung müssen die Arbeitnehmer nur etwas eintragen, wenn sie von den gemeldeten Daten abweichen wollen, etwa weil diese fehlerhaft sind, oder falls der Arbeitgeber in seiner Bescheinigung darauf hinweist, dass keine elektronische Meldung erfolgt ist. Der geänderte Bruttolohn muss ebenfalls eingetragen werden, wenn Beschäftigte beispielsweise beim Sachbezug für den Firmen-PKW von der pauschalen Berechnung des Arbeitgebers abweichen, weil sie die Privatnutzung mithilfe des Fahrtenbuches neu berechnen. In die elektronische Steuererklärung tragen Arbeitnehmer die Daten weiterhin ein. Sie können damit auch die Funktion der Steuerberechnung nutzen.

Eintragungen in **Zeile 5 bis 10** erfolgen getrennt nach Lohnsteuerklassen. Die hier abgefragten Angaben finden Sie in den Zeilen 3 bis 7 der Lohnsteuerbescheinigung. Wurde der Lohn nach den Steuerklassen 1 bis 5 besteuert, kommt die Lohnsteuerklassennummer in das Kästchen der **Zeile 5**. Die entsprechenden Angaben gehören in die erste Spalte. Alles zur Klasse 6 kommt in die zweite Spalte.

5		Steuerklasse 168	4		
			EUR Ct		EUR Ct
6	Bruttoarbeitslohn	110	42000,—	111	,—
7	Lohnsteuer	140	6614,00	141	,
8	Solidaritätszuschlag	150	297,16	151	,

Zu den Versorgungsbezügen (**Zeile 11 bis 15**) gehören Beamten- und Werkspensionen, die vom Arbeitgeber finanziert wurden. Sie betreffen in der Regel Pensionäre. Einige „noch aktive“ Angestellte müssen sich mit dem Thema auseinandersetzen, etwa, wenn sie im Jahresverlauf sowohl Gehalt als auch Pension erhalten haben oder wenn der Partner Versorgungsbezüge erhalten hat. Versorgungsbezüge müssen zwar schon im Bruttoarbeitslohn in **Zeile 6** mit enthalten sein, werden aber hier noch einmal getrennt abgefragt, weil sie etwas anderen Steuerregeln unterliegen. **Zeile 14** füllt nur aus, wer nicht das gesamte Jahr über Versorgungsbezüge erhalten hat. Hintergrund ist, dass der Versorgungsfreibetrag (→ Seite 252), nicht ganzjährig gewährt wird, sondern nur anteilig für die entsprechenden Monate.

Zeilen 16 bis 20: Abfindungen & Co.

Manche Arbeitnehmer erhielten im Jahresverlauf Lohnnachzahlungen, Lohn für mehrere Jahre oder Abfindungen. Die Steuerbelastung kann durch eine solche Zusammenballung von Einkünften in einem Jahr unverhältnismäßig ansteigen. Es gibt dafür besondere Steuervergünstigungen und deshalb gehören solche, bereits ermäßigt besteuerte Lohnsonderzahlungen in **Zeile 17** (Pensionen entsprechend in **Zeile 16**). **Zeile 18** (Ziffer 19 der Lohnsteuerbescheinigung) betrifft Sonderzahlungen, die vom Arbeitgeber nicht ermäßigt besteuert wurden. Diese Zahlungen können aber trotzdem begünstigt sein , wenn bestimmte Voraussetzungen erfüllt sind.

In einem aufwendigen Rechenverfahren reduziert das Finanzamt die Steuer auf die zusätzlichen Einkünfte. Es wird dabei nur ein Fünftel dieser Einkünfte berücksichtigt und die darauf entfallende Steuer wieder verfünffacht. Der Vorteil ist, dass der Steuersatz nicht so stark steigt. Die Zahlungen, einschließlich der abgeführten Steuern (**Zeile 19 und 20**), lassen sich der Lohnsteuerbescheinigung des Arbeitgebers entnehmen. Bei Problemen sollte hier ein Steuerprofi helfen. Wird eine Abfindung in Teilbeträgen über mehrere Jahre bezahlt, versagt das Finanzamt in der Regel die Steuerbegünstigung. Die Ausnahme: Es erfolgt eine im Vergleich zur

Hauptleistung „geringfügige" Teilzahlung. Die Grenze der „Geringfügigkeit" hat die Verwaltung mit zehn Prozent angegeben.

Zeile 21 bis 26: Sonderfall Ausland & Co.

Arbeitslohn, der noch nicht versteuert wurde, etwa weil ein ausländischer Arbeitgeber ihn zahlte, kommt in **Zeile 21**. Die **Zeilen 22 bis 26** betreffen Auslandstätigkeiten von Arbeitnehmern, die zu ziemlich verzwickten Steuerproblemen führen und die sich noch dazu von Land zu Land stark unterscheiden. In der Anlage N-AUS müssen dazu weitere Angaben und Berechnungen erfolgen (→ Infokasten Seite 84). Die sollten Angestellte mithilfe eines Steuerprofis angehen, jedenfalls dann, wenn sie sich zum ersten Mal damit herumschlagen müssen. In **Zeile 26** geben Grenzgänger ihr Beschäftigungsland mit einer der dort vorgegebenen Ziffern an.

Zeile 27: Steuerfreie Aufwandsentschädigung

Wer nebenbei als Arbeitnehmer in Vereinen oder in anderen Einrichtungen arbeitet, die gemeinnützigen, mildtätigen oder kirchlichen Zwecken dienen, kann eine steuerfreie Aufwandsentschädigung erhalten. Dieser „Übungsleiter-Freibetrag" von 2 400 Euro wird gewährt, wenn es sich um ausbildende, erzieherische, betreuende, künstlerische oder pflegerische Arbeiten handelt (→ Seite 166).

Für andere gemeinnützige Tätigkeiten, etwa für den Kassenwart im Verein, bleiben Zahlungen bis 720 Euro steuerfrei.

> **TIPP:** Wenn eine Person unterschiedliche begünstigte Tätigkeiten ausführt, zum Beispiel als Übungsleiter im Verein und gleichzeitig als Kassenwart, kann sie maximal 2 400 Euro plus 720 Euro pauschal steuerfrei kassieren.

Sind die steuerfreien Zahlungen höher als die gesetzlichen Freibeträge, wird in **Zeile 27** nur der Freibetrag vermerkt und der übersteigende Betrag

INFO: Die Anlage N-AUS

Bei Auslandstätigkeit von Arbeitnehmern und Beamten ist professionelle steuerliche Hilfe fast unabdingbar. Der wichtigste Vordruck ist die Anlage N-AUS, und die ist schon für Steuerprofis nicht einfach auszufüllen. Steuerlaien können sie alleine kaum „unfallfrei" bewältigen.

Diese dreiseitige Anlage muss zusätzlich zur Anlage N abgegeben werden, und in einigen Fällen bleibt auch die Anlage AUS weiterhin erforderlich. Die Anlage N-AUS ersetzt jedoch nicht die Anlage N-GRE, die von Arbeitnehmern, die im grenznahen Bereich von Frankreich, Österreich oder der Schweiz wohnen und im anderen Land arbeiten, anstelle der Anlage N-AUS weiterhin auszufüllen ist.

Mit der Anlage N-AUS sollen Arbeitnehmereinkünfte im Ausland „EDV-gerechter" erfasst und Steuerbefreiungsvorschriften genauer angewandt werden. Für die Betroffenen, die sie ausfüllen müssen, ist sie vor allem ein bürokratisches Monster.

Die Besteuerung der Auslandstätigkeit unterscheidet sich danach, ob Doppelbesteuerungsabkommen (DBA), andere zwischenstaatliche Übereinkommen (ZÜ) oder der Auslandstätigkeitserlass (ATE) die Rechtsgrundlagen der Besteuerung bilden. Hauptsächlich geht es darum, ob und welche Lohnbestandteile steuerfrei bleiben, ob und wie ausländische Steuer bei der deutschen Einkommensteuer berücksichtigt wird, wo Werbungskosten geltend gemacht werden können. Der Lohn, der in Deutschland steuerfrei bleibt, ist in die Anlage N, Zeilen 22 bis 26 zu übertragen (siehe Seite 83).

Der Großteil ausländischer Arbeitnehmereinkünfte wird auf der Grundlage von DBA besteuert. In der Praxis bedeuten die unterschiedlichen Rechtsgrundlagen, dass die Besteuerung ausländischer Arbeitnehmereinkünfte von Land zu Land unterschiedlich ist. Bei Einsatz in mehreren Ländern ist für jedes Land eine gesonderte Anlage N-AUS erforderlich. Übrigens kann auch steuerfrei kassierter Lohn im Rahmen des sogenannten Progressionsvorbehalts zu höheren Steuern führen. Was das ist und wie es funktioniert, finden Sie auf Seite 14 und 201.

Betroffene Angestellte können sich auch bei der Personalabteilung ihrer Firma erkundigen, welchen Steuerregeln ihre Auslandseinkünfte unterliegen und welche Unterlagen das Finanzamt von ihnen sehen will. Diese Unterlagen benötigen sie auch, wenn sie einen Lohnsteuerhilfeverein oder Steuerberater um Hilfe bitten. Arbeitnehmer und Beamte, die die Anlage N-AUS abgeben müssen, finden das Formular und Ausfüllhinweise unter www.test.de/Steuerratgeber-Extra.

in **Zeile 21**. Werbungskosten können geltend gemacht werden, wenn diese den steuerfreien Betrag übersteigen. Das Finanzamt berücksichtigt die Werbungskosten dann anteilig. Der Bundesfinanzhof hat entschieden, dass Werbungskosten auch bei ausschließlich steuerfreien Einnahmen berücksichtigt werden können, wenn sich dadurch ein Verlust ergibt (Az. VIII R 17/16). Allerdings ist dann nachzuweisen, dass sich in anderen Jahren ein Überschuss ergibt, also die Werbungskosten regelmäßig niedriger ausfallen als die steuerfreie Aufwandsentschädigung.

Wenn diese begünstigten Tätigkeiten nicht als Arbeitnehmer, sondern selbstständig ausgeübt werden, gehören die Einnahmen in die Anlage S (→ Seite 166).

Zeile 28: Kurzarbeitergeld & Lohnersatz

Lohnersatzleistungen, zum Beispiel Kurzarbeitergeld, sind in der Regel beim Finanzamt bereits gemeldet. Die Entgeltersatzleistungen sind steuerfrei, erhöhen jedoch die Steuer auf den Arbeitslohn (→ Seite 14 und 200). Hat der Arbeitgeber Lohnersatzleistungen gezahlt, steht das auf der Lohnsteuerbescheinigung unter der Ziffer 15. Wenn die Angaben korrekt sind, müssen sie in der Papiererklärung nicht in **Zeile 28** eingetragen werden.

TIPP: Alle anderen Lohnersatzleistungen, zum Beispiel Arbeitslosengeld, gehören aus bearbeitungstechnischen Gründen in Zeile 38 oder 39 des Hauptbogens (→ Seite 39).

Zeile 31 bis 96: Werbungskosten

Wer sich ganz sicher ist, dass er im Jahresverlauf weniger als 1000 Euro für den Job ausgegeben hat, muss ab **Zeile 31** gar nichts ausfüllen. So hoch ist die Werbungskostenpauschale für Arbeitnehmer, auch „Arbeitnehmerpauschbetrag“ genannt. Diesen berücksichtigt das Finanzamt von sich aus automatisch. Die volle Pauschale steht einem Arbeitnehmer übrigens auch dann zu, wenn er nur wenige Monate des Jahres beschäftigt war. Mehr als die Hälfte der Arbeitnehmer macht keine höheren Werbungskosten als die Pauschale geltend. Das betrifft jedoch vor allem Arbeitnehmer mit sehr niedrigen oder sehr hohen Gehältern. Im mittleren Einkommensbereich machen dagegen rund zwei Drittel der Arbeitnehmer höhere Werbungskosten geltend.

Selbst wenn Sie zunächst meinen, Sie bleiben bei den Werbungskosten unterhalb der Pauschale, sollten Sie deshalb einen Blick auf die folgenden Abzugsposten werfen. Vielleicht ist doch etwas für Sie dabei. So können viele Arbeitnehmer anstelle der Entfernungspauschale höhere Fahrtkosten geltend machen. Es gibt bessere Chancen, Ausgaben für eine doppelte Haushaltsführung an den Fiskus weiterzureichen. Die Grenze zwischen privat und beruflich bröckelt an mancher Stelle, etwa bei der Abrechnung von Computer- oder Reisekosten, jetzt sogar bei Feiern im Kollegenkreis. Das alles dürfte die Zahl der Arbeitnehmer mit Werbungskosten oberhalb der Pauschale weiter wachsen lassen.

Denken Sie aber immer daran, dass Sie nur Kosten geltend machen dürfen, die nicht der Arbeitgeber getragen hat.

→ **TIPP:** Viele Arbeitnehmer können nach den Reisekostenregelungen für Auswärtstätigkeiten höhere Fahrt- und Verpflegungskosten geltend machen (→ ab Seite 111).

Zeile 31 bis 39: Fahrten zur Arbeit

Der Weg zur Arbeit bringt bundesweit über 20 Milliarden Euro Werbungskosten pro Jahr, aber natürlich nur denen, die eine Steuererklärung abgeben. Der große Milliardenbetrag speist sich aus der kleinen Entfernungspauschale von 30 Cent, die Arbeitnehmer und Beamte für jeden Entfernungskilometer ihres Arbeitswegs als Werbungskosten geltend machen dürfen. Es zählt nur die „einfache Entfernung“, das heißt: entweder die Hinfahrt oder die Rückfahrt, nicht aber hin und zurück. Wer beispielsweise an 220 Tagen im Jahr in den 16 Kilometer entfernten Betrieb fährt, kommt auf 1056 Euro Werbungskosten (220 mal 0,30 mal 16) und hat allein damit schon den Arbeitnehmerpauschbetrag von 1000 Euro geknackt.

Werbungskosten – ohne Beträge lt. Zeile 91 bis 94 – 8

Wege zwischen Wohnung und erster Tätigkeitsstätte / Sammelpunkt / weiträumigem Tätigkeitsgebiet (Entfernungspauschale)

	Erste Tätigkeitsstätte in (PLZ, Ort und Straße)	vom	bis	Arbeitstage je Woche	Urlaubs- und Krankheitstage
31	MEDTECH GMBH, EINSTEINWEG 13, 15827 DAHLEWITZ	0101	3112	5	30
32		TTMM	TTMM		

In **Zeile 31 und 32** gehört die „erste Tätigkeitsstätte“. Das ist ein fester Arbeitsort, der auf Dauer regelmäßig aufgesucht wird und kann jede ortsfeste betriebliche Einrichtung des Arbeitgebers, eines verbundenen Unternehmens oder eines Dritten, etwa eines Kunden, sein. Bei mehreren Arbeitsorten gilt das, wie der Name sagt, nur für einen Arbeitsort (→ ab Seite 111). Der Arbeitgeber kann festlegen, welcher das ist. Ohne Festlegung durch den Arbeitgeber gelten objektive Kriterien. Danach ist die erste Tätigkeitsstätte dort, wo der Arbeitnehmer in der Regel arbeitstäglich oder zwei volle Arbeitstage pro Woche oder mindestens ein Drittel der vereinbarten regelmäßigen Arbeitszeit im Auftrag seines Arbeitgebers dauerhaft tätig sein soll.

In die beiden rechten Felder kommen die Zahl der wöchentlichen Arbeitstage sowie die Urlaubs- und Krankheitstage.

Wer anstelle des Arbeitsortes regelmäßig eine bestimmte Abholstelle aufsuchen muss, trägt den „Sammelpunkt“ in **Zeile 33 und 34** ein. Gleiches gilt für Arbeitnehmer, die zu einem weiträumigen Tätigkeitsgebiet fahren. Hier zählt die Entfernung zum Beginn des Tätigkeitsfeldes. Für den Weg dorthin gilt – wie zur ersten Tätigkeitsstätte – die Entfernungspauschale von 30 Cent für jeden vollen Kilometer, und zwar grundsätzlich unabhängig vom Verkehrsmittel. Auto, Zug, Rad oder Schusters Rappen bringen pro Kilometer alle dasselbe. Es gibt jedoch ein paar Unterschiede und die machen die **Zeilen 35 bis 38** erforderlich. Zunächst geht aber die amtliche Kontrolltour weiter: In das linke Zahlenfeld gehört die betreffende Zeilenzahl aus **Zeile 31 bis 34**, in das zweite von links die Anzahl der Tage, an denen Sie zur ganz links bezeichneten Tätigkeitsstätte gefahren sind, in das dritte die Entfernung in ganzen Kilometern. Berechnungsgrundlage ist die kürzeste Straßenverbindung, egal welches Verkehrsmittel tatsächlich genutzt wurde. Die Entfernung kennt das Finanzamt in der Regel genau, rundet Stellen hinter dem Komma immer auf den vollen Kilometer ab und wird bei Umwegfahrten stutzig.

→ **TIPP:** Das Finanzamt akzeptiert Umwege, wenn die längere Strecke vom Arbeitnehmer tatsächlich genutzt wird und offensichtlich verkehrsgünstiger ist. Das ist der Fall, wenn der Arbeitsort dadurch regelmäßig schneller und pünktlicher erreicht wird. Eine Zeitersparnis ist nach Auffassung des Bundesfinanzhofes zwar nicht in jedem Fall notwendig, sollte in der Regel jedoch weniger als 10 Prozent betragen (Az. VI R 19/11).

Im 4. Zahlenfeld von links will das Finanzamt wissen, wie viele Kilometer der einfachen Entfernung Sie mit dem Privat- oder Firmenwagen gefahren sind. Wer die gesamte Strecke per Auto unterwegs war, schreibt hier wieder die einfache Entfernung hinein. Hat der Arbeitgeber einen kostenlosen Sammeltransport organisiert, kommt der damit zurückgelegte Teil der einfachen Entfernung in das 5. Zahlenfeld von links (und fällt für den Werbungskostenabzug unter den Tisch). Im 6. Zahlenfeld von links will das Amt den Teil der Entfernung sehen, der nicht mit dem Auto zurückge-

legt wurde, oder, wenn doch mit dem Auto, dann nicht als Fahrer, sondern als Teil einer Fahrgemeinschaft. Im 7. Zahlenfeld von links geht es nicht mehr um Kilometer, sondern um Euro, die für öffentliche Verkehrsmittel ausgegeben wurden, um zur Arbeit zu gelangen. In das Kästchen rechts außen können Behinderte die Ziffer „1" eintragen.

Hintergrund dieser aufwändigen Abfrage ist vor allem die grundsätzliche Begrenzung der Entfernungspauschale auf 4500 Euro pro Jahr. Wenn Juristen den Begriff „grundsätzlich" verwenden, gibt es in der Regel jede Menge Ausnahmen, so auch hier. Die erste Ausnahme: Pkw-Nutzer dürfen die Entfernungspauschale in unbegrenzter Höhe absetzen, auch wenn mehr als 4500 Euro zusammenkommen. Hier lauert allerdings eine „Ausnahme von der Ausnahme": Wenn jemand nicht als Fahrer, sondern stets nur als Mitfahrer einer Fahrgemeinschaft unterwegs ist, gilt für ihn die 4500-Euro-Grenze. Zweite Ausnahme: Wer mit dem Zug oder anderen öffentlichen Verkehrsmitteln zur Arbeit gefahren ist und die dafür entstandenen Kosten nachweist, darf das absetzen, was er tatsächlich bezahlt hat. Das ist natürlich nur sinnvoll, wenn es über das ganze Jahr gerechnet höhere Werbungskosten einbringt als die Entfernungspauschale (→ Beispiel Seite 90). Eine Obergrenze gibt es nicht. Dritte Ausnahme: Behinderte Menschen können die tatsächlichen Kosten absetzen, wenn der Behinderungsgrad mindestens 70 beträgt oder 50 plus Merkzeichen „G" im Behindertenausweis steht. Das gilt für Fahrten mit dem Pkw, wofür pauschal 30 Cent für jeden gefahrenen Kilometer absetzbar sind, also insgesamt 60 Cent pro Entfernungskilometer. Behinderte dürfen per Nachweis auch noch höhere tatsächliche Kosten als diese 60 Cent abrechnen. Die nachgewiesenen tatsächlichen Kosten für Fahrten mit öffentlichen Verkehrsmitteln können Behinderte wie Nichtbehinderte ohne Begrenzung absetzen. Vierte Ausnahme: Flug- und Fährkosten sind nur mit den nachgewiesenen tatsächlichen Kosten absetzbar, nicht mit der Entfernungspauschale. Das passiert aber nicht hier, sondern in **Zeile 46**.

Angestellte, die mal mit dem Auto und mal mit öffentlichen Verkehrsmitteln zur Arbeit fuhren, können einheitlich entweder per Entfernungspauschale oder per Ticketkosten abrechnen. Das Finanzamt erkennt den für das gesamte Jahr höheren Betrag an. Mit der Entfernungspauschale sind die Ausgaben für den Arbeitsweg abgegolten. Kosten eines Pkw-Unfalls für eine berufliche Fahrt bleiben aber zusätzlich absetzbar.

→ Zum Beispiel das Ehepaar Laura und Lennart L.

Beide arbeiten im selben Betrieb, 25 Kilometer von ihrer Wohnung entfernt. Acht Monate lang fuhren sie mit Lennarts Auto gemeinsam in die Firma. Drei Monate war Lennart wegen veränderter Arbeitszeiten allein mit dem Auto unterwegs, Laura nahm in dieser Zeit den Bus. Das Ticket kostete 60 Euro monatlich. Im Winter hatte Lennart auf einer Fahrt in die Firma einen Unfall mit nachfolgenden Reparaturkosten von 3 000 Euro. Andere Werbungskosten hatten sie nicht.

Lennarts Entfernungspauschale für Pkw-Fahrten (220 Tage mal 25 km mal 0,30)	**1 650**
Lauras Entfernungspauschale als Pkw-Beifahrerin (160 Tage mal 25 km mal 0,30)	+ 1 200
Lauras Entfernungspauschale für Busfahrten (60 Tage mal 25 km mal 0,30)	+ 450
Lauras Monatskarte für den Bus (3 Monate mal 60)	(180)
Lennarts Unfallkosten	+ 3 000
Fahrtkosten zur Arbeit insgesamt (alle Angaben in Euro)	**6 300**

Laura und Lennart geben ihre Fahrtkosten jeweils auf ihrer eigenen Anlage N in **Zeile 35** an. Ihre Busfahrten rechnet Laura mit der Entfernungspauschale (450 Euro) ab, weil das für sie günstiger ist als die tatsächlichen

Ticketkosten (180 Euro). Die Unfallkosten bekommt Lennart hier nicht unter, er schreibt sie in **Zeile 47** seiner Anlage N. Insgesamt kommen beide zusammen auf 6 300 Euro Werbungskosten (1 650 plus 1 200 plus 450 plus 3 000). Die Arbeitnehmerpauschbeträge (2 mal 1 000) wurden bereits beim Lohnsteuerabzug berücksichtigt. Unter dem Strich drücken weitere 4 300 Euro Fahrtkosten die Steuerbelastung (6 300 minus 2 000).

	Ort lt. Zeile	aufgesucht an Tagen	einfache Entfernung (auf volle Kilometer abgerundet)	davon mit eigenem oder zur Nutzung überlassenem Pkw zurückgelegt	davon mit Sammelbeförderung des Arbeitgebers zurückgelegt	davon mit öffentl. Verkehrsmitteln, Motorrad, Fahrrad o. Ä., als Fußgänger, als Mitfahrer einer Fahrgemeinschaft zurückgelegt	Aufwendungen für Fahrten mit öffentlichen Verkehrsmitteln (ohne Fähr- und Flugkosten) EUR	Behinderungsgrad mind. 70 oder mind. 50 und Merkzeichen „G"
35	31	110 220	111 25 km	112 25 km	113 km	km	114 ,–	115 1 = Ja
36		130	131 km	132 km	133 km	km	134 ,–	135 1 = Ja
37		150	151 km	152 km	153 km	km	154 ,–	155 1 = Ja
38		170	171 km	172 km	173 km	km	174 ,–	175 1 = Ja

Zahlt Ihnen der Arbeitgeber Zuschüsse zu den Fahrtkosten zwischen Wohnung und Firma, sind diese in der Regel bereits zutreffend gemeldet und müssen dann in der Papiererklärung nicht mehr in **Zeile 39** eingetragen werden. Anders verhält es sich mit Zuschüssen der Arbeitsagentur oder vom Jobcenter, die weiterhin in **Zeile 40** einzutragen sind.

Arbeitnehmer mit ständig wechselnden Einsatzorten, etwa Kundendienstbetreuer, Außendienstler, Bau- oder Montagearbeiter müssen sich in der Regel nicht mit der Entfernungspauschale begnügen. Gleiches gilt für Arbeitnehmer, die neben der ersten weitere feste Arbeitsstellen beim selben Arbeitgeber haben oder die befristet, bis maximal 48 Monate, an einen anderen Arbeitsort versetzt wurden. Sie leisten Auswärtstätigkeit und tragen ihre Fahrten zur Arbeit nicht hier ein, sondern ab **Zeile 50**.

Zeile 41 bis 48: Mix mit Sparpotenzial

Wer einer Gewerkschaft, einem Beamtenverband oder einem anderen Berufs- oder Fachverband angehört, trägt Organisation und Beitrag in **Zeile 41** ein. Belege müssen Sie nicht mehr beilegen. Wenn das Amt Fragen hat, wird es sich melden.

Zeile 42 und 43: Arbeitsmittel

Als Arbeitsmittel (**Zeile 42 und 43**) gelten Dinge, die für den Job gebraucht werden, zum Beispiel Fachbücher, Büromöbel oder Computer.

> **TIPP:** Ab 2018 gelten Arbeitsmittel, die ohne Umsatzsteuer nicht mehr als 800 Euro kosten, als „geringwertige Wirtschaftsgüter". Damit hat sich die sogenannte Geringfügigkeitsgrenze fast verdoppelt.

Wenn Arbeitsmittel ohne Umsatzsteuer bis zu 800 Euro und mit Umsatzsteuer bis 952 Euro gekostet haben, gelten sie als „geringwertige Wirtschaftsgüter". Deren Kaufpreis dürfen Arbeitnehmer im Jahr des Kaufs voll als Werbungskosten geltend machen oder wahlweise über die Nutzungsdauer. Wenn Arbeitsmittel mehr gekostet haben, müssen die Ausgaben auf die festgelegte Nutzungsdauer aufgeteilt werden, etwa Ausgaben für einen Computer auf drei Jahre, für ein Handy auf fünf, für einen Schreibtisch oder andere Büromöbel auf 13 Jahre.

Diese Methode heißt Abschreibung und wird kurz AfA genannt (Absetzung für Abnutzung). Sie erfolgt im Prinzip in gleichen Jahresbeträgen über die festgelegte Nutzungsdauer. Im Anschaffungsjahr gibt es den vollen Jahresbetrag aber nur, wenn das Arbeitsmittel im Januar gekauft wurde. Beim Kauf im März entfällt die AfA für Januar und Februar, es gibt nur zehn Zwölftel des Jahresbetrags für die zehn Monate von März bis Dezember. Verloren ist trotzdem nichts, wie das folgende Beispiel zeigt.

→ Zum Beispiel Martin M.

Der angestellte Programmierer kaufte sich im März 2019 für 1 200 Euro einen Laptop, den er zu 70 Prozent für seinen Job nutzt. Außerdem leistet er sich das Abo eines Fachmagazins (180 Euro) und mehrere Fachbücher für insgesamt 150 Euro. Den Arbeitnehmerpauschbetrag hat Martin bereits mit der Pendlerpauschale ausgeschöpft. Im Jahr

2019 kann der Programmierer 564 Euro für Arbeitsmittel geltend machen. In den Jahren 2020 und 2021 kann er seinen Laptop mit jeweils 280 Euro abschreiben (400 mal 70 Prozent berufliche Nutzung). Im Jahr 2022 stehen ihm in den Monaten Januar und Februar noch insgesamt 47 Euro AfA zu, die er 2019 nicht nutzen konnte (280 durch 12 mal 2).

AfA Laptop pro Jahr (1 200 durch 3 Jahre)	**400**
davon 10/12 für die Monate März bis Dezember 2019	334
davon abzugsfähig wegen Privatnutzung (334 mal 70 Prozent)	234
plus Abo Fachmagazin	+ 180
plus Fachbücher	+ 150
2019 insgesamt absetzbar (234 + 180 + 150, alle Angaben in Euro)	**564**

Wer wissen will, über wie viele Jahre ein Arbeitsmittel abgeschrieben werden muss, kann das per Internet beim Bundesfinanzministerium erfahren: www.bundesfinanzministerium.de, wenn man dort „AfA-Tabellen“ als Suchbegriff eingibt. Die Tabellen sind aber sehr unübersichtlich. Einfacher ist es in der Regel, beim Finanzamt nachzufragen. Zur AfA gibt es Regalkilometer juristischer Abhandlungen.

Ausgaben für Arbeitsmittel dürfen als Werbungskosten abgesetzt werden, wenn die Gegenstände so gut wie ausschließlich beruflich genutzt werden. Eine private Mitnutzung von höchstens 10 Prozent schadet nichts. Liegt der private Nutzungsanteil darüber, fällt alles dem Rotstift zum Opfer. Es gibt aber immer mehr Ausnahmen von dieser Regel. Der Computer (plus Zubehörgerät wie Drucker) ist eine davon. Telefon, Anrufbeantworter, Smartphone, Tablet und Fax sind andere. Hier lassen sich die Kosten – geschätzt oder per Nachweis – in beruflich und privat aufteilen und der berufliche Anteil darf geltend gemacht werden. Eine hälftige berufliche Nutzung hakt das Amt in der Regel ab, eine höhere oftmals nur mit Nachweis. Manchmal kommt es auf einen Versuch an.

Der Zusammenhang zwischen beruflich und privat funktioniert übrigens auch in umgekehrter Richtung: Würde Martin M. einen Schreibtisch

(samt Computertisch), den er sich im Januar 2018 für 1 000 Euro privat gekauft und in sein Wohnzimmer gestellt hat, ab 2019 so gut wie ausschließlich beruflich nutzen, könnte er ihn ab 2019 als Arbeitsmittel über zwölf Jahre mit 77 Euro pro Jahr absetzen (1 000 durch 13 Jahre Nutzungsdauer). Das erste Jahr ist wegen der Privatnutzung für die AfA futsch.

Es kommt aber noch besser: Martin kann den Schreibtisch nämlich 2019 auch komplett absetzen, denn der ist abschreibungstechnisch gesehen 2019 nur noch 923 Euro wert (1 000 minus eine AfA-Jahresrate von 77 Euro). Er liegt damit unterhalb von 952 Euro und das ist die Grenze (einschließlich Umsatzsteuer), bis zu der sogenannte geringwertige Wirtschaftsgüter ab 2018 sofort vollständig abgeschrieben werden dürfen.

Typische Berufskleidung, etwa der „Blaumann", die Polizeiuniform oder auch einheitliche Betriebskleidung, gilt als Arbeitsmittel und die Ausgaben dafür sind Werbungskosten. Die Betonung liegt dabei auf „typisch", denn Kleidungsstücke, die üblicherweise auch im Alltag getragen werden, zählen nicht dazu. Bei typischer Berufskleidung sind nicht nur die Anschaffungskosten abzugsfähig, sondern auch die Reinigung, egal ob die eine Reinigungsfirma ausführt oder die eigene Waschmaschine.

TIPP: Die Kosten für das Waschen, Trocknen und Bügeln der Arbeitskleidung können geschätzt werden, wenn die Reinigung zu Hause erfolgt. Werte der Verbraucherverbände, zum Beispiel 87 Cent pro Kilogramm getrocknete und gebügelte Buntwäsche im Zweipersonenhaushalt, sind mehr als 15 Jahre alt. Alternativ können Sie auch selbst Ihre Kosten pro Waschgang schätzen.

Zeile 44: Häusliches Arbeitszimmer

Es gibt zwei Möglichkeiten, Raumkosten für ein häusliches Arbeitszimmer geltend zu machen.

Erste Möglichkeit: Ist dieser Raum Mittelpunkt der gesamten beruflichen Tätigkeit, etwa bei Heim- oder Telearbeitern, können alle Ausgaben als Werbungskosten geltend gemacht werden, zum Beispiel für Miete, Strom und Heizung (→ auch Seite 96). Diese Voraussetzung erfüllen Arbeitnehmer und Beamte eher selten.

Zweite Möglichkeit: Ist das Heimbüro nicht Mittelpunkt der beruflichen Arbeit, existiert aber für die dort ausgeführten Tätigkeiten kein anderer Arbeitsplatz, können bis zu 1250 Euro im Jahr abgesetzt werden. Das betrifft zum Beispiel für Außendienstmitarbeiter und Lehrer zu, die Teile ihrer Arbeit zu Hause machen müssen, weil sie es am Arbeitsplatz nicht können. Auch Arbeitnehmer und Beamte, die sich fortbilden und das Arbeitszimmer zum Selbststudium brauchen, können begünstigt sein.

Ob das Arbeitszimmer den Mittelpunkt der gesamten Tätigkeit bildet, ist oft umstritten. Das gilt besonders, wenn mehrere Tätigkeitsorte eine Rolle spielen, beispielsweise bei einem Arbeitnehmer im Außendienst. Faustregel: Mittelpunkt ist dort, wo der „wesentliche" und „prägende" Teil der gesamten Tätigkeit stattfindet, also wo der inhaltliche Schwerpunkt liegt. Ob der längste Teil der Arbeitszeit im Heimbüro oder außerhalb verbracht wird, etwa bei Kunden, ist dabei nicht entscheidend.

Wird etwa ein Teil des Wohnzimmers beruflich genutzt, sind die Raumkosten für diesen Teil nicht absetzbar. Damit gilt weiter: Das Finanzamt akzeptiert eine private Mitnutzung des Heimbüros von maximal 10 Prozent. Ist es mehr, fallen sämtliche Raumkosten dem Rotstift zum Opfer. Die Wohnung sollte ausreichend viel Fläche bieten, sodass ohne das Arbeitszimmer noch genügend Freiraum für die Privatsphäre bleibt. Ein „Wohnklosett mit Kochnische und Arbeitszimmer" geht schwer durch. Die Einrichtung sollte „büromäßig" ausfallen und überwiegend mit beruflich notwendigen Gegenständen wie Schreibtisch, Regalen oder Bücherschrank bestückt sein.

INFO: Heim-Büro: Die wichtigsten Abzugsposten

- **Raumkosten für Mieter**
  Miete und die Mietnebenkosten. Hinzu kommen weitere Ausgaben, etwa für Strom, Heizung, Wasser, Gas, Reinigung, Renovierung oder Hausratversicherung.

- **Raumkosten für Eigentümer**
  Anstelle der Miet- und Mietnebenkosten machen Wohnungseigentümer die Ausgaben geltend, die sie im Fall einer Vermietung des Raums als Werbungskosten abziehen könnten, zum Beispiel Finanzierungskosten, Gebäudeabschreibung, Reparaturkosten, Gebäudeversicherung und Grundsteuer. Andere Raumkosten, beispielsweise für Energie, können sie wie Mieter absetzen.

- **Raumausstattung**
  Ausgaben, die ausschließlich dem Arbeitszimmer zugeordnet werden können, etwa für die Ausstattung dieses Raums mit Deckenlampen oder einem Teppich, sind grundsätzlich voll absetzbar, ebenso die Renovierung und Reinigung. Hier kann allerdings die Höchstgrenze von 1 250 Euro als „Deckel" wirken. Beziehen sich Kosten nicht nur auf das Arbeitszimmer, sondern auf die gesamte Wohnung, ist nur der Teil absetzbar, der auf das Arbeitszimmer entfällt. Der Anteil richtet sich nach dem Verhältnis von Gesamtwohnfläche zur Fläche des Arbeitszimmers (→ Beispiel Seite 97).

- **Arbeitsmittel**
  Ausgaben für Schreibtisch, Regal, Schreibtischlampe oder Bücherschrank, Computer, Fax, Drucker oder Kopierer sind sofort oder entsprechend ihrer festgelegten Nutzungsdauer als Werbungskosten absetzbar (→ Seite 92). Das funktioniert unabhängig davon, ob sich die Sachen in einem steuerlich anerkannten Arbeitszimmer oder anderswo in der Wohnung befinden. Die Arbeitsmittel werden nicht auf die 1 250-Euro-Grenze angerechnet.

Diese Bedingungen gelten aber nur für die Anerkennung eines „häuslichen" Arbeitszimmers. Ein Arbeitsraum in der Wohnung der Oma oder bei der Freundin um die Ecke ist nicht „häuslich", sondern „außerhäuslich", und dafür gelten diese Bedingungen nicht. So ein Raum kann sich übrigens auch im selben Mehrfamilienhaus wie die Wohnung befinden, wenn er baulich klar von ihr getrennt ist. Manchmal geht es auch um die Frage, ob ein Raum überhaupt ein „Arbeitszimmer" ist. Wer zu Hause eine Werkstatt, ein Studio oder ein Lager beruflich nutzt, hat kein Arbeitszimmer. Ein solcher Raum sollte dann aber nicht eingerichtet sein wie ein Büro. Dann können die Raumkosten voll und nicht nur bis 1250 Euro abgesetzt werden.

TIPP: Wenn das Finanzamt Raumkosten für ein Arbeitszimmer nicht anerkennt, sind Computer und Schreibtisch, andere Büromöbel und Bürotechnik als Arbeitsmittel trotzdem absetzbar, wenn sie zu Hause für den Job genutzt werden. (→ Seite 92).

→ Zum Beispiel Familie N.

Nora und Norbert N. sind beide Lehrer, verheiratet und haben die zweijährige Tochter Nina. Norbert arbeitet im Schuldienst, Nora pausiert wegen Nina. Das Arbeitszimmer in ihrer 100 Quadratmeter großen Mietwohnung hat eine Fläche von 15 Quadratmetern. Sie zahlen 850 Euro Monatsmiete (einschließlich aller Betriebskosten, Strom und Gas). Im Januar 2019 hat Norbert den Raum mit einer Büroschrankwand für 1 300 Euro ausgestattet und einen Computer samt Drucker (1 500 Euro) angeschafft. Die Geräte nutzt er je zur Hälfte beruflich und privat. Für ihre Hausratversicherung zahlte Familie N. 300 Euro. Norbert hat die Werbungskostenpauschale bereits mit Fahrten zur Arbeit ausgeschöpft. Von den Raumkosten kann er 1 250 Euro in **Zeile 44** geltend machen, 325 Euro bleiben wegen der Höchstgrenze von 1 250 Euro unberücksichtigt. Unabhängig von den Raumkosten kann Norbert 350 Euro für Arbeitsmittel in **Zeile 42 oder 43** schreiben.

Raumkosten	
Miete und Nebenkosten (850 mal 12 Monate mal 15 Prozent der anteiligen Wohnfläche)	1 530
Hausratversicherung (300 mal 15 Prozent)	+ 45
Raumkosten insgesamt	1 575
davon abzugsfähig (maximal 1 250)	1 250
Arbeitsmittel	
Büroschrankwand (1 300 durch 13 Jahre Nutzungsdauer)	100
Computer mit Drucker (1 500 durch 3 Jahre Nutzungsdauer mal 50 % berufliche Nutzung)	250
Arbeitsmittel insgesamt (alle Angaben in Euro)	**350**

Wenn Nina im nächsten Jahr in den Kindergarten kommt, Nora wieder arbeitet und das Arbeitszimmer mit nutzt, kann das Paar von neuen steuerzahlerfreundlichen Entscheidungen des Bundesfinanzhofs profitieren. Statt höchstens 1250 Euro pro Raum dürfen sie bis zu 1250 Euro Raumkosten pro Person, insgesamt also bis 2 500 Euro geltend machen.

TIPP: Nutzen mehrere Personen ein häusliches Arbeitszimmer gemeinsam, gilt die Höchstbetragsgrenze von 1250 Euro nicht pro Raum, sondern pro Person (Az. des Bundesfinanzhofs VI R 53/12 und VI R 86/13).

Zeile 45: Fortbildungskosten

Arbeitnehmer und Beamte, die sich weiterbilden oder die umschulen, können Ausgaben dafür als Werbungskosten geltend machen. Das betrifft Bildungsveranstaltungen aller Art und jeden Umfangs, zum Beispiel Lehrgänge, Schulungen, Tagungen, Kurse, Studien, Übungen oder Vorträge. Erkennt das Finanzamt eine Bildungsmaßnahme als förderungswürdig an, ist die ganze Palette der angefallenen Kosten absetzbar. Dazu gehören etwa Lehrgangs- und Prüfungsgebühren, Fahrt- und Übernachtungskosten. Im Prinzip dürfen Angestellte alles, was an Werbungskosten für den Job absetzbar ist, auch in der Form von Fortbildungskosten geltend machen (→ Infokasten ab Seite 102).

Es gibt aber eine wichtige Einschränkung. Ausgaben für eine erste Berufsausbildung oder für ein Erststudium sieht der Fiskus als Privatsache an. Sie gelten damit im Regelfall nicht als unbegrenzt abzugsfähige Werbungskosten und werden bestenfalls als Sonderausgaben anerkannt (→ ab Seite 44). Ob diese Einschränkung rechtens ist, muss das Bundesverfassungsgericht in mehreren Streitfällen entscheiden, zum Beispiel Az. 2 BvL 22/14.

→ **TIPP:** Betroffene sollten ihre Ausgaben für ein Erststudium oder für eine Erstausbildung als Werbungskosten geltend machen. Sie machen dazu ergänzende Angaben im Hauptvordruck Zeile 40 (Seite 39). Steuerbescheide erlässt das Finanzamt in diesem Punkt vorläufig. Ein Einspruch ist also nicht erforderlich (→ Seite 220).

Unabhängig von einer künftigen Gerichtsentscheidung kann eine abgeschlossene Erstausbildung helfen, die Kosten für eine anschließende Ausbildung oder ein Studium als Werbungskosten an das Finanzamt weiterzureichen. Das funktioniert aber nur, wenn es sich um eine mindestens 12-monatige Vollzeitausbildung mit mindestens 20 Wochenstunden und dem vorgesehenen Abschluss gehandelt hat.

Findet die Ausbildung im Rahmen eines Dienstverhältnisses statt, sind alle Ausgaben dafür ohnehin Werbungskosten. Wer als Azubi bei einer Firma angeheuert hat, gilt als Arbeitnehmer und seine Bildungsausgaben

sind Werbungskosten. Gleiches trifft für die Kosten eines Erststudiums nach einer Berufsausbildung zu, egal ob als Direkt- oder Fernstudium.

Hobbykurse bleiben in jedem Fall Privatvergnügen. Wenn etwa der Buchhalter einer Computerfirma Kurse über Orchideenzucht belegt, wird er das Finanzamt kaum dafür gewinnen können, diese Kosten anzuerkennen. Damit das Amt mitspielt, sollte eine Bildungsveranstaltung erkennbar darauf gerichtet sein, in Zukunft steuerbare Einkünfte zu erzielen. Ob die später tatsächlich fließen, ist egal.

Bei Sprachkursen tut sich das Finanzamt oft schwer. Hier können nachvollziehbare Argumente zum beruflichen Zusammenhang der Bildungsmaßnahme und eine Bescheinigung des Arbeitgebers den Werbungskostenabzug erleichtern. Gleiches gilt für Bildungsveranstaltungen im Ausland, besonders wenn sie an Orten stattfinden, die touristisch interessant sind. Hier hilft außerdem die Vorlage eines Veranstaltungsprogramms, aus dem hervorgeht, dass die dort verbrachte Zeit vorrangig der beruflichen Bildung diente und wenig Freizeit zur Verfügung stand.

Die strikte Grenze zwischen privat und beruflich ist etwas durchlässiger geworden. Wer früher beispielsweise zu einem dreitägigen Weiterbildungsseminar von Berlin nach München fuhr und anschließend noch drei Tage Urlaub dort verbrachte, hatte teils berufliche und teils private Ausgaben mit der Folge, dass von derart „gemischten Aufwendungen“ gar nichts absetzbar war. Das ist nun anders, wenn die Trennung zwischen „Dienst und Schnaps“ klar nachweisbar ist, wie in diesem Fall. Alle direkten Seminarkosten, etwa die Teilnahmegebühr, sind Werbungskosten, ebenso die anteiligen Reise- und Übernachtungskosten, in diesem Fall drei Sechstel vom Gesamtaufwand. Die privaten Kosten sind zwar nicht absetzbar, aber sie vermasseln auch nicht den Werbungskostenabzug der beruflichen Ausgaben (→ Seite 111).

Wer sich mit Abgrenzungsfragen herumschlagen muss, sollte Rat vom Steuerprofi einholen, besonders wenn es um höhere Beträge geht. Solche Fragen können beispielsweise sein: Was zählt als Ausbildung und was nicht? Wann ist eine Ausbildung abgeschlossen? Wann ist sie unterbrochen? Was ist eine Erst- und was ist eine Zweitausbildung? Was gilt als privat und was gilt als beruflich?

Ein Masterstudium nach abgeschlossenem Bachelor-Studium gilt übrigens als Zweitstudium. Die Aufwendungen dafür sind Werbungskosten.

→ Zum Beispiel Olaf O.

Der angestellte Masseur bildet sich an zehn Wochenenden im Jahr zum Qigong-Lehrer weiter. Er fährt dafür jeweils 30 Kilometer (Hin- plus Rückweg) mit dem Auto und ist an jedem Kurstag elf Stunden von zu Hause weg. Seine Aufwendungen kann Olaf als Werbungskosten geltend machen, weil es sich um eine Ausbildung handelt, die nach seinem Berufsabschluss als Masseur stattfindet. Die Kursgebühren gehören in **Zeile 45**, Fahrtkosten in **Zeile 50**, die Verpflegungspauschale muss in **Zeile 52**.

Kursgebühr pro Jahr	**1 700**
Fahrtkosten hin und zurück (30 km mal 20 Tage mal 0,30)	+ 180
Verpflegungspauschale (12 Euro mal 20 Tage, → Seite 112)	+ 240
Werbungskosten insgesamt (alle Abgaben in Euro)	**2 120**

Weil sein Arbeitnehmerpauschbetrag durch Fahrtkosten zur regelmäßigen Arbeitsstelle bereits komplett ausgeschöpft ist, kann Olaf die 2 120 Euro Fortbildungskosten als Werbungskosten voll absetzen.

INFO: Bildungskosten von A bis Z

Bildungskosten sind grundsätzlich absetzbar, egal ob es sich dabei um Ausgaben für eine Erstausbildung oder für ein Zweitstudium handelt, ob es um einen Kongress, ein Seminar oder eine andere Veranstaltung geht. Voraussetzung ist, dass mit der Aus- oder Weiterbildung steuerpflichtige Einnahmen erzielt werden sollen. Je nach der steuerlichen Einordnung können Arbeitnehmer für die Bildungsmaßnahme Sonderausgaben (→ Seite 44) oder Werbungskosten hier auf der Anlage N geltend machen.

▶ **Arbeitsmittel**
Das sind zum Beispiel Ausgaben für Fachliteratur, Büromaterial, Kopien und andere Leistungen des Copyshops, Schreibtisch, Stuhl und andere Büromöbel, Computer, Laptop und weitere erforderliche Geräte. Arbeitsmittel bis 952 Euro (mit Umsatzsteuer) können Sie voll im Jahr der Anschaffung geltend machen. Teurere Arbeitsmittel schreiben Sie entsprechend der Nutzungsdauer ab (→ Seite 92).

▶ **Fahrten**
Bei einer Vollzeitausbildung außerhalb eines Dienstverhältnisses ist nur die Entfernungspauschale von 30 Cent pro Entfernungskilometer absetzbar oder höhere Ausgaben für öffentliche Verkehrsmittel (→ Seite 89). Für Teilzeitausbildung und Bildung während eines Dienstverhältnisses sind stets die tatsächlichen Fahrtkosten absetzbar (→ ab Seite 111). Das gilt auch, wenn Auszubildende zu einer Berufsschule außerhalb ihres Ausbildungsbetriebs fahren.

▶ **Übernachtung**
Für Vollzeitausbildung außerhalb eines Dienstverhältnisses sind Übernachtungskosten absetzbar, wenn eine doppelte Haushaltsführung vorliegt. Voraussetzung ist beispielsweise ein eigener Hausstand am „Lebensmittelpunkt" (→ ab Seite 114). Für Teilzeitausbildung und Bildung während eines Dienstverhältnisses sind Übernachtungskosten als Reisekosten absetzbar (→ ab Seite 111).

Verpflegung
Mit der Gleichsetzung der Bildungsstätte zur „ersten Tätigkeitsstätte" bei Vollzeitausbildungen außerhalb eines Arbeitsverhältnisses entfallen die Verpflegungspauschalen. Liegt eine doppelte Haushaltsführung vor, gibt es aber weiterhin für die ersten drei Monate der Ausbildung 12 oder 24 Euro Verpflegungspauschale pro Tag (→ ab Seite 119). Auch im Rahmen eines Ausbildungsdienstverhältnisses sind Verpflegungspauschalen für die Berufsschule weiter absetzbar (→ ab Seite 112). Wird die Berufsschule an höchstens zwei Tagen in der Woche aufgesucht, gibt es die Pauschalen über drei Monate hinaus.

Gebühren aller Art
Für viele Bildungsaktivitäten werden Gebühren oder andere Zahlungen fällig, etwa Studien-, Kurs- oder Prüfungsgebühren, Bibliotheks- oder Fernleihe-Gebühren, Telefon- und Internetkosten.

Häusliches Arbeitszimmer
Für Arbeitnehmer, die sich gewissermaßen „hauptberuflich" zu Hause weiterbilden, etwa beim Fernstudium, kann das Arbeitszimmer der Mittelpunkt ihrer gesamten beruflichen Tätigkeit sein. Sie können Ausgaben für das Heimbüro als Werbungskosten geltend machen (→ ab Seite 95) oder als Sonderausgaben bis 6 000 Euro (→ Seite 44). Wer sich nebenberuflich weiterbildet und das Arbeitszimmer zum Studium nutzt, kann bis zu 1 250 Euro absetzen, wenn für die Bildung anderswo kein Platz zur Verfügung steht.

Sonstige Bildungskosten
Zinsen und andere Kosten eines Bildungskredits sind ebenso absetzbar wie Ausgaben für eine juristische Auseinandersetzung im Zusammenhang mit Ausbildungs- und Fortbildungskosten, zum Beispiel bei einem Rechtsstreit um einen Studienplatz oder Prüfungsergebnisse.

Zeile 46 bis 48: Weitere Werbungskosten

In diese Zeilen gehören alle Werbungskosten, die sich nirgendwo sonst auf der Anlage N unterbringen lassen. Das Formular gibt allerdings eine gewisse Ordnung vor. So kommen in **Zeile 46** Fahrtkosten zwischen Wohnung und Tätigkeitsort für die (eher wenigen) Arbeitnehmer, die mit Flugzeug oder Fähre zur Arbeit gelangen. Sie machen hier die tatsächlichen Kosten geltend. Die Entfernungspauschale steht ihnen nicht zu.

In **Zeile 47** wird unter anderem nach **Bewerbungskosten** gefragt. Dazu gehören Ausgaben wie beispielsweise für

- Stellengesuche,
- Büromaterial,
- Bewerbungsfotos,
- Fotokopien,
- Briefporto,
- Telefon oder Internet.

Ausgaben für Bewerbungstrainings gehören ebenfalls dazu. Kosten für Bewerbungsgespräche, einschließlich Fahrt, Übernachtung und Verpflegungspauschale, sind wie bei einer Auswärtstätigkeit absetzbar (→ Seite 109). Wer den Einzelnachweis vermeiden will, kann es mit geschätzten Kosten von beispielsweise 2,50 Euro pro elektronische Bewerbung oder 8,50 Euro für jede mit einer Briefpost versandten Bewerbungsmappe versuchen. Als Nachweise gelten Kopien der Bewerbungsschreiben und Antwortschreiben. Ob eine Bewerbung Erfolg hatte oder nicht, ist für den Werbungskostenabzug unerheblich.

→ **TIPP:** Oftmals ergeben sich aus hohen Bewerbungskosten Verluste, weil in Bewerbungsphasen nur geringe oder keine positiven Einkünfte hereinkommen. Dann kann es sich trotzdem lohnen, eine Steuererklärung abzugeben, denn solche Verluste können die Steuern in anderen Jahren drücken (→ Seite 65).

Kontoführungsgebühren für das Girokonto, auf dem der Lohn eingeht, gehören ebenfalls in **Zeile 47**. Sie werden üblicherweise mit 16 Euro anerkannt. Beziehen beide Ehegatten Lohn, können beide jeweils den Betrag von 16 Euro eintragen.

Arbeitnehmer, die ihr privates Telefon oder Handy für dienstliche Gespräche nutzen, können pauschal 20 Prozent ihrer privaten **Telefongebühren** als Werbungskosten geltend machen, maximal 20 Euro im Monat. Liegt der dienstliche Anteil höher, empfiehlt es sich, über drei Monate eine Liste aller Gespräche zu führen. Diese dient als Nachweis für eine höhere dienstliche Nutzung als 20 Prozent und führt dazu, dass der ermittelte Anteil der Anschaffungskosten des Telefons, der Anschlusskosten und der Gesprächsgebühren als Werbungskosten absetzbar ist. Was für Telefongebühren funktioniert, gilt entsprechend für Internetgebühren.

Arbeitnehmer dürfen **Steuerberatungskosten**, die mit ihrer Erwerbstätigkeit zusammenhängen, weiterhin hier als Werbungskosten absetzen. Das betrifft zum Beispiel Kosten für die Erarbeitung der Anlage N durch einen Steuerberater oder Lohnsteuerhilfeverein. Sogenannte private Steuerberatungskosten sind nicht mehr absetzbar, beispielsweise Ausgaben für die Erarbeitung des Hauptvordrucks oder der Anlage Kind (→ Seite 34 und 122). Steuerberater teilen in ihrer Gebührenabrechnung die Kosten in der Regel genau auf, die berufsbedingten gehören hierher.

Manchmal lassen sich Steuerberatungskosten aber nicht trennen, beispielsweise wenn jemand ein PC-Steuerprogramm oder diesen Steuerratgeber gekauft hat. Arbeitnehmer können in diesem „Mischfall" den Kaufpreis komplett als Werbungskosten in Zeile **46 bis 48** geltend machen, denn Steuerberatungskosten bis 100 Euro müssen nicht aufgeteilt werden. Liegen die Mischkosten zwischen 100 und 200 Euro, sind 100 Euro abzugsfähige Werbungskosten. Bei höheren Mischkosten akzeptiert das Finanzamt eine hälftige Aufteilung in absetzbare Werbungskosten und nicht absetzbare Sonderausgaben. Interessant wird das bei Steuerberatungskosten von mehr als 200 Euro.

Bewirtungskosten akzeptiert das Finanzamt bei wenigen Anlässen, etwa Dienstjubiläen oder Beförderungen. Dann sind 70 Prozent der Kosten

abzugsfähig. Ausgaben für Feiern aus beruflichem und privatem Anlass strich das Finanzamt früher komplett. Der Bundesfinanzhof (BFH) lässt eine Aufteilung und den Werbungskostenabzug des beruflichen Kostenanteils zu, wenn der sich nachprüfbar eingrenzen lässt, etwa anhand der Anzahl der Gäste, die beruflich oder privat eingeladen worden sind (Az. VI R 46/14), ausnahmsweise sogar bei Geburtstagsfeiern (Az. VI R 7/16).

Umfasst eine **Rechtsschutzversicherung** auch den Berufsrechtsschutz, ist der darauf entfallende und von der Versicherung bescheinigte Beitragsteil als Werbungskosten absetzbar, entschied der Bundesfinanzhof (Az. VI R 97/94). Beiträge zu **Unfallversicherungen** gegen berufliche und private Risiken können zur Hälfte Werbungskosten sein.

Beruflich bedingte und damit abzugsfähige **Umzugskosten** können etwa bei Jobwechseln, Versetzungen oder Firmenumzügen entstehen. Wenn der Umzug den Arbeitsweg um mindestens eine Stunde pro Tag verkürzt, gilt er ebenfalls als beruflich veranlasst. Das Finanzamt unterstützt auch Wohnungswechsel innerhalb eines Ortes, wenn dadurch eine wesentliche Verkürzung des Arbeitswegs erreicht wird. Die Verkürzung um mindestens eine Stunde ist ein wichtiges Kriterium, aber kein Dogma; im Einzelfall kann die Zeitersparnis deutlich darunter liegen. Das kann der Fall sein, wenn es sich um den Einzug in eine Dienstwohnung handelt oder um den Wegzug von dort, oder wenn der Betrieb bei häufigen Bereitschaftsdiensten nach einem Umzug in wenigen Minuten zu Fuß erreichbar ist. In Grenzfällen kann Profirat helfen, das Finanzamt vom berufsbedingten Charakter eines Umzugs zu überzeugen.

TIPP: Auch wenn ein Umzug nichts mit der Arbeit zu tun hat, lassen sich Umzugskosten als haushaltsnahe Dienstleistungen geltend machen (→ Seite 59). In Krankheits- oder Katastrophenfällen gilt ein Umzug manchmal als außergewöhnliche Belastung und kann in diesem Rahmen abzugsfähig sein (→ Seite 53 und 55).

Eine Reihe umzugsbedingter Kosten sind absetzbar, zum Beispiel die Ausgaben für den Transport des Umzugsguts, die Reisekosten der Umzügler, Mietentschädigungen oder die Kosten für die Beschaffung einer Mietwohnung (→ Infokasten Seite 108). Zusätzlich zu den dort genannten tatsächlichen Umzugskosten gewährt das Amt Pauschalbeträge für „sonstige Umzugskosten" (→ Seite 109). Die werden oftmals aus Unkenntnis nicht geltend gemacht, obwohl sie ganz ordentlich bemessen sind. Die Pauschalen gibt es für jeden berufsbedingten Umzug. Wer innerhalb von fünf Jahren zweimal umzieht, kann beim zweiten Mal 150 Prozent der Pauschalen geltend machen.

Wer die Pauschalen für sonstige Umzugskosten ansetzt, sollte nicht vergessen, daneben Transportkosten und die anderen Ausgaben geltend zu machen, die im Infokasten auf Seite 108 unter den ersten vier Kostengruppen aufgelistet sind. Auch Umzugsfahrten mit dem eigenen Pkw schlagen übrigens mit 30 Cent pro Kilometer zu Buche. Für Umzüge im Rahmen einer doppelten Haushaltsführung gibt es keine Pauschalen (→ Seite 120). Wer die danach aufgeführten „sonstigen Umzugskosten" auch in vollem Umfang per Einzelabrechnung an das Finanzamt weiterreichen will, muss aufpassen, denn dann sind die im Infokasten genannten Umzugspauschalen nicht nutzbar, und das dürfte sich in vielen Fällen negativ auswirken.

Eine aktuelle Übersicht über die Pauschalen gibt es unter www.bundesfinanzministerium.de, Suchbegriff „Umzugskosten".

INFO: Umzugskosten

Der Begriff Umzugskosten umfasst sehr unterschiedliche, als Werbungskosten abzugsfähige Ausgaben. Allerdings gibt es ziemlich klar abgegrenzte Kostengruppen.

- **Beförderungskosten**
  Das sind die Transportkosten des Umzugsguts, inklusive Verpackung, Versicherung, Trinkgeld, der Aufwand für Transportschäden oder für Ersatz von verloren gegangenem Hausrat.
- **Reisekosten**
  Hier sind es zunächst Reisekosten vom alten zum neuen Wohnort während des eigentlichen Umzugs. Arbeitnehmer und Beamte können Fahrtkosten wie bei einer Auswärtstätigkeit absetzen, zum Beispiel beim privaten Pkw mit 30 Cent pro Fahrtkilometer. Das gilt auch für erforderliche Übernachtungskosten und für die Verpflegungspauschale pro Person (→ ab Seite 111). Zu den Reisekosten gehören in beschränktem Umfang auch vor dem Umzug angefallene Ausgaben bei der Suche oder Besichtigung der neuen Wohnung. In der Regel erkennt das Finanzamt nur Kosten von zwei Reisen einer Person an oder von einer Reise zweier Personen zum preiswertesten Tarif, den öffentliche Verkehrsmittel bieten.
- **Mietentschädigung**
  Muss ein Angestellter bereits für die neue Wohnung Miete zahlen, aber für die alte auch noch, kann er die alte Miete nach dem Umzug bis zur Kündigung als Werbungskosten geltend machen. Beamte erhalten bis zu sechs Monate eine Erstattung. Wer für die neue Wohnung schon zahlen muss, sie aber noch nicht beziehen kann, darf als Arbeitnehmer und Beamter sechs Monate lang die neue Miete als Werbungskosten geltend machen, wenn er gleichzeitig noch für die alte Wohnung zahlen muss. Achtung: Wenn die alte Wohnung Wohneigentum war,

darf keine Mietentschädigung geltend gemacht werden, hat der Bundesfinanzhof entschieden (Az. VI R 25/10). Wer sich mit solchen Problemen bei der Mietentschädigung herumschlagen muss, sollte besser einen Steuerprofi fragen.

- **Andere Umzugskosten**
  Abzugsfähig sind innerhalb dieser Kostengruppe ortsübliche Aufwendungen für Makler, Inserate, Telefon, Porto und andere Verbindungskosten, die für die Vermittlung der Mietwohnung angefallen sind. Geht es um eine Eigentumswohnung, zählen auch nur die Aufwendungen für eine vergleichbare Mietwohnung. Für Nachhilfeunterricht erkennt das Amt bis 2 045 Euro pro Kind an (Umzug ab 1. April 2019).
- **Sonstige Umzugskosten**
  Neben „anderen" kennt die Steuersprache „sonstige Umzugskosten". Bei diesen geht es zum Beispiel um die Anpassung von Gardinenstangen, die Schönheitsreparatur in der alten Wohnung, Kosten des Telefon- und Kabelanschlusses, Ummeldegebühren für den Personalausweis und das Auto oder den Einbau eines Wasserenthärters für die Waschmaschine. Wer hier mit den gar nicht so knappen Pauschalen für sonstige Umzugskosten auskommt, ist schnell und unbürokratisch fertig. Sonstige Umzugskosten einzeln abzurechnen lohnt sich nur, wenn mehr als die Pauschale herauskommt. Es gibt für ein Ehepaar 1 622 Euro, für Alleinstehende 811 Euro, für jeden weiteren Haushaltsangehörigen 361 Euro (bei Umzug ab 1. April 2019). Verwitwete, Geschiedene und Ledige, die mit von ihnen finanziell abhängigen Angehörigen umziehen, werden wie Ehepaare behandelt. Die Umzugskostenpauschale gilt nicht für den Bezug oder die Auflösung der Zweitwohnung bei einer doppelten Haushaltsführung.

→ Zum Beispiel Familie P.

Petra und Paul sind verheiratet, Tochter Pia besucht die siebte Klasse. Familie P. zog im April 2019 von Berlin nach Rostock, weil Petra in einem nahe gelegenen Strandhotel als Küchenchefin angeheuert hat. Die Spedition stellte ihnen 1 500 Euro in Rechnung. Zusätzlich können sie Pkw-Anreisekosten am Umzugstag geltend machen (250 Kilometer mal 30 Cent für den Fahrer Paul).
Erfreulicherweise können Petra und Paul auch ihre Fahrtkosten für eine Wohnungsbesichtigung geltend machen. Dafür akzeptiert das Amt allerdings nur den preiswertesten Tarif für die Fahrkarte eines öffentlichen Verkehrsmittels, in diesem Fall der Bahn. Für ihre Berliner Wohnung musste Familie P. laut Vertrag für zwei weitere Monate nach dem Auszug Miete zahlen.
Bei den „anderen Umzugskosten" schlug Pias Nachhilfeunterricht mit 500 Euro zu Buche, damit sie den Anschluss an die neue Schule gut schafft, und im Rahmen der sonstigen Umzugskosten fielen 850 Euro für Schönheitsreparaturen und 150 Euro für weiteren Kleinkram an, insgesamt also 1 000 Euro. Familie P. nutzt die Umzugspauschalen und setzt insgesamt 5 814 Euro ab.

Speditionskosten	**1 500**
Umzugspauschale Petra und Paul (→ Seite 109)	+ 1 622
Umzugspauschale Pia (→ Seite 109)	+ 357
Wohnungsbesichtigung (billigster Bahntarif)	+ 160
Reisekosten am Umzugstag (250 km mal 0,30)	+ 75
Zwei Monate Mietentschädigung in Berlin (2 mal 800)	+ 1 600
Nachhilfe Pia	+ 500
Abzugsfähige Umzugskosten (alle Angaben in Euro)	**5 814**

Zeile 49 bis 57: Reisekosten

Seit 2014 haben sich die Bestimmungen zur Auswärtstätigkeit und zur doppelten Haushaltsführung erheblich geändert. Immer dann, wenn der Arbeitnehmer keine „erste Tätigkeitsstätte" aufsucht (siehe oben zu den Zeilen 31 und 32), liegt eine Auswärtstätigkeit vor, die Arbeitnehmern bessere Abzugs- und Erstattungsmöglichkeiten für Reisekosten bietet.

Wenn nicht nur ein beruflicher Anlass vorliegt, können Arbeitnehmer Reisekosten dennoch komplett absetzen, wenn der berufliche Anteil an der Reise mindestens 90 Prozent der Kosten ausmacht. Beläuft sich der berufliche Kostenanteil auf unter 10 Prozent, ist gar nichts absetzbar. Bei einem beruflichen Anteil zwischen 10 und 90 Prozent sind die beruflichen Kosten anteilig absetzbar. Fährt zum Beispiel ein Dienstreisender für 10 Tage nach Paris und nutzt einen Tag davon privat, darf er alle Reisekosten geltend machen, weil es zu 90 Prozent eine Dienstreise war. Nutzt er fünf Tage dienstlich und fünf Tage privat, akzeptiert das Amt die Hälfte.

Zeile 49 bis 51: Fahrt, Übernachtung & Co.

Wer etwa wegen ständiger Nutzung eines Firmenwagens in **Zeile 49** mit „Ja" abstimmen muss, kann zwar keine Fahrtkosten geltend machen, andere Reisekosten aber wohl. In **Zeile 50** gehört die Summe aller Reisekosten mit Ausnahme der Verpflegungspauschalen. Das Amt will eine Einzelaufstellung der Kosten nur noch auf Anforderung sehen. Anstelle der tatsächlichen Kosten dürfen aber auch Pauschalen angesetzt werden, zum Beispiel 30 Cent für jeden Fahrtkilometer mit dem Pkw. Für Fahrten per Motorrad, Motorroller, Moped und Mofa gibt es einheitlich 0,20 Euro. Für das Rad gelten die tatsächlichen Kosten, die bei allen anderen Verkehrsmitteln ebenfalls abgerechnet werden dürfen. Der Kilometerzuschlag für die Mitnahme anderer Dienstreisender entfällt seit 2014 komplett.

Arbeitnehmer können nur nachweisbare tatsächliche Übernachtungskosten laut Nachweis geltend machen. Im Ausnahmefall können sie auch geschätzt oder anhand von Belegen für einen repräsentativen Zeitraum auf das Jahr hochgerechnet werden. Das gilt beispielsweise für Kosten, die Lkw-Fahrern bei Übernachtung auf Rastplätzen entstehen.

In **Zeile 50** kommen auch Reisenebenkosten, etwa Ausgaben für Gepäck, Parkgebühren oder Telefon- und andere Verbindungskosten. Arbeitnehmer mit einer Fahrtätigkeit, etwa Berufskraftfahrer, rechnen ihre Fahrt zum Lkw-Stellplatz genauso ab. Das gilt auch für Arbeitnehmer mit wechselnden Arbeitsstellen. Muss aber arbeitstäglich derselbe Platz oder der Betrieb aufgesucht werden, gilt für diesen Weg die Entfernungspauschale. Was der Arbeitgeber an Reisekosten ersetzt, gehört in **Zeile 51**.

Zeile 52 bis 57: Verpflegung

Verpflegungskosten sind nur pauschal absetzbar. Bei mehr als acht Stunden Abwesenheit vom Betrieb beziehungsweise von der Wohnung gibt es 12 Euro. Volle 24 Stunden Abwesenheit bringen 24 Euro Werbungskosten. Bei mehrtägigen Reisen mit Übernachtung gelten 12 Euro jeweils für den An- und Abreisetag, und zwar unabhängig von der Abwesenheitsdauer. Die kann in solchen Fällen auch unter acht Stunden liegen.

Verpflegungspauschalen dürfen grundsätzlich nur für die ersten drei Monate der Auswärtstätigkeit am selben Ort geltend gemacht werden. Bei Unterbrechung von mindestens vier Wochen kann die Dreimonatsfrist von vorn beginnen. Gut ist: Für eine Unterbrechung werden nicht nur dienstliche Gründe anerkannt, sondern auch private, etwa eine Krankheit oder ein längerer Urlaub. Wird die auswärtige Tätigkeitsstätte an höchstens zwei Tagen in der Woche aufgesucht, gilt die Dreimonatsgrenze nicht.

In Zeile **52 bis 54** schreiben Sie nur die Anzahl der Abwesenheitstage, die Berechnung der Höhe der Verpflegungspauschalen übernimmt das Amt. Stellt der Arbeitgeber Mahlzeiten zur Verfügung, erfolgt eine Kürzung der Verpflegungspauschale um 4,80 Euro pro Frühstück und um jeweils 9,60 pro Mittag- und Abendessen. Der Kürzungsbetrag gehört in die **Zeile 55** (gegebenenfalls verringert um eigene Zuzahlungen des Arbeitnehmers).

Für dienstliche Auslandsreisen gelten anstelle der inländischen Pauschalen Tagegelder, die sich je nach Aufenthaltsort unterscheiden (**Zeile 56**). Die aktuelle Liste gibt es unter www.bundesfinanzministerium.de, dann den Suchbegriff „Reisekosten Ausland" eingeben. Hat der Arbeitgeber Verpflegungskosten im In- oder Ausland steuerfrei erstattet, gehört das in **Zeile 57**.

→ Zum Beispiel Reiner R.

Der angestellte Service-Techniker fährt für seine Computerfirma mit dem Zug von Berlin nach Hamburg. Er verlässt seine Wohnung am Montag um 7 Uhr. In Hamburg hatte Reiner die ganze Woche bei einem Kunden zu tun. Er trifft am Freitag um 17 Uhr wieder in seiner Berliner Wohnung ein. Die Bahnfahrkarte erstattet ihm der Arbeitgeber, ebenso die Hotelübernachtung. Die Taxifahrten zum und vom Bahnhof in Berlin und Hamburg zahlt Reiner selbst, ebenso die Kosten für öffentliche Verkehrsmittel in Hamburg. Er führte mehrere Rücksprachen mit Berliner Kollegen über sein privates Mobiltelefon. Von den 740 Euro Reisekosten übernimmt der Arbeitgeber 520 Euro, 220 Euro macht Reiner R. als Werbungskosten geltend.

Bahnfahrkarten (zahlt Arbeitgeber)	**120**
Hotelübernachtung ohne Frühstück (zahlt Arbeitgeber)	+400
Taxikosten in Berlin und Hamburg	+80
Ausgaben für öffentliche Verkehrsmittel in Hamburg	+35
Reisenebenkosten (Mobiltelefon)	+9
Reiners Reise- und Reisenebenkosten insgesamt (in Zeile 50)	644
Erstattung durch den Arbeitgeber (in Zeile 57)	520
verbleibende absetzbare Reisekosten	124
Verpflegungspauschale Montag und Freitag (2 mal 12 in Zeile 53)	+24
Verpflegungspauschale Dienstag bis Donnerstag (3 mal 24 in Zeile 54)	+72
absetzbare Reisekosten (alle Angaben in Euro)	**220**

	Pauschbeträge für Mehraufwendungen für Verpflegung Bei einer Auswärtstätigkeit im Inland:			
52	Abwesenheit von mehr als 8 Stunden (bei Auswärtstätigkeit ohne Übernachtung)	470		Anzahl der Tage
53	An- und Abreisetage (bei einer mehrtägigen Auswärtstätigkeit mit Übernachtung)	471	2	Anzahl der Tage
54	Abwesenheit von 24 Stunden	472	3	Anzahl der Tage

Zeile 61 bis 87: Doppelte Haushaltsführung

Wird aus beruflichen Gründen eine Zweitwohnung am Beschäftigungsort bezogen, kann der Arbeitnehmer das Finanzamt an seinen Kosten beteiligen. Er muss die dritte Seite der Anlage N ausfüllen.

WICHTIG: Eine doppelte Haushaltsführung gilt jedoch nur, wenn gleichzeitig eine erste Tätigkeitsstätte vorliegt (vergleiche Erläuterungen zu Zeilen 31 und 32). Handelt es sich jedoch um eine Auswärtstätigkeit, sind die Übernachtungskosten dort, in Zeile 50, abzusetzen.

Der Grund einer doppelten Haushaltsführung (**Zeile 61 bis 62**) ist in der Regel berufsbedingt, etwa ein Jobwechsel oder eine Versetzung. In das rechte Zahlenfeld der **Zeile 61** gehört das Datum des Beginns des Doppelhaushalts. Hat er bis zum Ende des Jahres 2019 ununterbrochen bestanden, schreiben Sie 31.12. in das Zahlenfeld der **Zeile 63**. In **Zeile 64** gehören Postleitzahl, Ort und Staat des Zweitwohnsitzes. Liegt der im Ausland, ist **Zeile 65** auszufüllen (Ziffer „1“, Staatsbezeichnung).

Zeile		Kz	
	Mehraufwendungen für doppelte Haushaltsführung		
	Allgemeine Angaben		am
61	Der doppelte Haushalt wurde aus beruflichem Anlass begründet	501	0 1 0 7 2 0 1 7
	Grund		
62	NEUANSTELLUNG		
			bis
63	Der doppelte Haushalt hat seitdem ununterbrochen bestanden	502	3 1 1 2 2019
	Beschäftigungsort (PLZ, Ort, sowie zusätzlich der Staat – falls im Ausland und abweichend vom Staat, in dem der doppelte Haushalt liegt –)		
64	12435 BERLIN		
65	Der doppelte Haushalt liegt im Ausland 507 [ ] 1 = Ja		Staat
66	Es liegt ein **eigener Hausstand** am Lebensmittelpunkt vor	503	1 (1 = Ja, 2 = Nein)
	– Wird die Zeile 66 mit „Nein" beantwortet, sind Eintragungen in den Zeilen 67 bis 85 nicht vorzunehmen. –		
	PLZ, Ort des eigenen Hausstandes		seit
67	30519 HANNOVER	504	1 5 0 8 2 0 0 1

TIPP: Eine doppelte Haushaltsführung kann auch vorliegen, wenn Menschen aus privaten Gründen vom Arbeitsort weggezogen sind. Nach einer Entscheidung des Bundesfinanzhofs (Az. VI R 7/13) erkennt die Verwaltung danach sogar 3 Monate Verpflegungspauschalen an.

Die Frage nach dem „eigenen Hausstand am Lebensmittelpunkt" in **Zeile 66** ist entscheidend für die steuerliche Anerkennung einer doppelten Haushaltsführung. Wer hier mit „Nein" abstimmt (Ziffer „2"), kann sich den Rest des Formulars schenken. Das Finanzamt versteht unter eigenem Hausstand eine eingerichtete, den Lebensbedürfnissen entsprechende Miet- oder Eigentumswohnung eines Arbeitnehmers, der die Haushaltsführung dort wesentlich mitbestimmt und sich finanziell an der Lebensführung beteiligt. Verheiratete „Auswärtsschläfer" haben damit in der Regel kein Problem. Bei Paaren ohne Trauschein erkennt das Amt einen eigenen Hausstand auch dann an, wenn ein Partner die Ausgaben für den gemeinsamen Haushalt trägt und der andere die Mietzahlungen übernimmt. Vor allem wenn Singles noch bei den Eltern wohnen, verlangt das Finanzamt einen Nachweis über die finanzielle Beteiligung von mehr als 10 Prozent an den gesamten Haushaltskosten.

So weit auslegbar wie der Begriff „eigener Hausstand" ist der Begriff „Lebensmittelpunkt". Das Finanzamt nimmt auch hier Alleinstehende besonders unter die Lupe. Für den Lebensmittelpunkt spricht neben sozialen Kontakten im Verwandten- und Freundeskreis und Aktivitäten in Vereinen auch die Häufigkeit von Heimfahrten. Je geringer die Entfernung, desto wichtiger sind sie als Indiz. Zwei Fahrten im Monat reichen aber in der Regel aus. Bei größeren Entfernungen, insbesondere wenn die Familie im Ausland lebt, genügt eine Familienheimfahrt im Jahr.

Zeile 68 erfragt, ob Arbeitnehmer vor Beginn der doppelten Haushaltsführung am selben Arbeitsort eine Auswärtstätigkeit hatten (→ ab Seite 111). Das wäre etwa der Fall, wenn aus einem zunächst befristeten Einsatz ein unbefristeter wird. Dann würde die 3 Monate lange Verpflegungspauschale für Auswärtstätigkeit auf die Verpflegungspauschale bei der doppelten Haushaltsführung angerechnet. In „Wegverlegungsfällen", in denen Arbeitnehmer vom Arbeitsort weggezogen sind, dort aber eine Unterkunft behalten haben, gilt diese Einschränkung nicht. Wer in **Zeile 69** mit der Ziffer 1 („Ja") abstimmt, kann sich nach Auffassung der Finanzverwaltung den Rest des Formulars sparen. Hier sollte vorher aber genau gerechnet werden (→ Tippkasten auf Seite 118).

Das Finanzamt interessiert sich auch für die Entfernung zwischen Zweitwohnung und Beschäftigungsort. Die muss weniger als die Hälfte der Entfernung zwischen dem Wohnort am Lebensmittelpunkt und dem Beschäftigungsort betragen. Ist der Beschäftigungsort zum Beispiel 100 Kilometer vom Lebensmittelpunkt entfernt, darf die Entfernung Zweitwohnung – Beschäftigungsort maximal 49 Kilometer betragen.

Zeile 70 bis 78: Fahrtkosten

Zeile 70 fragt nach der Nutzung eines Firmenwagens oder einem unentgeltlichen Sammeltransport des Arbeitgebers. In solchen Fällen erkennt das Finanzamt Fahrtkosten nicht an. Andererseits dürfen Arbeitnehmer Fahrtkosten geltend machen, die ihnen gar nicht entstanden sind, zum Beispiel als Mitfahrer einer Fahrgemeinschaft, entschied der Bundesfinanzhof (Az. VI R 29/12). Neben „Ja" und „Nein" kann hier auch „Ja, teil-

weise“ gewählt werden (Ziffer 3), etwa wenn manchmal mit dem Firmenwagen und manchmal mit einem privaten Pkw gefahren wurde. Fahrten mit dem Firmenwagen oder kostenfreiem Sammeltransport gehören nicht in **Zeile 71 bis 76.**

In **Zeile 71 bis 73** gehören nur die Fahrtkosten für die erste Hinfahrt zu Beginn der doppelten Haushaltsführung und die letzte Heimfahrt bei ihrer Beendigung. Das gilt natürlich nur, wenn diese Ereignisse 2019 stattgefunden haben. Wer vorher mit der doppelten Haushaltsführung am oben angegebenen Ort begonnen hat und erst später damit aufhören wird, trägt hier gar nichts ein. Haben Arbeitnehmer für diese Fahrten ihren privaten Pkw genutzt, dürfen sie in **Zeile 71** pauschal 30 Cent je Fahrtkilometer (linkes Zahlenfeld) oder die tatsächlichen Kosten wie bei Auswärtstätigkeiten absetzen (rechtes Zahlenfeld). Für Motorräder und andere motorgetriebene Fahrzeuge gelten **Zeile 72** mit einheitlich 20 Cent pro Fahrtkilometer. Wer die tatsächlichen Kosten ansetzt, muss erforderlichenfalls seine Berechnung vorlegen können. Nutzer öffentlicher Verkehrsmittel tragen die tatsächlichen Kosten laut Belegen ein (**Zeile 73**).

Für eine sogenannte Familienheimfahrt zwischen den Wohnungen am Arbeitsort und am Lebensmittelpunkt können Arbeitnehmer einmal pro Woche 30 Cent je Entfernungskilometer pauschal als Fahrtkosten geltend machen.

In **Zeile 74** gehören die Entfernung zwischen den Wohnungen am Wohn- und Arbeitsort und die Anzahl der Familienheimfahrten im Jahr. Wer öffentliche Verkehrsmittel genutzt hat, trägt die tatsächlichen Ticketkosten in **Zeile 75** ein, wenn das mehr bringt als die Entfernungspauschale. Menschen mit einem Behinderungsgrad von mindestens 70 oder 50 plus Merkzeichen G nutzen **Zeile 76 bis 77** in gleicher Weise. Wichtigster Unterschied: In **Zeile 76** werden statt 30 Cent pro Entfernungskilometer pauschal 30 Cent für Hin- und Rückfahrt angesetzt oder die tatsächlichen Pkw-Kosten.

Müssen wöchentliche Familienheimfahrten arbeits- oder krankheitsbedingt ausfallen, können an ihrer Stelle im selben Umfang Besuche von Partnern oder Kindern am Arbeitsort abgerechnet werden. Finden weder Heim- noch Besuchsfahrt statt, zählen ersatzweise die Ausgaben für ein 15-minütiges Telefonat als Werbungskosten.

TIPP: Wenn Angestellte mehrmals in der Woche zwischen Erst- und Zweitwohnung pendeln, dürfen sie trotzdem nur eine Familienheimfahrt pro Woche absetzen. Aber sie sollten prüfen, ob es für sie günstiger ist, alle Fahrten mit der Entfernungspauschale abzurechnen (Zeile 69) und dafür auf Ausgaben für Unterkunft und Verpflegung zu verzichten. Für Arbeitnehmer und Beamte mit häufigen oder weiten Heimfahrten und geringen Unterkunftskosten am Arbeitsort kann sich das lohnen.

In **Zeile 78** gehören Familienheimfahrten mit Flugzeug, Fähre oder entgeltlichem Sammeltransport. Sie haben in **Zeile 74 bis 77** nichts zu suchen und dürfen nur mit den tatsächlichen Kosten abgerechnet werden.

Zeile 79 bis 80: Unterkunft am Arbeitsort

Als Zweitwohnung am Arbeitsort zählt jede zur Übernachtung geeignete Unterkunft, eine gemietete Wohnung, die eigenen vier Wände, ein möbliertes Zimmer oder ein Zimmer im Hotel. Seit 2014 sind Unterkunftskosten im Inland von höchstens 1 000 Euro im Monat absetzbar. Sie gehören zusammengefasst in **Zeile 79**.

Liegt die Zweitwohnung im Ausland, gilt die Begrenzung auf 1 000 Euro pro Monat nicht. Dafür interessiert sich das Amt für die Wohnungsgröße (**Zeile 80**).

Betriebs-, Renovierungs-, Reinigungs- und Reparaturkosten sowie die Zweitwohnungsteuer sind nur im Rahmen der 1 000-Euro-Grenze abzugsfähig. Aufwendungen für Einrichtungsgegenstände und Hausrat fallen jedoch nicht unter die Höchstbetragsbegrenzung von 1 000 Euro und sind daher grundsätzlich in vollem Umfang als Werbungskosten abziehbar. Dies hat der Bundesfinanzhof entgegen der Auffassung der Finanzverwaltung entschieden (Az. VI R 18/17). Dazu gehören auch Möbel, Gardinen oder Teppiche. Teurere Gegenstände müssen jedoch über die Nutzungsdauer verteilt abgeschrieben werden, ebenso wie Arbeitsmittel (vgl. Zeile 42, 43). Die Ausstattungskosten gehören jetzt in die **Zeile 85.**

Wer am Arbeitsort eigene vier Wände bezieht, kann Ausgaben in derselben Höhe geltend machen, wie sie ihm als Mieter einer gleichwertigen Wohnung entstehen würden, dazu gehören in diesem Fall Schuldzinsen, Abschreibungen, Gemeindeabgaben, Reparatur- und Instandhaltungskosten.

Zeile 81 bis 87: Verpflegung & Co.

Das Finanzamt akzeptiert nur in den ersten drei Monaten der doppelten Haushaltsführung Verpflegungspauschalen je nach Abwesenheitsdauer, genauso wie sie auch bei Auswärtstätigkeit gewährt werden. Das soll auch der Text vor **Zeile 81** besagen (→ Seite 112). Abwesenheitstage im Inland gehören in **Zeile 81 bis 82**. Stellt der Arbeitgeber Mahlzeiten zur Verfügung (**Zeile 83**), wird die Pauschale so gekürzt, wie zu Zeile 55 beschrieben. Verpflegungspauschalen für eine doppelte Haushaltsführung im Ausland gehören als zusammengefasster Betrag in die **Zeile 84**. Das Amt will dazu auf Anforderung eine separate Aufstellung sehen. Einzelheiten zu Auslandstagegeldern finden Sie auf Seite 112.

→ Zum Beispiel Sven S.

Seit dem 1. Juli arbeitet Sven bei einem Wirtschaftsverband in Berlin. Er wohnt mit seiner Lebensgefährtin Svenja und der gemeinsamen 16-jährigen Tochter Silvana in Hannover. Dort bleibt auch sein Lebensmittelpunkt, denn Svenja arbeitet in Hannover im Schuldienst, Silvana besucht dort das Gymnasium. In Berlin hat Sven zunächst zwei Wochen im Hotel gewohnt, danach zog er für 1 500 Euro mit persönlichen Sachen nach Berlin um, wo er ein Zimmer in einer WG anmietete (Monatsmiete 200 Euro) und einrichtete (1 000 Euro). Von Juli bis Dezember kam Sven auf 20 wöchentliche Familienheimfahrten mit seinem Pkw, Svenja und Silvana besuchten ihn zweimal gemeinsam in Berlin, weil er wegen Bereitschaftsdiensten nicht heimfahren konnte. Insgesamt kommen 6 520 Euro zusammen. Die 1 000 Euro-Grenze, bei Sven für 6 Monate 6 000 Euro, gilt nur für Miete und Hotelübernachtung und wird nicht erreicht.

Erste Fahrt nach Berlin mit dem Pkw (300 km mal 0,30 Euro)	**90**
20 wöchentliche Heimfahrten (300 mal 0,30 mal 20)	+ 1 800
Besuchsfahrten von Svenja und Silvana (300 mal 0,30 mal 2)	+ 180
Umzugskosten	+ 1 500
Verpflegungspauschale (50 Tage mal 24 plus 20 Tage mal 12 ist 1 440, vom Arbeitgeber ersetzt)	+ 0
Hotelübernachtung (10 Tage mal 85)	+ 850
Miete mit allen Nebenkosten (200 mal 5,5 Monate)	+ 1 100
Einrichtungsgegenstände für WG-Zimmer (Bett, Schreibtisch, Bürostuhl kosteten jeweils unter 952 Euro, → Seite 92)	+ 1 000
Werbungskosten insgesamt (alle Angaben in Euro)	**6 520**

In **Zeile 85** können noch andere Kosten der doppelten Haushaltsführung eingetragen werden, etwa Umzugskosten oder die Kosten der Wohnungsausstattung. Für den Umzug gelten dieselben Regeln wie ab Seite 106 beschrieben. Ausnahme: Die Pauschale für „sonstige Umzugskosten" gibt es bei der doppelten Haushaltsführung nicht. Absetzbar sind Umzugskosten vom Wohnort an den Arbeitsort zu Beginn der doppelten Haushaltsführung. Gleiches gilt für den Umzug zurück vom Arbeitsort zum Wohnort am Ende der doppelten Haushaltsführung. In „Wegzugsfällen" (→ Tipp Seite 115) werden Umzugskosten nicht als Werbungskosten anerkannt. Die Ausgaben können dann aber wenigstens teilweise im Rahmen der haushaltsnahen Dienstleistungen geltend gemacht werden (→ Seite 60). Geht es im Jahresverlauf um mehr als eine doppelte Haushaltsführung, kommen die Ausgaben in **Zeile 86**. Hat der Arbeitgeber Kosten ersetzt, gehört der Betrag zusammengefasst für alle Kostenarten in **Zeile 87**.

Zeile 91 bis 96: Werbungskosten in Sonderfällen

Mit diesem Abschnitt ist die Anlage N seit 2015 von drei auf vier Seiten angewachsen. In **Zeile 91** gehören Werbungskosten, die mit einer Beamten- oder Werkspension zusammenhängen, beispielsweise Gewerkschaftsbeiträge oder Beratungskosten. Solche Werbungskosten wirken sich bereits aus, wenn sie mehr als die für Pensionen geltende, mickrige 102-Euro-Werbungskostenpauschale betragen.

Gab es 2019 Versorgungsbezüge für mehrere Jahre, werden die zugehörigen Werbungskosten in **Zeile 92** eingetragen. Arbeitnehmer, die 2019 Abfindungen oder Lohn für mehrere Jahre erhielten, tragen damit verbundene Ausgaben in **Zeile 93** ein. In **Zeile 94** sind Werbungskosten für steuerfreien Arbeitslohn aus einer Auslandstätigkeit einzutragen. Der Betrag wird aus der Anlage N-AUS übertragen. In die Zeilen 91 bis 94 gehören nur solche Aufwendungen, die nicht bereits in den Zeilen 31 bis 87 stehen.

Werbungskosten zu Lohn, der in Zeile 21 der Anlage N eingetragen ist, gehören in die **Zeile 95**. Anders als die anderen Angaben auf dieser Seite müssen diese Werbungskosten auch auf den vorherigen Seiten eingetragen sein. Auslandstätigkeit in Belgien ist eine weitere Besonderheit. Für Grenzgänger wird die deutsche Steuer pauschal um 8 Prozent ermäßigt. Werbungskosten aus dieser Tätigkeit, die bereits auf der zweiten oder dritten Seite der Anlage N angegeben wurden, müssen nochmals gesondert eingetragen werden (**Zeile 96**).

Anlage Kind: Für Eltern

Viele Arbeitnehmer mit Kindern erhalten Kindergeld und damit ist für sie die Kinderförderung fast erledigt. Gehören aber Arbeitnehmer-Eltern mit Grenzsteuersätzen über 32 Prozent zu den „Steuererklärungsmuffeln", gehen ihnen einige Steuervorteile verloren (→ Seite 256). Ab einem zu versteuernden Einkommen von rund 33 300/66 600 Euro (alleinstehend beziehungsweise verheiratet/verpartnert) wirkt sich nämlich der Kinderfreibetrag entlastender aus als das Kindergeld. Der Vorteil kann aber nur bei den Eltern ankommen, die eine Steuererklärung abgeben. Kinderbetreuungskosten und weitere kindbedingte Vorteile helfen auch weniger betuchten Eltern, per Anlage Kind Steuern zu sparen. So kann der Freibetrag für Berufsausbildung mit auswärtiger Unterbringung eines volljährigen Kindes geltend gemacht werden, ebenso der Abzug von Schulgeld als Sonderausgabe. Die Anlage Kind ist zudem für die Übertragung von Kinderfreibeträgen, Behinderten- und Hinterbliebenen-Pauschbeträgen wichtig (→ ausgefülltes Musterformular ab Seite 272).

Zeile 1 bis 15: Grunddaten

In die ersten drei Zeilen gehören die Angaben des Elternteils, der die Kinderförderung beantragt. Weil für jedes Kind eine eigene Anlage Kind erforderlich ist, kommt bei mehreren Kindern rechts in **Zeile 3** eine laufende Nummer der Anlage. Geht es nur um ein Kind, ist dort nichts einzutragen oder „01". In **Zeile 4** gehört die Steueridentifikationsnummer des Kindes, nicht die des Antragstellers.

Im rechten Feld der **Zeile 6** wird es etwas unübersichtlich. Hier will das Amt den „Kindergeldanspruch" sehen. Der richtet sich zunächst nach der Kinderzahl. 2019 gibt es bis Juni für das erste und zweite Kind 194 Euro im Monat, für das dritte Kind 200 Euro und für jedes weitere Kind 225 Euro. Ab Juli 2019 werden für jedes Kind 10 Euro mehr überwiesen. Wohnt beispielsweise das einzige zwölfjährige Kind eines Ehepaars ganzjährig im gemeinsamen Haushalt der Eltern, kommt hierher „2 388" (6 Monate mal 194 Euro/ 6 Monate 204 Euro Kindergeld).

Geht es aber nicht um ein Einzelkind, sondern etwa um das dritte Kind, trägt ein Ehepaar hier „2 460" ein (6 Monate mal 200 Euro / 6 Monate mal 210 Euro). Wurde das zweite Kind eines Ehepaars beispielsweise am 5. Juli geboren, steht hier „1 224" (6 Monate mal 204 Euro), weil der Kindergeldanspruch nur für die sechs Monate von Juli bis Dezember bestand.

Noch etwas unübersichtlicher ist es für getrennt lebende oder geschiedene Eltern. Lebt beispielsweise das (einzige) Kind ganzjährig bei der Mutter, die auch das komplette Kindergeld von 194 beziehungsweise ab Juli von 204 Euro im Monat bekommt, und der Vater zahlt regulär Unterhalt, steht beiden Elternteilen jeweils das halbe Kindergeld zu. Jeder schreibt 1 194 Euro in seine jeweilige Anlage Kind, auch der Vater.

→ **WICHTIG:** Seit dem Jahr 2018 wird das Kindergeld rückwirkend nur noch für sechs Monate ausgezahlt. Eltern sollten deshalb rechtzeitig prüfen, ob Kindergeldanspruch besteht oder sich erneut ergeben hat. Das kann beispielsweise der Fall sein, wenn ein volljähriges Kind nach einer Anstellung, nach Arbeitslosigkeit oder einer Auszeit eine Ausbildung begonnen hat und noch nicht 25 Jahre alt ist (→ ab Seite 125). Wenn tatsächlich die Frist überschritten und Kindergeld nicht voll ausgezahlt wurde, ist in Zeile 6 nur der ausgezahlte Betrag einzutragen.

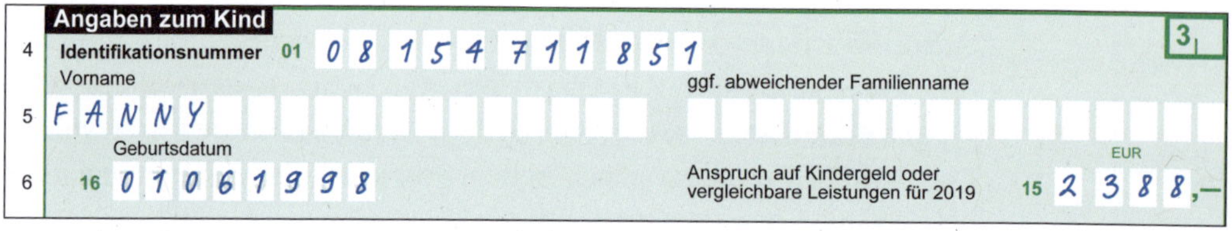

	Angaben zum Kind		3
4	Identifikationsnummer 01 08 154 711 851		
	Vorname	ggf. abweichender Familienname	
5	FANNY		
	Geburtsdatum		EUR
6	16 01061998	Anspruch auf Kindergeld oder vergleichbare Leistungen für 2019	15 2388,–

In die **Zeile 7** gehört die zuständige Familienkasse. **Zeile 8 bis 9** fragt auch nach der Abgrenzung von „Inlands- und Auslandskindern". Das kann komplizierter sein, als es auf den ersten Blick aussieht. Wohnt das Kind das ganze Jahr über in Deutschland, ist in der Regel alles klar. Steht in **Zeile 8** ein Auslandszeitraum oder in **Zeile 9** eine Auslandsadresse, kann das vielfältige Folgen für die Höhe von Kinderförderungen haben. Die Eintragung selbst ist kein Problem. Aber Eltern, die das betrifft, sollten sich rechtzeitig über die Folgen bei einem Steuerprofi, der Familienkasse oder dem Finanzamt schlau machen. Die **Zeile 9** ist auch auszufüllen, wenn das Kind in Deutschland lebt, aber nicht unter der im Hauptvordruck angegebenen Adresse.

In **Zeile 10 bis 15** will das Amt genaue Angaben zum Kindschaftsverhältnis wissen. In **Zeile 10** ist anzugeben, ob das Kind ein leibliches, ein Adoptiv- oder ein Pflegekind ist. Tragen Sie die entsprechende Ziffer zwischen 1 und 3 in das linke Kästchen in Bezug auf Ihre Person ein und gegebenenfalls in das rechte für Ihren Partner, wenn Sie eine gemeinsame Steuererklärung einreichen. **Zeile 11** fragt nach dem anderen Elternteil des Kindes, wenn es sich nicht um den Ehe- oder eingetragenen Lebenspartner handelt. Die Adresse dieses anderen Elternteils gehört in **Zeile 12**, ebenso rechts das „Kindschaftsverhältnis", für das die entsprechende Ziffer 1 (leibliches Kind) oder 2 (Pflegekind) abgefragt wird. Wenn der andere Elternteil im Ausland lebt, steht dem Antragsteller unter bestimmten Voraussetzungen die volle Kinderförderung zu (**Zeile 13**). Gleiches gilt, wenn der andere Elternteil bereits verstorben ist (**Zeile 14**). Ist der Wohnsitz nicht ermittelbar oder die Vaterschaft nicht feststellbar, wird das mit der Ziffer „1" in **Zeile 15** vermerkt.

Zeile 16 bis 25: Erwachsene Kinder

Hier füllen nur Eltern von Kindern über 18 etwas aus. Für erwachsene Kinder gibt es weiterhin Kindergeld nur dann, wenn das Kind zusätzliche Voraussetzungen erfüllt. Es muss zum Beispiel eine Ausbildung durchlaufen oder arbeitslos sein. Die Voraussetzungen werden hier einzeln abgeklopft und viele Ausnahmen bestätigen die Regel. Für arbeitslose Kinder kann es bis zum 21. Geburtstag die Kinderförderung geben und für Kinder in Ausbildung bis zum 25. Geburtstag, für behinderte Kinder unbefristet (→ Seite 127). Voraussetzung ist, dass die Behinderung bereits vor dem 25. Geburtstag entstanden ist.

Zeile 16 bis 17: Kinder in Ausbildung

Im Vordruck sind verschiedene Voraussetzungen, für die eine Kinderförderung gewährt wird, zusammengefasst. Vor **Zeile 16** stehen diese Voraussetzungen, bei denen Sie weiterhin Kindergeld und andere Kinderförderungen erhalten können, im Kleindruck. Dabei geht es um Kinder, die 2019 eine Lehre, ein Studium oder eine andere Ausbildung durchlaufen haben. Auch wenn ein Kind trotz nachweislicher Bemühungen keinen Ausbildungsplatz findet, können die Eltern weiterhin die Kinderförderung erhalten. Tragen Sie deshalb den Zeitraum dieser Bemühungen ein. Als Nachweise dienen zum Beispiel schriftliche Bewerbungen, Zwischenbescheide, Zusagen und Ablehnungen oder auch eigene Suchanzeigen, außerdem die Registrierung des Kindes als Bewerber für einen Ausbildungsplatz oder für eine berufsvorbereitende Ausbildungsmaßnahme bei der Arbeitsagentur oder bei entsprechenden kommunalen Stellen. Heben Sie die Nachweise bis zum Ende eines möglichen Kindergeldbezugs auf.

Auch während der Zeitdauer der aufgeführten freiwilligen Dienste im In- und Ausland, etwa einem freiwilligen sozialen Jahr oder dem Bundesfreiwilligendienst, kann es weiter Kinderförderung geben, aber nur, wenn die Dienste für anerkannte Träger geleistet werden. Familienkasse und Finanzamt haben eine genaue Übersicht, was förderfähig ist. Der Wehrdienst gehört grundsätzlich nicht dazu. Steht dabei aber der Ausbildungscharakter im Vordergrund, kann es auch während dieser Zeit Kinderför-

derung geben, etwa während der dreimonatigen Grundausbildung, einer Dienstpostenausbildung oder während des Besuchs einer militärischen oder zivilen Bildungseinrichtung. Das gilt für freiwillig Wehrdienstleistende, Soldaten auf Zeit und Offiziersanwärter. Kinderförderung kann es auch für Übergangszeiten vor und nach dem Wehrdienst geben.

Übergangszeiten zwischen zwei Ausbildungsabschnitten sind grundsätzlich förderfähig. Das Formular definiert maximal vier Monate als Übergangszeit. Hat zum Beispiel ein 19-Jähriger im Mai das Abitur gemacht und beginnt im Oktober sein Studium, steht den Eltern weiter Kindergeld zu. In diesem Fall sind es mit Juni, Juli, August, September genau vier Monate Übergangszeit. Dabei ist unerheblich, an welchem Tag im Mai die Schule zu Ende ging und an welchem Tag im Oktober das Studium begann. Neben der Pause zwischen Abitur und Studium sind weitere Zwischenzeiten förderfähig, zum Beispiel zwischen einem Ausbildungsabbruch und dem Beginn einer neuen Ausbildung, zwischen dem Ende einer Erst- und dem Beginn einer Zweitausbildung. Was wäre passiert, wenn der Abiturient aus dem Beispiel länger als vier Monate pausiert hätte? Die Eltern hätten trotzdem weiter Kindergeld bekommen. Wenn sich das Kind ernsthaft um einen Ausbildungsplatz bemüht oder sogar bereits die Zusage für den Studienplatz in der Tasche hat, gilt es als „ausbildungswillig". Der Viermonatszeitraum spielt dann keine Rolle.

Gab es nur einen der genannten Tatbestände im Jahr, gehört der unter „1. Zeitraum" in **Zeile 16**. Folgen vor **Zeile 16** genannte Abschnitte unmittelbar aufeinander, können sie zusammengefasst als ein Zeitraum eingetragen werden. Ansonsten ist ein „2. Ausbildungsabschnitt" hier einzutragen. **Zeile 17** fragt nach dem Grund für den Kindergeldanspruch, beispielsweise „Fachhochschulstudium".

In **Zeile 18** geht es um arbeitslose Kinder zwischen 18 und 21. Für sie gibt es die Förderung weiter, wenn sie bei der Agentur für Arbeit als Arbeitsuchende gemeldet sind. Hat ein arbeitsuchendes Kind nur in einem Minijob bis 450 Euro im Monat gearbeitet, wird es hier trotzdem eingetragen, denn der Minijob gefährdet den Kindergeldanspruch der Eltern nicht. Wenn ein Kind seinen Arbeitsplatz verloren und unmittelbar danach eine Ausbildung begonnen hat oder als „ausbildungswillig" gilt, kann es auch über das 21. Lebensjahr hinaus Kinderförderung geben. Die Angaben sind in Zeile 16 und 17 vorzunehmen.

Für behinderte Kinder (**Zeile 19**) gilt grundsätzlich keine Altersgrenze. Voraussetzung ist jedoch, dass die Behinderung vor dem 25. Geburtstag eingetreten sein muss. Übrigens können auch Suchtkrankheiten wie die Abhängigkeit von Rauschgift als Ursache von Behinderung anerkannt werden.

Zeile 20 zur Verlängerung der Altersgrenze für die Kinderförderung bei Pflichtdiensten trifft 2019 nur noch in ganz seltenen Ausnahmefällen zu.

Die Höhe ihres eigenen Einkommens spielt für die Gewährung des Kindergeldes und der anderen steuerlichen Kindervorteile keine Rolle. Eine Einschränkung besteht: Wenn das Kind eine Erstausbildung oder ein Erststudium beendet hat und einer weiteren Ausbildung nachgeht, gibt es die Kinderförderung nur, wenn das Kind nicht erwerbstätig ist. Als Erwerbstätigkeit gilt eine regelmäßige wöchentliche Arbeitszeit von mehr als 20 Stunden. Alles was darunter liegt, gefährdet das Kindergeld nicht. Unschädlich sind eine reguläre Lehrstelle, ein Minijob oder Einnahmen des Kindes, die nicht aus Erwerbstätigkeit kommen, etwa Zinsen oder Mieten.

In den **Zeilen 21 bis 25** dreht sich alles um diese Erwerbstätigkeiten volljähriger Kinder nach erfolgter Erstausbildung. Deshalb steht die entscheidende Frage in der ersten **Zeile 21**. Hat das Kind eine Erstausbildung oder ein Erststudium abgeschlossen, gehört die Ziffer „1" in das Kästchen und die Befragung geht weiter. Eltern, die mit „Nein" antworten können (Ziffer „2"), sind fein raus und tragen bis einschließlich **Zeile 25** nichts mehr ein.

TIPP: Die Zweitausbildung kann Teil einer begünstigten mehrstufigen Erstausbildung sein, wenn sie inhaltlich und zeitlich eng an die Erstausbildung anschließt, etwa ein Masterstudium nach Bachelor-Abschluss.

Eine Zweitausbildung setzt voraus, dass das Kind vor der 2019 durchgeführten Ausbildung bereits eine Erstausbildung oder ein Erststudium abgeschlossen hatte. Wenn etwa der 20-jährige Sohn nach dem Abitur und einer kleinen Auszeit 2019 ein BWL-Studium begonnen hat, gilt das als Erststudium. Die Folge: Der Umfang einer Erwerbstätigkeit neben dem Studium spielt keine Rolle. Auch wenn der Sohn zunächst ein Jahr Theologie studiert hat und 2019 zu BWL wechselte, gilt das BWL-Studium als Erst- und nicht als Zweitstudium, denn das Theologie-Studium blieb ohne Abschluss. Hat aber die 23-jährige Tochter nach einer 2016 abgeschlossenen Ausbildung zur Hotelfachfrau zunächst gearbeitet und 2019 ein Psychologie-Studium begonnen, sind diese Zeilen auszufüllen, denn das Studium gilt als Zweitausbildung.

Im Fall der studierenden Hotelfachfrau gehört die Ziffer „1“ in **Zeile 21**, denn es liegt eine abgeschlossene Erstausbildung vor. Auch in **Zeile 22** muss eine „1“ , wenn sie erwerbstätig war, etwa als Kellnerin. Läuft die Erwerbstätigkeit im Rahmen eines Minijobs, gehört eine „1“ in **Zeile 23**. Die Kinderförderung wird in der Regel nicht gefährdet. Geht es um versicherungspflichtige Arbeitsverhältnisse oder um selbstständige Nebentätigkeiten, muss die „1“ in **Zeile 24**. Wer in **Zeile 21** mit „Ja“ abgestimmt hat und auch in den **Zeilen 22 und 24** jeweils die Ziffer „1“ eintragen musste, hat nur noch eine Chance, die Kinderförderung zu retten: In **Zeile 25**, die nach der „(vereinbarten) regelmäßigen wöchentlichen Arbeitszeit“ fragt, dürfen maximal 20 Stunden stehen, sonst ist die Kinderförderung futsch.

TIPP: Eltern sollten darauf achten, dass ihre erwachsenen Kinder, die sich in einer Zweitausbildung oder in einem Zweitstudium befinden, pro Woche laut Arbeitsvertrag möglichst nicht länger als 20 Stunden arbeiten. Wer maximal zwei Monate mehr als 20 Stunden arbeitet, sollte im Jahr durchschnittlich nicht über 20 Stunden pro Woche kommen. Während einer Erstausbildung spielt hingegen die Wochenarbeitszeit für die steuerliche Kinderförderung keine Rolle.

Zeile 31 bis 40: Beiträge zur Kranken- und Pflegeversicherung

Eltern können Beiträge zur Kranken- und Pflegeversicherung des Kindes als eigene Vorsorgeaufwendungen geltend machen. Sie gehören hierher und werden im Prinzip so abgefragt und behandelt wie Vorsorgeaufwendungen der Eltern selbst, zum Beispiel aufgeteilt nach Basisabsicherung und Wahlleistungen. Sind die Eltern selbst Versicherungsnehmer, werden die Beiträge in der Regel an das Finanzamt als eDaten gemeldet und müssen dann in die Papier-Steuererklärung 2019 nicht mehr eingetragen werden (**Zeile 31 bis 33**).

TIPP: Eltern können von ihnen gezahlte Beiträge zur Kranken- und Pflegeversicherung des Kindes als eigene Sonderausgaben absetzen. Dabei spielt keine Rolle, ob es sich um Beitragszahlungen in die gesetzliche oder in eine private Versicherung handelt.

Ist das Kind Versicherungsnehmer, müssen die Eltern die Beiträge in die **Zeilen 35 bis 40** eintragen, wenn sie die Beiträge geltend machen wollen. Eltern können den Betrag eintragen, den sie selbst bezahlt oder mit ihrer Unterhaltspflicht wirtschaftlich getragen haben. Das ist auch der Fall, wenn sie anstelle von Barunterhalt durch Sachleistungen ihrer Unterhaltspflicht nachgekommen sind, weil das Kind in ihrem Haushalt lebt. In die **Zeilen 41 und 42** gehören Beiträge zu ausländischen Kranken- und Pflegeversicherungen. Die **Zeile 36** fragt nach Beiträgen, aus denen sich ein Krankengeldanspruch ergibt (→ Seite 70).

WICHTIG: Wenn Eltern Versicherungsbeiträge für Kinder in ihrer eigenen Steuererklärung geltend machen, entfällt der Abzug als Vorsorgeaufwendungen beim Kind. Das kann dazu führen, dass das Kind eine eigene Steuererklärung einreichen muss, beispielsweise bei einer Ausbildungsvergütung von mehr als 11 600 Euro. In der Regel ist es dennoch günstiger, wenn die Eltern die Versicherungsbeiträge berücksichtigen.

43 bis 48: Freibeträge übertragen

Der 2019 auf 4 980 Euro erhöhte Kinderfreibetrag steht jedem Elternteil zur Hälfte zu. Er ist übertragbar, zum Beispiel auf den anderen Elternteil oder auf Großeltern und Stiefeltern. Der wohl häufigste Fall: Ein Elternteil beantragt die Übertragung des zweiten halben Kinderfreibetrags auf sich selbst mit dem Eintrag der Ziffer „1" in **Zeile 43**, weil der andere Elternteil seine Unterhaltsverpflichtungen nicht erfüllt hat. Das funktioniert, wenn weniger als 75 Prozent des Unterhalts ankommen und entsprechende Nachweise vorliegen (etwa Kontoauszüge, Urteile). Auch wenn der andere Elternteil nicht zum Unterhalt verpflichtet ist, weil er das finanziell nicht schafft, ist die Übertragung seiner Hälfte des Kinderfreibetrags möglich. **Zeile 44** fragt für diesen Fall, wie lange Unterhaltsvorschuss gezahlt wurde. Der kann unter bestimmten Voraussetzungen bis zum 18. Lebensjahr des Kindes vom Alleinerziehenden bezogen werden. Der Betreuungsfreibetrag (**Zeile 45**) heißt offiziell „Freibetrag für Betreuungs- und Erziehungs- oder Ausbildungsbedarf". Das ist eine Aufstockung des Kinderfreibetrags um 1 320 Euro für jeden Elternteil oder um 2 640 Euro pro

Kind für beide Eltern zusammen. Seine Übertragung wird hier mit der Ziffer „1“ beantragt. Die Möglichkeit besteht in der Regel für minderjährige Kinder, die nur bei einem Elterteil gemeldet sind. Beteiligt sich der andere Elternteil an den Betreuungskosten oder betreut das Kind ebenfalls, kann er der Übertragung widersprechen. Das 2014 eingeführte „Betreuungsgeld“ taucht hier nicht auf. Es gilt nicht als steuerliche Leistung.

Den Antrag auf Übertragung des Kinderfreibetrags stellen Großeltern in **Zeile 46 oder 47** der Anlage Kind. Das Finanzamt berücksichtigt ihn, wenn der abgebende Elternteil zugestimmt hat (**Zeile 47**). Der gibt seine Zustimmung in einer gesonderten Anlage K und trägt in seiner Steuererklärung eine 1 in **Zeile 48** ein. **Zeile 46** nutzen Großeltern, wenn eine Anlage K nicht vorliegt und sie ihr Enkelkind in ihren Haushalt aufgenommen haben oder für das Enkelkind unterhaltspflichtig sind.

Zeile 49 bis 54: Für Alleinerziehende

Den „Entlastungsbetrag für Alleinerziehende“ können alleinstehende Eltern nutzen, wenn zu ihrem Haushalt mindestens ein Kind gehört, für das ihnen Kindergeld oder ein Kinderfreibetrag zusteht. Der Entlastungsbetrag beläuft sich auf 1908 Euro für das erste Kind. Für jedes weitere Kind gibt es 240 Euro mehr, für zwei Kinder sind es also 2148 Euro (1908 plus 240).

TIPP: Den sogenannten Entlastungsbetrag gibt es für jeden vollen Monat, auch wenn die Voraussetzungen für nur einen Tag vorgelegen haben.

	Entlastungsbetrag für Alleinerziehende		vom	bis
49	Das Kind war mit mir in der gemeinsamen Wohnung gemeldet	42	0101	3112
50	Für das Kind wurde mir Kindergeld ausgezahlt	44	0101	3112

Anspruch hat grundsätzlich derjenige Elternteil, bei dem das Kind gemeldet ist und der das Kindergeld erhält. Arbeitnehmer mit Lohnsteuerklasse II machen den Freibetrag bereits über den laufenden Lohnsteuerabzug geltend.

Knackpunkt ist der Begriff „alleinstehend". Das sind Menschen, die neben anderen Bedingungen „keine Haushaltsgemeinschaft mit einer anderen volljährigen Person bilden" dürfen. Es sind also vor allem ledige, geschiedene, getrennt lebende oder verwitwete Eltern, die mit den Kindern tatsächlich alleine leben.

In **Zeile 49** gehört, wie lange das Kind in der Wohnung des Alleinerziehenden gemeldet war, und **Zeile 50** fragt, wie lange dem beantragenden Elternteil für das betreffende Kind in diesem Jahr Kindergeld ausgezahlt wurde. Hält sich ein Kind in etwa gleichem Umfang in den Haushalten beider getrennt lebender Elternteile auf, können Eltern einvernehmlich bestimmen, dass derjenige den Entlastungsbetrag beantragt, der damit die größere Steuerersparnis erzielt (Az. des BFH III R 79/08). Das funktioniert aber nur, wenn nicht einer der beiden bereits nach Lohnsteuerklasse II besteuert wurde. In **Zeile 51 und 52** fragt das Formular auf ziemlich verschwiemelte Art, ob und wie lange eine Haushaltsgemeinschaft mit anderen Erwachsenen bestand. Bei der Antwort „Ja" (Ziffer „1") wird der Entlastungsbetrag sofort gestrichen.

Ausdrücklich ausgenommen vom „Haushaltsgemeinschaftsverbot" sind erwachsene Kinder, die zum Haushalt gehören und für die dem alleinerziehenden Elternteil Kindergeld zusteht, weil sie beispielsweise noch in einer Berufsausbildung stehen oder studieren. Alle anderen Mitglieder der Haushaltsgemeinschaft gefährden den Entlastungsbetrag, der neue Freund genauso wie die alte kranke Mutter oder auch das erwachsene Kind, das nunmehr endlich seine Ausbildung abgeschlossen hat, aber weiter die Füße unter Mutters Tisch steckt. Prüfen Sie deshalb Ihre Meldeverhältnisse und tilgen Sie gegebenenfalls verflossene Untermieter, Ex-Lover oder andere Abgänge. Wenn das erwachsene Kind nicht mehr zu Hause wohnt, sondern beispielsweise bei der Freundin, in einer WG oder bei der Oma um die Ecke, kann der Entlastungsbetrag für minderjährige Geschwister gerettet werden. Auch ein neuer Partner sollte mit einer Ummeldung nichts überstürzen. **Zeile 53 und 54** fragt nach näheren Angaben zu den Menschen, mit denen eine (oder hoffentlich keine) Haushaltsgemeinschaft gebildet worden ist.

TIPP: Geschiedene oder getrennt lebende Eltern mit zwei oder mehr Kindern können beide jeweils einen Entlastungsbetrag erhalten, wenn mindestens eins der Kinder ausschließlich bei ihnen im Haushalt lebt.

Zeile 61 bis 64: Freibetrag für auswärtige Ausbildung

Amtlich nennt er sich „Freibetrag zur Abgeltung des Sonderbedarfs". Abgekürzt wird er auch „Bedarfsfreibetrag" genannt und beläuft sich auf 924 Euro im Jahr. Dieser Freibetrag steht nur Eltern mit Kindergeldanspruch zu, deren Kinder mindestens 18 und „auswärtig untergebracht" sind und die einer Berufsausbildung nachgehen. Häufiger Streitpunkt ist die „auswärtige Unterbringung". Die bedeutet, dass das Kind außerhalb der elterlichen Wohnung lebt und wohnt. Das kann im gleichen Ort sein, bei der Freundin oder bei der Oma. „Auswärtig untergebracht" ist ein Kind übrigens auch, wenn es in der Woche am Ausbildungsort wohnt, etwa in einem Internat, und am Wochenende bei den Eltern.

In **Zeile 61** erfragt das Formular, wie lange das Kind außerhalb der elterlichen Wohnung lebte, denn es gibt den Freibetrag nur für die Monate, in denen diese Voraussetzung zutraf. Beendete zum Beispiel ein Azubi seine auswärtige Lehre im Juli, steht der Bedarfsfreibetrag den Eltern nur für die sieben Monate von Januar bis einschließlich Juli zu. Das sind sieben Zwölftel des Jahresbetrags, also 539 Euro (924 durch 12 mal 7). **Zeile 62** fragt nach einer Unterbringung im Ausland. Besucht das Kind beispielsweise eine Schule in den USA, steht der Freibetrag den Eltern auch während dieser Zeit in voller Höhe zu. Lebt das Kind bei der Mutter in der Türkei, wird er auf die Hälfte gekürzt (→ Tipp unten). Die Anschrift der in- oder ausländischen Unterkunft gehört in **Zeile 63**. Eltern, die keine gemeinsame Steuererklärung abgeben, können den Bedarfsfreibetrag in **Zeile 64** nach Wunsch untereinander aufteilen. Dazu ist ein von beiden unterschriebener Antrag auf einem beigefügten Blatt erforderlich.

	Freibetrag zur Abgeltung eines Sonderbedarfs bei Berufsausbildung eines volljährigen Kindes						
			1. Zeitraum vom	bis		2. Zeitraum vom	bis
61	Das Kind war auswärtig untergebracht	85	0101	3107	86	TTMM	TTMM
62	Es handelte sich zumindest zeitweise um eine auswärtige Unterbringung im Ausland	87		1 = Ja			
63	Anschrift(en), Staat(en) – falls im Ausland: 08150 LERNWALDE, INTERNATSWEG 13						

Eltern erhalten den Freibetrag für auswärtige Ausbildung unabhängig von der Höhe des Einkommens des Kindes. Betroffene Eltern sollten deshalb **Zeile 61 bis 64** unbedingt ausfüllen.

→ **TIPP:** Eine sogenannte Ländergruppeneinteilung gibt Auskunft über die Höhe des Freibetrags im jeweiligen Aufenthaltsland. Die finden Sie unter www.test.de/Steuerratgeber-Extra oder www.bundesfinanzministerium.de (Suchbegriff „Ländergruppeneinteilung“ eingeben). Dort erfahren Sie, in welchen Ländern es den Freibetrag in voller Höhe, zu drei Vierteln, zur Hälfte oder zu einem Viertel gibt.

Zeile 65 bis 67: Schulgeld

Eltern dürfen Schulgeld für Privatschulen geltend machen. Das Finanzamt akzeptiert davon maximal 30 Prozent. Um auf den Höchstbetrag von 5 000 Euro zu kommen, müssen Eltern mindestens etwa 16 667 Euro Schulgeld ausgegeben haben (16 667 mal 30 Prozent ist 5 000). Kosten für Unterkunft (zum Beispiel in einem Internat), Betreuung und Verpflegung, Schulbücher oder Schulkleidung berücksichtigt das Finanzamt nicht.

Begünstigt sind nicht nur Schulen in Deutschland, sondern auch Schulen im EU-Ausland und deutsche Schulen weltweit. In **Zeile 65** gehören die Adresse der Privatschule und alle abzugsfähigen Aufwendungen. Tragen Sie das gesamte Schulgeld ein; das Finanzamt kürzt von sich aus auf 30 Prozent. Elternteile, die keine gemeinsame Steuererklärung abgeben, tragen in **Zeile 66** den von ihnen tatsächlich gezahlten Betrag ein. Sie können den Höchstbetrag in **Zeile 67** unter sich beliebig aufteilen. Das Finanzamt will dazu aber einen von beiden unterschriebenen Antrag auf einem beigefügten Blatt sehen. Stellen sie keinen Antrag, ordnet das Finanzamt die Ausgaben jedem Elternteil zur Hälfte zu.

BEACHTE: Studiengebühren einer privaten, staatlich anerkannten Fachhochschule gelten nicht als Schulgeld, hat der Bundesfinanzhof entschieden (Az. X R 32/15).

Zeile 68 bis 72: Behinderten- und Hinterbliebenen-Pauschbeträge übertragen

Die Einzelheiten zum Behinderten- und Hinterbliebenen-Pauschbetrag lesen Sie auf Seite 49. Wenn Kinder keine nennenswerten eigenen Einkünfte haben, bringen ihnen diese Pauschbeträge steuerlich nichts. Deshalb können Eltern solche Freibeträge des Kindes auf sich selbst übertragen lassen. In **Zeile 68** gehören Status und Behinderungsgrad entsprechend den Dokumenten (zum Beispiel Ausweis des Versorgungsamts), sowie deren Gültigkeitsdaten. Das Ausstellungsdatum spielt keine Rolle mehr. Fügen Sie Kopien der Dokumente bei, wenn dem Finanzamt dazu bisher nichts vorliegt.

Die Pauschbeträge von Kindern sind auf Eltern, Groß- oder Stiefeltern übertragbar, wenn denen für das Kind ein Kinderfreibetrag oder Kindergeld zusteht. Väter und Mütter, die keine gemeinsame Steuererklärung abgeben, können die Pauschbeträge einvernehmlich per formlosem Antrag untereinander aufteilen. Der Prozentsatz, der dabei berücksichtigt werden soll, gehört in **Zeile 72**.

Zeile 73 bis 79: Kinderbetreuungskosten

Elternpaare und Alleinerziehende dürfen bis 6 000 Euro pro Kind und Jahr als Kinderbetreuungskosten steuerlich geltend machen. Von den Betreuungskosten erkennt das Finanzamt zwei Drittel, also maximal 4 000 Euro als Freibetrag an. Voraussetzung: Das Kind hat seinen 14. Geburtstag noch nicht gefeiert. Für behinderte Kinder gelten keine Altersgrenzen. Die Behinderung muss allerdings vor dem 25. Lebensjahr entstanden sein (→ Info-Kasten Seite 137). Eltern dürfen Kinderbetreuungskosten von der Geburt bis zum 14. Geburtstag des Kindes als Sonderausgaben geltend machen. Den Begriff „Kinderbetreuungskosten" engt das Finanzamt aber weiterhin auf den Aufwand für unmittelbar betreuende Tätigkeiten ein, etwa auf Ausgaben für Kinderkrippe, Kindergarten, Hort, Tagesmutter, Internat oder Babysitter. Sachleistungen wie Essen und Aktivitäten, die nicht der unmittelbaren Betreuung dienen, bleiben ungefördert.

In **Zeile 73** gehören Name und Anschrift der Kita, Tagesmutter oder anderer betreuender Personen oder Einrichtungen, der Zeitraum der Betreuung und die abzugsfähigen Gesamtkosten. Sollte eine Zeile nicht ausreichen, weil es sich um unterschiedliche Betreuer oder Zeiträume handelt, hilft eine formlose Anlage mit allen Angaben weiter. Haben Eltern zum Beispiel 3 000 Euro Elternbeitrag an die Kita gezahlt, schreiben sie 3 000 Euro in **Zeile 73**. Das Finanzamt berücksichtigt zwei Drittel davon, also 2 000 Euro. **Zeile 74** fragt nach dem steuerfreien Ersatz von Betreuungskosten, beispielsweise durch den Arbeitgeber. Der kann Kosten für

INFO: Tipps zu den Kinderbetreuungskosten

- **Alleinerziehende**
  Sie dürfen Kinderbetreuungskosten in gleicher Höhe wie zusammenlebende Eltern geltend machen.
  Sie sollten besonders darauf achten, dass ein Kind auch offiziell zu ihrem Haushalt gehört. Dazu muss es im Haushalt leben und in der Regel dort auch gemeldet sein.
  Ist das Kind bei beiden Eltern gemeldet, wird es es üblicherweise zum Haushalt desjenigen zugeordnet, der das Kindergeld erhält.
  Auch wenn jemand mit seinem Kind bei den Eltern, Großeltern oder in einer WG wohnt, gehört das Kind zu seinem Haushalt.
- **Betreuungspersonal**
  Wer ein Kind betreut, ist dem Finanzamt egal, solange es sich um jemanden handelt, der die Betreuung leisten kann. Das gilt auch für nahe Verwandte (zum Beispiel Oma und Opa).
  Damit das Finanzamt bei innerfamiliären Abmachungen mitspielt, sollte es klare (am besten schriftliche) Vereinbarungen über Leistung und Gegenleistung geben, wie sie auch unter Fremden üblich sind.
- **Behinderte Kinder**
  Für behinderte Kinder gilt die Altersbegrenzung bis zum 14. Lebensjahr nicht. Voraussetzung ist in der Regel ein Behinderungsgrad von mindestens 50. Die Behinderung muss bis zum Alter von 25 Jahren eingetreten sein. Als Nachweis dient in der Regel der Schwerbehindertenausweis.
- **Höchstbetrag**
  Eine Kürzung der höchstens absetzbaren zwei Drittel von 6 000 Euro erfolgt auch dann nicht, wenn die Betreuung weniger als 12 Monate im Jahr stattfand. Wer beispielsweise nur von April bis Juni Betreuungskosten hatte, kann ebenfalls bis 6 000 Euro geltend machen.
- **Nachweise**
  Eltern dürfen Betreuungskosten nicht bar bezahlen, sondern müssen sie überweisen. Als Nachweise gegenüber dem Finanzamt brauchen sie eine Rechnung der betreuenden Stelle, zum Beispiel der Tagesmutter, und den Überweisungsbeleg der Bank. Sie müssen diese Nachweise der Steuererklärung nicht mehr automatisch beifügen, brauchen sie aber, wenn das Finanzamt sie sehen will.

die Betreuung des Nachwuchses seiner Mitarbeiter in unbegrenzter Höhe übernehmen, solange die Kinder noch nicht schulpflichtig sind. Wenn alle Voraussetzungen stimmen, bleibt diese Unterstützung lohnsteuer- und sozialversicherungsfrei.

TIPP: Übernimmt der Arbeitgeber die Kindergartenkosten des Arbeitnehmers, bringt das sowohl den Eltern als auch der Firma finanzielle Vorteile (→ Seite 194).

Mit **Zeile 75 bis 76** prüft das Finanzamt, ob und wie lange ein gemeinsamer Haushalt bestand und ob und wie lange das Kind dazugehörte. Bei nicht zusammen lebenden Eltern darf derjenige Kinderbetreuungskosten absetzen, bei dem das Kind lebt. Dabei ist der Steuervorteil bei demjenigen am größten, der die höhere Einkommensteuer zahlt. Eltern, die keine gemeinsame Steuererklärung abgeben, tragen in **Zeile 78** die Höhe der vom ausfüllenden Elternteil getragenen Kosten ein. In **Zeile 79** können sie den Höchstbetrag der Betreuungskosten für ein gemeinsames Kind einvernehmlich aufteilen. Das empfiehlt sich zum Beispiel dann, wenn ein Elternteil einen pauschal versteuerten Minijob hat und der andere sozialversicherungspflichtig beschäftigt ist. Nur Letzterer kann den Steuervorteil überhaupt nutzen. Dazu muss ein von beiden unterschriebener formloser Antrag beigelegt werden. Hier ist aber Vorsicht geboten. Der Bundesfinanzhof hat entschieden, dass bei nicht verheirateten Eltern nur der Elternteil, der den Vertrag mit der Betreuungseinrichtung abgeschlossen hat und die Gebühren zahlt, die Kosten auch absetzen darf (Az. III R 79/09). Die Finanzverwaltung hat sich dem im Prinzip angeschlossen. Elternpaare ohne Trauschein sollten auf der Hut sein und rechtzeitig untereinander regeln, dass möglichst der Elternteil mit dem höheren Einkommen den Betreuungsvertrag abschließt und die Kosten von seinem Konto überweist.

Anlage AV: Für Riester-Verträge

Die Anlage AV (Altersvorsorge) füllen Arbeitnehmer und Beamte aus, die mindestens einen Riester-Vertrag abgeschlossen haben. Sie haben in der Regel bereits ihre Altersvorsorgezulage über den Anbieter von Riester-Verträgen beantragt und die Zulage wird auf ihr Sparkonto überwiesen.

NEU: Die Sozialversicherungsnummer sowie die Anzahl der Verträge und die eingezahlten Beiträge werden in der Steuererklärung 2019 nicht mehr abgefragt.

Mit der Anlage AV beantragen Sie beim Finanzamt zusätzlich den Sonderausgabenabzug für die Riester-Beiträge und die Zulagen. Die Riester-Förderung läuft nämlich doppelgleisig. Für 2019 gibt es 175 Euro Grundzulage pro Sparer und Jahr. Für jedes Kind kommen jährlich 185 Euro Kinderzulage hinzu, für ab 2008 geborene Kinder sogar 300 Euro. Für die Zulage ist die Anlage AV nicht erforderlich. Zusätzlich steht aber ein Sonderausgabenabzug bis 2100 Euro zur Verfügung und den gibt es nur per Anlage AV. Damit prüft das Finanzamt, ob Zulage oder Sonderausgabenabzug mehr entlasten und gewährt die günstigere Förderung. Voraussetzung ist natürlich, dass der Behörde eine Anlage AV überhaupt vorliegt.

Jeder pflichtversicherte Arbeitnehmer und jeder Beamte ist „unmittelbar begünstigt". Diese Förderung kommt für weitere Menschen wie beispielsweise pflichtversicherte Selbstständige, Arbeitslose oder Erwerbsminderungsrentner infrage. Die „mittelbar Begünstigten" können derzeit nur in ihrer Eigenschaft als Ehe- oder Lebenspartner die Riester-Förderung nutzen, wenn ihr Partner zu den unmittelbar begünstigten Personen zählt. Das sind zum Beispiel Gewerbetreibende, Freiberufler, Hausfrauen,

Hausmänner, freiwillig Versicherte, Altersrentner, pauschal versicherte Minijobber (→ dazu auch das ausgefüllte Formular Seite 277).

Zeile 1 bis 15: Grunddaten und Einnahmen

Zeile 1 bis 4 lassen sich relativ einfach ausfüllen. In **Zeile 4** tragen nur noch Versicherte in der landwirtschaftlichen Alterssicherung die Mitgliedsnummer ein. Die bisherige Angabe der Sozialversicherungsnummer entfällt ebenso wie die bisherigen Zeilen 6 bis 8 mit den Angaben wie etwa die eingezahlten Beiträge. Diese Daten übernimmt das Finanzamt automatisch aus der Datenübermittlung des Anbieters. Wegen der Änderungen ändern sich im neuen Vordruck die Zeilennummern der nachfolgenden Abfragen.

In **Zeile 5** tragen ausschließlich unmittelbar Begünstigte die Ziffer „1“ ein. Nur sie müssen bis **Zeile 14** Angaben zu ihren Einnahmen machen. Die will das Amt kontrollieren, weil es die volle Förderung nur gewährt, wenn die unmittelbar Begünstigten mindestens 4 Prozent ihres rentenversicherungspflichtigen Bruttolohns des Vorjahrs in einen Riester-Vertrag eingezahlt haben. Hatte ein alleinstehender, kinderloser Arbeitnehmer 2018 einen Bruttolohn von 35 000 Euro, trägt er den in **Zeile 6** ein.

Berechnungsgrundlagen

– Bei Zusammenveranlagung: Bitte die Art der Begünstigung (unmittelbar / mittelbar) beider Ehegatten / Lebenspartner angeben. –

		stpfl. Person / Ehemann / Person A		Ehefrau / Person B	
5	**Ich bin für das Jahr 2019 unmittelbar begünstigt.** (Bitte die Zeilen 6 bis 14 ausfüllen.)	106	1 — 1 = Ja	306	1 = Ja
			EUR		EUR
6	Beitragspflichtige Einnahmen i. S. d. inländischen gesetzlichen Rentenversicherung **2018**	100	35000,–	300	,–
7	Inländische Besoldung, Amtsbezüge und Einnahmen beurlaubter Beamter **2018** (Ein Eintrag ist nur erforderlich, wenn Sie eine Einwilligung gegenüber der zuständigen Stelle abgegeben haben.)	101	,–	301	,–

Für die volle Förderung müsste der Arbeitnehmer mindestens 4 Prozent von 35 000 Euro in einen Riester-Vertrag einzahlen. Das sind 1 400 Euro. Tatsächlich zahlen muss er aber nur 1 225 Euro, weil die Zulage in Höhe von 175 Euro von den 1 400 Euro abgezogen wird (1 400 minus 175 ist 1 225). Zahlt der Arbeitnehmer weniger ein, gibt es weniger Zulage. Würde er et-

wa anstelle des für ihn erforderlichen Mindestbeitrags von 1 225 Euro nur die Hälfte einzahlen (612,50 Euro), würde die Zulage ebenfalls auf die Hälfte gekürzt (87,50 statt 175 Euro). Zahlt der Arbeitnehmer mehr ein, sind zusätzliche 700 Euro als Sonderausgaben abzugsfähig (2 100 Euro geförderter Höchstbetrag minus 1400).

Was Arbeitnehmer in **Zeile 6** eintragen müssen, ergibt sich aus der Meldung des Arbeitgebers an die Sozialversicherung. Lohnersatzleistungen (→ Seite 200) gehören nicht hierher, sondern separat in **Zeile 8**. Für Beamte sind vor allem **Zeile 7 und 11** wichtig. **Zeile 7** füllen aktive und beurlaubte Beamte, Richter und Berufssoldaten mit den entsprechenden Bezügen des Jahres 2018 aus.

Mittelbar begünstigte Ehe- oder Lebenspartner tragen hier nichts ein, denn ihr Einkommen hat auf die Förderung keinen Einfluss. Sie stimmen erst in **Zeile 15** mit „Ja" ab (Ziffer „2"). Für die Förderung müssen alle mittelbar begünstigten Partner einen Mindestbetrag von 60 Euro im Kalenderjahr einzahlen.

Zeile 16 bis 20: Zulagen für Kinder

Verheiratete Elternehepaare füllen bei Zusammenveranlagung für ihre gemeinsamen Kinder die **Zeile 16 oder 17** aus, und zwar unterschieden danach, ob die Kinder (wie üblich, **Zeile 16**) der Mutter zugeordnet werden oder auf Antrag der Eltern dem Vater (**Zeile 17**). Die Zuordnung für die Kinderzulagen erfolgt unabhängig davon, an wen das Kindergeld ausgezahlt wird.

Wählen die Eltern die Einzelveranlagung, trägt nur der Elternteil das Kind in seine Anlage AV ein, der die Kinderzulage erhalten soll. Ist das die Mutter, füllt sie **Zeile 17** aus. Soll die Kinderzulage bei Einzelveranlagung dem Vater zugeordnet werden, ist die Zahl der Kinder in die neue **Zeile 18** einzutragen.

Bei gleichgeschlechtlichen Paaren mit gemeinsamen Kindern gelten die Einträge entsprechend der Reihenfolge der Namen im Hauptvordruck für Person A oder B. Soll die Kinderzulage Person B erhalten, erfolgt der Eintrag in **Zeile 16**, für Person A in **Zeile 17**. Wenn die Partner die Einzelveranlagung wählen, trägt nur derjenige die Kinder in seine Anlage AV ein, der auch die Kinderzulagen erhalten soll.

Elterpaare müssen beachten, dass Sie die Zuordnung der Kinder in der Steuererklärung und im Zulagenantrag einheitlich vornehmen.

Alle anderen Eltern, die nicht miteinander verheiratet sind oder eine eingetragene Lebenspartnerschaft haben, nutzen **Zeile 19 bis 20**. Der im Formular abgefragte „erste Anspruchszeitraum 2019" ist in der Regel der Januar. Mit dieser Vorgabe in **Zeile 19** versucht die Verwaltung, bei Wechseln des Kindergeldberechtigten die Übersicht zu behalten.

Zeile 31 bis 48

Die Seite 2 der Anlage AV mit der Frage, für welche Altersvorsorgeverträge kein Sonderausgabenabzug geltend gemacht werden soll, ist neu. Die Anbieter sind ab 2019 verpflichtet, die Beiträge von allen Verträgen elektronisch zu melden. Arbeitnehmer und Beamte können der Datenübermittlung nicht mehr widersprechen. Die steuerliche Förderung führt später bei der Auszahlung zur „nachgelagerten" Besteuerung. Das bedeutet, dass die späteren Rentenzahlungen aus dem Riestervertrag zu 100 Prozent besteuert werden. Wer das vermeiden will, kann in den **Zeilen 31 bis 48** für bestimmte Verträge auf den Abzug als Sonderausgaben zu verzichten. Riestersparer dürfen dann für diese Verträge jedoch auch keine Zulagen beantragen. Von den späteren Auszahlungen ist dann nur ein geringer Ertragsanteil steuerpflichtig. Erfolgen die Auszahlungen ab dem 65. Lebensjahr, beträgt der steuerpflichtige Ertragsanteil beispielsweise 18 Prozent.

Anlage Unterhalt: Für Helfer

Unterhalt an Bedürftige

Für den Unterhalt an unterhaltsberechtigte Verwandte, etwa an Kinder, Enkel oder Eltern, gilt 2019 ein Höchstbetrag von 9168 Euro. Es geht dabei um Hilfe zum Lebensunterhalt, etwa für Nahrung, Kleidung, Unterkunft oder Ausbildung (→ ausgefülltes Formular Seite 280). Diese Abzugsmöglichkeit ist neben der Unterhaltsverpflichtung an weitere Voraussetzungen gebunden, vor allem muss der Empfänger „bedürftig“ sein. Er darf kein eigenes Vermögen über 15500 Euro haben. Selbstgenutztes Wohneigentum spielt aber bei dieser Höchstgrenze keine Rolle, wenn es der Situation angemessen und kein „Palast“ ist. Auch das eigene Einkommen des Unterstützten muss angegeben werden. Jeder Euro über dem Betrag von 624 Euro mindert den als Unterhalt abzugsfähigen Betrag. Erreicht das eigene Einkommen des Unterstützten 9792 Euro (9168 plus 624), ist kein Unterhalt mehr absetzbar. Ausnahme: Beiträge zur Kranken- und Pflegeversicherung zählen zusätzlich. Ferner darf niemandem Kindergeld oder ein Kinderfreibetrag für den Unterstützten zustehen. Eltern können Unterhaltszahlungen an ihre Kinder in der Regel erst dann geltend machen, wenn diese 18 bzw. 25 Jahre alt sind (→ Seite 125). Zum Einkommen des Unterstützten gehört fast alles, was ihm an Geld- oder Sachleistungen zufließt, auch Sozial- oder Lohnersatzleistungen wie Elterngeld, Arbeitslosengeld oder auch der Lohn aus einem Minijob. Für jeden unterstützten Haushalt ist eine gesonderte Anlage Unterhalt erforderlich.

→ **TIPP:** Zusätzlich zum Höchstbetrag von 9168 Euro dürfen für den Unterstützten gezahlte Beiträge zur Kranken- und Pflegeversicherung als Unterhalt geltend gemacht werden.

→ Zum Beispiel Elvira E.

Die alleinstehende Beamtin unterstützt ihren 28-jährigen, auswärts studierenden Sohn Erik mit 400 Euro im Monat. Kindergeld bekommt sie nicht mehr, weil der Sohn älter als 25 ist. Erik arbeitet an Wochenenden als angestellter Kellner, dafür erhält er im Jahr insgesamt 3 000 Euro Einkünfte aus nichtselbstständiger Tätigkeit. Andere Einkünfte hat er nicht. Elvira kann die 4 800 Euro (400 mal 12), die sie Erik im Jahr zukommen lässt, voll als außergewöhnliche Belastung geltend machen.

Eriks Einkünfte	**3 000**
minus pauschaler anrechnungsfreier Betrag	–624
Eriks anzurechnende Einkünfte	2 376
Unterhaltshöchstbetrag	9 000
minus Eriks anzurechnende Einkünfte (3000 minus 624)	–2 376
Elviras höchstmöglicher Abzugsbetrag (9 000 minus 2 376)	6 624
tatsächlich von Elvira gezahlter Unterhalt (400 mal 12)	4 800
von Elvira absetzbarer Unterhalt (alle Angaben in Euro)	**4 800**

Als Unterhalt gelten nicht nur Geldzahlungen, sondern auch Sachleistungen. Würde Erik kostenlos bei Elvira leben und wohnen, ginge das Finanzamt in der Regel ohne weiteren Nachweis vom Unterhaltshöchstbetrag von 9 000 Euro aus und Elvira würde so ihren höchstmöglichen Abzugsbetrag erhalten.

Übrigens dürfen seit 2010 Sozialversicherungsbeiträge des Unterstützten bei der Berechnung seiner Einkünfte und Bezüge nicht mehr abgezogen werden. Dafür darf der Unterstützer Beiträge zur Kranken- und Pflegeversicherung des Unterstützten zusätzlich zum Höchstbetrag geltend machen.

Auch Menschen, die nicht unterhaltsberechtigt sind, können ausnahmsweise steuersparend unterstützt werden, etwa Lebenspartner ohne Trauschein, denen wegen der Partnerschaft staatliche Zuwendungen wie Sozialhilfe gekürzt oder gestrichen wurden. Es kann sich übrigens lohnen, in Sachen Unterhalt beim ersten Antrag einen Steuerprofi zu befragen, denn einige Regeln sind ziemlich verzwickt und unübersichtlich, besonders die Bestimmungen zur Anrechnung der eigenen Einkünfte und Bezüge des Unterstützten, zur Bewertung seines Vermögens und zu Unterhaltszahlungen ins Ausland. Arbeitnehmer füllen die Anlage Unterhalt aus, wenn sie ihre Unterstützung für Bedürftige als außergewöhnliche Belastung absetzen wollen (→ auch das ausgefüllte Musterformular auf Seite 280).

Zeile 1 bis 6: Allgemeine Angaben

Name und Steuernummer des Unterstützers gehören in **Zeile 1 bis 3**. Für jeden unterstützten Haushalt ist eine gesonderte Anlage Unterhalt erforderlich. Wer mehrere Anlagen Unterhalt abgibt, schreibt in das rechte Feld in **Zeile 3** die laufende Nummer der entsprechenden Anlage. In **Zeile 4** gehört die Anschrift des unterstützten Haushalts. Nur wenn der im Ausland liegt, ist eine Eintragung in **Zeile 5** erforderlich. In **Zeile 6** kommt die Anzahl der Menschen, die im unterstützten Haushalt leben, egal ob sie unterhaltsberechtigt sind oder nicht.

Zeile 7 bis 16: Unterhaltsleistungen

In **Zeile 7** schreiben Sie, von wann bis wann Sie 2018 Unterhalt gezahlt haben. Die Summe kommt in das rechte Feld. **Zeile 8** will den genauen Zeitpunkt der ersten Zahlung wissen. War der zum Beispiel Weihnachten 2017, wird die Zahlung für 2018 nicht anerkannt. Kam die erste Zahlung im März 2018, verringert sich der Höchstbetrag auf maximal zehn Zwölftel von 9 000 Euro, das wären in diesem Fall 7 500 Euro (9 000 durch 12 mal 10). Je eher die Zahlung beginnt, umso mehr ist absetzbar. Eine Kürzung gibt es nicht, wenn der im Ausland lebende Ehegatte unterstützt wird.

Zeile 9 bis 10 ist nur auszufüllen, wenn die Unterhaltszahlung einmal im Jahr unterbrochen und wieder aufgenommen wurde. Häufigere Unterbrechungen gehören auf ein separates Blatt. Für die Zahlungen will das Amt in der Regel Nachweise sehen.

Seit 2010 dürfen zusätzlich zum Höchstbetrag für den Unterstützten gezahlte Beiträge zur Kranken- und Pflegeversicherung als Unterhalt geltend gemacht werden. Das passiert in **Zeile 11 bis 16**, und zwar in der Weise und mit den Beschränkungen, die generell gelten und bei den Erläuterungen zur Anlage Vorsorgeaufwand ab Seite 70 beschrieben sind.

Zeile 17 bis 26: Zahlungen ins Ausland

Hier geht es um Unterhaltszahlungen an Personen im Ausland. Es wird etwas komplizierter, denn es gelten teilweise andere Bestimmungen und Nachweispflichten. Nachweise müssen der Steuererklärung aber erstmals nicht mehr beigelegt, sondern lediglich vorgehalten werden (→ zum Beispiel die **Zeilen 17, 18, 21**).

Das Amt hat die Welt in vier Ländergruppen aufgeteilt. Wie viel Unterhalt abzugsfähig ist, hängt davon ab, in welchem Land der Unterstützte wohnt. In **Zeile 17 bis 20** müssen Unterstützer angeben, wie, wann und wie viel sie gezahlt haben. In **Zeile 21 bis 25** geht es ausschließlich um Zahlungen an den Ehe-/Lebenspartner, die im Rahmen von Besuchsreisen erfolgt sind. In **Zeile 26** trägt der Unterstützer seinen Nettolohn ein. Das Amt will prüfen, ob die Unterhaltszahlung so hoch ausfällt, dass der eigene Lebensunterhalt des Unterstützers gefährdet wird.

TIPP: Wie viel Unterhalt für Personen in ihrem jeweiligen Aufenthaltsland abzugsfähig ist, lässt sich mit der sogenannten Ländergruppeneinteilung des Bundesfinanzministeriums (BMF) ermitteln, siehe www.test.de/Steuerratgeber-Extra oder www.bundesfinanzministerium.de (Eingabe im Suchfeld: Ländergruppeneinteilung). Das ist entweder so viel wie in Deutschland oder drei Viertel, die Hälfte oder ein Viertel davon.

Zeile 31 bis 44: Angaben zum Unterstützten

Die Fragen in **Zeile 31 bis 35** beziehen sich auf die unterstützte Person. Wer Menschen im Ausland unterstützt, muss die „Bedürftigkeitserklärung" den dortigen Behörden nicht mehr vorlegen, aber die entsprechende Ziffer in **Zeile 34** eintragen. Muster gibt es unter www.formulare-bfinv.de. Betroffene sollten sich rechtzeitig beim Finanzamt oder einem Steuerprofi erkundigen, welche Unterlagen erforderlich sind und wie man die beschaffen kann. **Zeile 35** meint den Partner des Unterstützten.

Lebt die unterstützte Person im Haushalt des Unterstützers, geht das Amt ohne Nachweis davon aus, dass Unterhaltsaufwand bis zum absetzbaren Höchstbetrag entstanden ist (**Zeile 36**). Wer **Zeile 37** bejaht, darf keinen Unterhalt absetzen, wenn und solange ihm oder irgendjemandem für das Kind ein Kinderfreibetrag oder Kindergeld zusteht. Eltern dürfen für ihre Kinder in der Regel erst Unterhaltszahlungen geltend machen, wenn der Nachwuchs älter als 18 beziehungsweise 25 Jahre ist (→ Seite 125). In **Zeile 38 bis 42** wird abgefragt, ob eine der hier aufgeführten Unterhaltsverpflichtungen vorliegt. Das betrifft geschiedene oder getrennt lebende Ehepaare oder Partner einer aufgehobenen Lebenspartnerschaft (**Zeile 38**), den Partner, der im Ausland lebt (**Zeile 39**), die Mutter oder den Vater des gemeinsamen Kindes (bis zu dessen dritten Lebensjahr), die gesetzlich unterhaltsberechtigt sind (**Zeile 40**). In **Zeile 41** geht es um Menschen, die zwar nicht unterhaltsberechtigt sind, denen aber wegen der Partnerschaft Zuwendungen wie Sozialhilfe gekürzt oder gestrichen wurden. In **Zeile 42** gehört das Vermögen, das ein Unterstützter nur begrenzt haben darf (→ Seite 143).

Zeile 43 bis 44 betrifft den Fall, dass sich mehrere Menschen am Unterhalt beteiligt haben. Wenn beispielsweise mehrere Geschwister Unterhalt an ihre Eltern geleistet haben, wird der Höchstbetrag aufgeteilt, und zwar nicht pro Kopf, sondern entsprechend der Höhe der Unterhaltsleistungen.

Zeile 45 bis 54: Einkünfte und Bezüge des Unterstützten

Hierher gehört ziemlich alles, was dem Unterstützten an Einkünften und Bezügen zufließt. Jeder Euro oberhalb von 624 Euro verringert das Abzugsvolumen von Unterhaltsaufwendungen. Zahlt etwa ein Sohn seiner bedürftigen Mutter 9 000 Euro Unterhalt im Jahr, wirken sich davon 6 124 Euro steuerlich aus, wenn die Mutter selbst 3 500 Euro Einkünfte hat (9 000 minus 3 500 plus 624, → auch Beispiel auf Seite 144). Wenn Unterstützte im Ausland leben, verringert sich auch der Betrag von 624 Euro entsprechend der Ländergruppeneinteilung (→ Tipp Seite 147). Die Fragen hier sind relativ gut nachvollziehbar. Unter „Versorgungsbezügen" versteht das Amt Pensionen (**Zeile 45 bis 46**, 5. bis 7. Spalte von links).

Bei Zinsen und anderen Kapitaleinkünften wird danach gefragt, ob sie mit der „normalen" Einkommensteuer besteuert wurden (**Zeile 49 und 50**) oder mit der Abgeltungsteuer (**Zeile 51 und 52**). Worauf es hier ankommt, lesen Sie im nächsten Kapitel.

Mit „öffentlichen Ausbildungshilfen" ist unter anderem der Teil des BAföG gemeint, der als Zuschuss gezahlt wurde (**Zeile 53 und 54**). Zu den Einkünften und Bezügen des Unterstützten gehört übrigens auch das gesamte Elterngeld, nicht nur der Teil des Elterngeldes, der den Sockelbetrag von 300 Euro übersteigt (Az. VI R 57/15). Auf Seite 3 und 4 der Anlage Unterhalt lassen sich die Daten von zwei weiteren Unterhaltsempfängern desselben Haushalts in der gleichen Weise eintragen. Für mehr als drei Unterhaltsempfänger in einem Haushalt ist eine weitere Anlage Unterhalt erforderlich.

Anlage KAP: Für Sparer und Anleger

Die Anlage KAP (wie „Einkünfte aus Kapitalvermögen") können sich viele Arbeitnehmer und Beamte sparen. Die Bank behält von steuerpflichtigen Kapitalerträgen 25 Prozent Steuer ein (plus 5,5 Solidaritätszuschlag und gegebenenfalls Kirchensteuer). Das alles überweist sie direkt an das Finanzamt.

Sparer und Anleger erreichen per Freistellungsauftrag an Banken und andere Finanzinstitute, dass diese ihnen die Zinsen und anderen Kapitalerträgen bis 801 Euro steuerfrei auszahlen. Dieser Sparerpauschbetrag verdoppelt sich für Ehe-/Lebenspartner auf 1602 Euro (→ Seite 155).

Aber von diesen einfach klingenden Regeln gibt es Ausnahmen. Die schreiben einerseits eine Abgabe der Anlage KAP vor, zum Beispiel, wenn von bestimmten Zinsen keine Abgeltungsteuer oder keine Kirchensteuer einbehalten wurde. Andererseits kann sich eine freiwillige Abgabe lohnen, wenn auf Zins & Co. im Jahresverlauf zu viel Steuern bezahlt wurden. Das könnte beispielsweise passieren, weil Freistellungsaufträge bei der Bank nicht oder nicht in der richtigen Höhe gestellt wurden, weil der persönliche Grenzsteuersatz unter 25 Prozent lag (→ Beispiel Seite 151), oder weil Freibeträge nicht genutzt wurden.

Die Anlage KAP war bisher schon der schwierige Versuch, das Universum der Kapitalerträge mit all seinen Spezialfällen auf zwei Formularseiten zu quetschen. Das war unübersichtlich genug. Aber ab 2018 müssen sich Betroffene mit gleich drei Anlagen KAP und insgesamt sechs Formularseiten herumschlagen. Neben der bisher bekannten Anlage KAP entwickelte die Verwaltung die „Anlage KAP-BET" und die „Anlage KAP-INV". „BET" steht für Beteiligungen und „INV" für „Investmenterträge, die nicht dem inländischen Steuerabzug unterlegen haben", wie das Bundesfinanzministerium schreibt. Vor allem handelt es sich um Erträge im Ausland verwahrter Investmentfonds. Eine gute Nachricht gibt es trotzdem: Dank der neuen Anlagen sind komplizierte Beteiligungs- und Auslandssachverhalte aus der Anlage KAP verschwunden. Sie wurde damit für „Normalsparer" etwas übersichtlicher. Die beiden neuen Anlagen betreffen vor allem Spezialisten und Spezialfälle. Wer die ausfüllen muss, sollte professionellen steuerlichen Rat nutzen, zumindest beim ersten Mal. Wir werden auf die neuen Anlagen dort hinweisen, wo es für das Ausfüllen der Anlage KAP erforderlich ist (→ auch das ausgefüllte Musterformular ab Seite 270).

Wichtige Ausfüllhilfen sind die Steuerbescheinigungen, die Banken und andere Finanzdienstleister ihren Kunden ausstellen. Auf den Bescheinigungen sind Kapitalerträge, einbehaltene Steuern und andere Informationen vermerkt und ein ganz wichtiger Hinweis: In welche Zeile der Anlage KAP welche Beträge gehören. Bei Unklarheiten helfen oft Nachfragen bei der Bank oder bei einem Steuerprofi.

Zeile 1 bis 6: Abgabepflicht und Abgabekür

Füllen Sie **Zeile 1 bis 3** mit den persönlichen Angaben aus und kreuzen Sie rechts den Zweck an (Einkommensteuererklärung und/oder Kirchensteuer) und die Person, um die es geht. Bei Ehepaaren/Lebenspartnerschaften will das Finanzamt in der Regel zwei Anlagen KAP sehen, auch wenn ein Partner alle und der andere gar keine Kapitaleinkünfte hat. In **Zeile 4 bis 6** geht es um die Abgabegründe. Die Eintragung der Ziffer „1" in **Zeile 4** beantragt die „Günstigerprüfung". Das Finanzamt prüft dann, ob die Abgeltungsteuer günstiger war als die Versteuerung der Kapitaleinkünfte mit dem persönlichen Steuersatz des Sparers. Hier ist der Grenzsteuersatz entscheidend. Das ist der Steuersatz, mit dem der letzte steuerpflichtige Euro versteuert wird. Hat etwa ein Ehepaar ein zu versteuerndes Einkommen von 42 000 Euro, so wird der 42 000ste Euro derzeit mit rund 27 Prozent Grenzsteuersatz versteuert: Der Fiskus holt sich davon also 27 Cent Einkommensteuer (→ Seite 256). Liegt der persönliche Grenzsteuersatz unter 25 Prozent, zahlt das Finanzamt via Steuererklärung bereits abgeführte Abgeltungsteuer zurück. Das klappt aber nur, wenn das hier mit der Ziffer „1" beantragt wird. Sonst findet keine Günstigerprüfung statt.

Wenn das zu versteuernde Einkommen mit den Kapitaleinkünften nicht mehr als 16 500/33 000 Euro (alleinstehend/verheiratet) beträgt, ist der persönliche Grenzsteuersatz geringer als 25 Prozent. Dann lohnt sich die Günstigerprüfung. Wer wissen will, wie hoch sein persönlicher Grenzsteuersatz ist, kann das mithilfe der Tabelle auf Seite 256 überschlagen und unter www.bmf-steuerrechner.de („Berechnungen und Informationen zur Einkommensteuer") genau feststellen. Hilfe finden Sie auch unter www.test.de. Dort nacheinander „Steuern+Recht", „Steuererklärung", „Grenzsteuersatz" anklicken. Wer im Bereich des Steuersatzes von 25 Prozent liegt, sollte stets die Günstigerprüfung beantragen. Verlieren kann man dabei nie, manchmal aber gewinnen.

→ Zum Beispiel Ulli und Undine U.

Undine ist Hotelangestellte, Ulli schlägt sich als Jazz-Musiker durch. Das Ehepaar kommt auf ein zu versteuerndes Einkommen von 20 000 Euro. Darauf zahlen sie 246 Euro Einkommensteuer und keinen Solidaritätszuschlag. Mithilfe einer Erbschaft hatten sie ordentlich angespart. Ihr gemeinsames Depot warf 5 000 Euro Zinsen und andere Kapitalerträge ab. Nach Abzug des Sparerpauschbetrags von 1 602 Euro führt die Bank von den verbleibenden 3 398 Euro Kapitaleinkünften rund 896 Euro an das Finanzamt ab. So werden sie zunächst mit insgesamt 1 142 Euro zur Kasse gebeten (246 plus 896). Per Anlage KAP holt sich Ehepaar U. 294 Euro der bereits abgeführten Steuern zurück. Grund: Der Grenzsteuersatz von Familie U. (→ Seite 256) liegt mit 19 Prozent deutlich unterhalb des Abgeltungsteuersatzes von 25 Prozent.

zu versteuerndes Einkommen ohne Zinsen	**20 000**
Einkommensteuer auf 20 000 Euro	246
Zinsen	5 000
Abgeltungsteuer auf 3 398 Euro plus Soli (5 000 minus 1 602)	896
gezahlte Einkommensteuer insgesamt (246 plus 896)	1 142
zu versteuerndes Einkommen mit Zinsen (20 000 plus 5 000 minus 1 602)	23 398
Einkommensteuer auf 23 398 Euro	834
Steuererstattung nach Günstigerprüfung (1 142 minus 834, alle Angaben in Euro)	**308**

Höhere Kapitaleinkünfte bleiben steuerfrei, wenn Sparer 65 Jahre oder älter sind und den Altersentlastungsbetrag für Zins & Co. verwenden können (→ Seite 170 und 251). Der Freibetrag wird jährlich abgeschmolzen. Daher können nur Ruheständler, die mindestens 79 Jahre alt sind, den maximalen Betrag von 1 900 Euro steuerfrei erhalten – und zwar zusätzlich zum Sparerpauschbetrag.

Wer in **Zeile 5** die Ziffer „1“ in das Kästchen schreibt, erreicht die Überprüfung seiner im Jahresverlauf bereits an das Finanzamt abgeführten Steuern auf Kapitaleinkünfte. Das kann beispielsweise sinnvoll sein, wenn Abgeltungsteuer abgeführt wurde, obwohl der Sparerpauschbetrag von 801 Euro (Ehepaare 1 602 Euro) nicht ausgeschöpft wurde, weil etwa die Freistellungsaufträge nicht richtig verteilt waren oder weil beim Bank- oder Depotwechsel etwas schiefgelaufen ist. Auch ausländische Quellensteuer lässt sich so zurückholen.

In **Zeile 6** markieren kirchensteuerpflichtige Menschen mit der Ziffer „1“, dass für ihre laufenden Kapitalerträge von der Bank keine Kirchensteuer abgeführt wurde und dass sie das im Rahmen der Steuererklärung nachholen (auch Hauptvordruck Zeile 2 ankreuzen, → Seite 34).

Das betrifft jetzt noch weniger Menschen als vorher. Denn seit 2015 führen Banken und andere Finanzinstitute die Kirchensteuer, die sie im Rahmen der Abgeltungsteuer einbehalten haben, automatisch an den Fiskus ab.

Finanzinstitute und alle anderen, die zum Steuerabzug verpflichtet sind, müssen den Religionsstatus ihrer Kunden oder Zahlungsempfänger zum Stichtag 31. August beim Bundeszentralamt für Steuern (BZSt) abfragen. Die Abfrage erfolgt in der Regel jährlich neu in den Monaten September bis Oktober. Das Ergebnis bildet die Grundlage für den Abzug der Kirchensteuer im Folgejahr. Für das Jahr 2019 gilt also das Abfrageergebnis von 2018.

Wer keiner Religionsgemeinschaft angehört, bleibt ohne Abzug. Ob das tatsächlich funktioniert hat, können Betroffene mithilfe der Mitteilungen der Kreditinstitute überprüfen. Kirchensteuerpflichtige, die bis 30. Juni 2017 eine „Sperrvermerkserklärung" beim BZSt eingereicht hatten, konnten die Datenübermittlung für 2019 verhindern. Der Sperrvermerk löste aber in jedem Fall eine Information des BZSt an das zuständige Finanzamt aus und ist in der Regel ein Grund für die Pflichtabgabe einer Steuererklärung.

Die Möglichkeit einer Sperrvermerkserklärung besteht weiter. Sie ist bis zum 30. Juni des Vorjahres abzugeben und bis auf Widerruf gültig, muss also nicht jährlich erneuert werden. Das Formular dafür finden Sie unter www.formulare-bfinv.de. Dort klicken Sie nacheinander die Begriffe Formularcenter, Formulare A–Z, Kirchensteuer an.

Es gibt weitere, in **Zeile 4 bis 6** nicht genannte Gründe, die Sparer und Anleger verpflichten, eine Anlage KAP abzugeben: etwa Kapitaleinkünfte, die nicht der Abgeltungsteuer unterlagen oder Zinsen aus bestimmten privaten Darlehen (→ Seite 156).

Zeile 7 bis 11: Abgeltungsteuer abgeführt

In **Zeile 7** schreiben Sie zusammengefasst sämtliche Kapitalerträge, für die im Jahresverlauf Abgeltungsteuer abgeführt wurde. Dazu gehören auch die per Freistellungsauftrag im Rahmen des Sparerpauschbetrags freigestellten Beträge bis 801/1 602 Euro (allein stehend/verheiratet oder verpartnert). Hier geht es unter anderem um laufende Kapitalerträge wie etwa Zinsen und Dividenden. Die genauen Beträge ergeben sich aus den Steuerbescheinigungen von Banken, Fondsgesellschaften und anderen Finanzdienstleistern. Hierher gehören auch Erträge aus Lebensversicherungen, die nicht steuerbegünstigt sind (→ auch Seite 79). Außerdem tragen Sie hier Gewinne aus dem Verkauf von Wertpapieren aller Art, etwa Aktien, Anleihen oder Zertifikate, aus Termingeschäften oder aus dem Verkauf von „gebrauchten" Lebensversicherungen ein. Was hier einzutragen ist, ergibt sich in der Regel aus den vorliegenden Steuerbescheinigungen.

In **Zeile 8** müssen Gewinne aus Aktienverkäufen (aus **Zeile 7**) nochmals separat erscheinen, weil sie steuerlich etwas anders als andere Kapitalerträge behandelt werden.

Die **Zeile 8a** fragt nach „bestandsgeschützten Alt-Anteilen". Dabei geht es um Investmentfondsanteile, die vor dem 1. Januar 2009 gekauft wurden. Gewinne, die vor dem 31. Dezember 2017 entstanden, bleiben auch nach dem neuen „Investmentsteuerreformgesetz 2018" steuerfrei. Spätere Gewinne sind steuerpflichtig. Für solche Gewinne gibt es allerdings einen Freibetrag von 100 000 Euro pro Anleger. Der kann so lange genutzt werden, bis er aufgebraucht ist. Veräußerungsgewinne solcher Alt-Anteile können Anleger dem nachrichtlichen Teil der Steuerbescheinigungen der Fonds entnehmen.

In **Zeile 9** geht es um die sogenannte Ersatzbemessungsgrundlage. Das sind 30 Prozent der Einnahmen aus einem Wertpapiergeschäft. Die Bank erhebt die Steuer auf dieser pauschal angenommenen Grundlage, wenn sie die genauen Anschaffungskosten des Wertpapiers nicht kennt. Betroffene können eine zu hoch veranschlagte Ersatzbemessungsgrundlage hier korrigieren, wenn sie entsprechende Nachweise haben. Das funktioniert in der rechten Spalte der **Zeile 9** („korrigierte Beträge"). In dieser rechten Spalte der **Zeilen 7 bis 11** lassen sich außerdem Verluste von Konten bei unterschiedlichen Banken berücksichtigen oder Kosten von Veräußerungsgeschäften, die die Bank in ihre Abrechnung nicht einbezogen hat. In **Zeile 10 bis 11** fragt das Formular nach Verlusten aus Wertpapiergeschäften (unterteilt nach Aktien- und anderen Verlusten). Wer sich erstmals damit herumschlagen muss, sollte einen Steuerprofi konsultieren.

	Kapitalerträge, die dem inländischen Steuerabzug unterlegen haben		Beträge lt. Steuerbescheinigung(en) EUR		korrigierte Beträge (lt. gesonderter Aufstellung) EUR
7	Kapitalerträge	10	1925,—	20	,—
8	In Zeile 7 enthaltene Gewinne aus Aktienveräußerungen	12	,—	22	,—

Zeile 12 bis 13: Sparerpauschbetrag

Ob und in welcher Höhe der Sparerpauschbetrag genutzt wurde, ergibt sich im Regelfall aus den vorliegenden Steuerbescheinigungen. **Zeile 12** fragt nach dem Teil des Sparerpauschbetrags, der für die in **Zeile 7 bis 11** und in **Zeile 23** aufgeführten Kapitalerträge verwendet worden ist. Normalerweise erscheint hier der gesamte genutzte Sparerpauschbetrag von 801 Euro. In **Zeile 13** kommt eine Ausnahme. Hierher gehört der Teil des Sparerpauschbetrags, der für Kapitalerträge genutzt wurde, die nicht in den hier genannten Zeilen auftauchen. Ein solcher Fall kann beispielsweise dann eintreten, wenn die Bank bereits ordnungsgemäß und unter Berücksichtigung des Freistellungsauftrags Abgeltungsteuer abgeführt hat und der Sparer daran auch nachträglich nichts ändern möchte.

Wer in Zeile 4 die Günstigerprüfung beantragt hat und deshalb alle Kapitalerträge vollständig in die Anlage KAP sowie bei Investmenterträgen im Ausland und bei Beteiligungen in die Anlagen KAP-INV und KAP-BET eingetragen hat, lässt die **Zeile 13** leer.

→ **TIPP:** Sparer und Anleger sorgen in der Regel durch die Erteilung eines Freistellungsauftrags an Banken, Fondsgesellschaften oder andere Auszahler dafür, dass ihre Kapitalerträge bis zur Höhe des Sparerpauschbetrags steuerfrei bleiben. Aber Freistellungsaufträge müssen mit Steueridentifikationsnummer erteilt werden.

Zeile 14 bis 27: Ohne Abgeltungsteuer

In **Zeile 14 bis 19** werden Kapitalerträge abgefragt, die nicht der Abgeltungsteuer unterlegen haben. Dabei kann es sich zum Beispiel um ausländische Zinsen handeln oder auch um Kreditzinsen aus bestimmten Privatdarlehen. Alle diese Kapitalerträge gehören zusammengefasst in **Zeile 14** (Inland) oder **Zeile 15** (Ausland). In **Zeile 16** will das Finanzamt eine gesonderte Aufstellung der bereits in **Zeile 14 und 15** enthaltenen Gewinne (beziehungsweise Verluste) aus Aktiengeschäften sehen. Ausgenommen von der Zusammenfassung in **Zeile 14 und 15** sind Zinsen für Steuererstattungen, die das Finanzamt (obwohl es sie genau kennt) in **Zeile 19** ebenfalls separat sehen will und die im letzten Steuerbescheid zu finden sind. Verluste aus Wertpapiergeschäften gehören insgesamt in **Zeile 17**, Aktienverluste nochmals separat in **Zeile 18**.

→ **NEU:** Erträge von Investmentfonds, die nicht dem inländischen Steuerabzug unterlagen, gehören nicht mehr hierher, sondern in die neue Anlage KAP-INV. Erträge aus Beteiligungen sind in die Anlage KAP-BET einzutragen.

Und noch ein Tipp:Das Bundesverfassungsgericht muss in mehreren Verfahren darüber entscheiden, ob Erstattungszinsen steuerpflichtig sind (zum Beispiel Az. 2 BvR 482/14). Betroffene können mit Bezug auf das Aktenzeichen Einspruch gegen ihren Steuerbescheid einlegen (→ ab Seite 218).

Bei Kapitalerträgen, die nicht mit der Abgeltungsteuer, sondern mit dem persönlichen Steuersatz versteuert werden müssen (**Zeile 20 bis 27**), geht es um Erträge, die im betrieblichen Bereich anfallen, und um weitere Spezialfälle, die „Normalsteuerzahler" eher selten betreffen. Kapitalerträge aus inländischen und ausländischen Beteiligungen gehören nicht mehr hierher, sondern in die Anlage KAP-BET. **Zeile 21** fragt übrigens auch nach Zinsen aus privaten Darlehen an Verwandte und andere Menschen.

Die unterliegen dem persönlichen Steuersatz, wenn sie beim Schuldner als Werbungskosten oder als Betriebsausgaben absetzbar sind. Der Bundesfinanzhof sieht das großzügiger. Er hat in mehreren Urteilen entschieden, dass die Nutzung der Abgeltungsteuer auch in diesen Fällen möglich ist, wenn kein Beherrschungsverhältnis zwischen den beteiligten Seiten vorliegt und das Darlehen einem Fremdvergleich standhält (zum Beispiel Az. VIII R 44/13).

In **Zeile 23** gehören Erträge aus steuerlich begünstigten Lebensversicherungen, die nach dem 31.12.2004 abgeschlossen wurden. Für die Wertsteigerung fondsgebundener Lebensversicherungen erfolgt ab 2018 teilweise eine Steuerfreistellung. Der steuerpflichtige Wert ergibt sich aus der Steuerbescheinigung des Versicherers.

→ **TIPP:** Wer sich eine solche Versicherung frühestens einen Tag nach dem 60. Geburtstag auszahlen lässt, erhält, wenn die Versicherung mindestens 12 Jahre lang bestand, die Hälfte der Erträge steuerfrei. Dazu muss die Zeile 23 ausgefüllt werden. Die Versicherung berechnet zunächst auf die gesamten Erträge Abgeltungsteuer.

In der **Zeile 26** geht es unter anderem um die steuerliche Behandlung sogenannter verdeckter Gewinnausschüttungen in speziellen Fällen. Ohne Steuerberater sollte sich hier niemand bewegen. Das gilt auch für die **Zeile 27**, die „Spezial-Investmentanteile" behandelt.

Zeile 48 bis 61: Steuerabzug & Co.

In **Zeile 48 bis 53** will das Amt sehen, wie viel Steuern auf Kapitalerträge bereits abgeführt wurden. Welche Kapitalerträge gemeint sind, findet sich in den Zeilenangaben der Überschrift. So gehört beispielsweise die insgesamt abgeführte Abgeltungsteuer in **Zeile 48**, und zwar auch die Steuer, die auf Investmenterträge abgeführt wurde, die ansonsten in der Anlage

KAP-INV abgehandelt werden. Abzugsbeträge aus Beteiligungen gehören dagegen nicht mehr hierher, sondern in die Anlage KAP-BET. In **Zeile 49 bis 52** wiederholt sich die Prozedur für andere Steuerarten. Die fiktive Quellensteuer (**Zeile 53**) gilt für manche Anleihen ausländischer Staaten. Der deutsche Fiskus rechnet sie dem Anleger trotzdem an, als wäre sie einbehalten worden. Das erhöht die Rendite der Anleihen. **Zeile 54 bis 56** fragt nach den einbehaltenen und anzurechnenden Steuern auf die in der Überschrift erwähnten Erträge.

	Steuerabzugsbeträge zu Erträgen in den Zeilen 7 bis 18 und zu Investmenterträgen lt. Anlage KAP-INV		lt. Bescheinigung(en) EUR	Ct
48	Kapitalertragsteuer	80	87	50
49	Solidaritätszuschlag	81	4	81

Mit **Zeile 57** will die Finanzverwaltung die Erstattung von Kapitalertragsteuer bei bestimmten Wertpapiergeschäften einschränken, etwa bei „cum/cum-Geschäften" zwischen Banken und Großanlegern. Wer hier etwas einzutragen hat, sollte vorher einen Steuerprofi konsultieren. Das gilt auch für ausländische Familienstiftungen (**Zeile 58 bis 60**) und für den Umgang mit Steuerstundungsmodellen nach § 15b Einkommensteuergesetz (**Zeile 61**).

→ **TIPP:** Steuerbescheinigungen über inländische Kapitalerträge müssen der Steuererklärung grundsätzlich nicht mehr beigefügt werden. Von dieser Regel gibt es aber Ausnahmen. So müssen bei Eintragungen in den Zeilen 10 und/oder 11 (Verluste) sowie in den Zeilen 54 bis 56 Steuerbescheinigungen weiterhin unaufgefordert eingereicht werden.

Weitere Anlagen: Zusatzeinkünfte

Die meisten Arbeitnehmer und Beamten kommen mit den bisher dargestellten Anlagen zu ihrer Steuererklärung aus. Wer aber neben Lohn und Zinsen noch andere steuerpflichtige Einnahmen hat, beispielsweise als Vermieter, Rentner oder im Zusammenhang mit einer selbstständigen Nebentätigkeit, braucht weitere Anlagen. Die gibt es hier im Überblick.

Anlage SO: Sonstige Einkünfte

In Anlage SO (Sonstige Einkünfte) fragt das Finanzamt ein Sammelsurium von Einkünften ab, die anderswo nicht unterzubringen waren. In **Zeile 4** geht es um sehr spezielle Zahlungen, zum Beispiel Altenteilsleistungen in der Land- und Forstwirtschaft oder bestimmte Schadensersatzrenten. Hier geht ohne Steuerprofi gar nichts.

Zeile 5 bis 25: Unterhalt & Co.

In die **Zeile 5** schreiben geschiedene Ehegatten oder getrennt lebende Lebenspartner Leistungen, die sie von ihren Expartnern zur Vermeidung eines Versorgungsausgleichs erhalten haben (→ Seite 47).

In **Zeile 6** trägt der Empfänger die vom Expartner erhaltenen Unterhaltsleistungen ein, wenn der andere sie als Sonderausgaben absetzt (→ Seite 47). Der Zahler hat den Vorteil, dass die Unterhaltszahlung bei ihm steuerlich gefördert wird. Wenn Expartner sich auf eine faire Verteilung des Steuervorteils einigen können, bringt dieses „Realsplitting" beiden Vorteile. Beide müssen gemeinsam die Anlage U ausfüllen. Der Zahler darf zusätzlich zu den maximal geförderten 13805 Euro Unterhalt im Jahr die von ihm übernommenen Beiträge zur Kranken- und Pflegeversicherung des Unterstützten als Sonderausgaben absetzen. Die sind beim Empfänger ebenso steuerpflichtig wie der Unterhalt selbst und sie gehören deshalb mit in die **Zeile 6**. Der Empfänger darf sie aber als eigene Sonderausgaben in seine Anlage Vorsorgeaufwand schreiben (→ Seite 68).

Zeile 31 bis 51: Private Veräußerungsgeschäfte

Unter den Begriff „Private Veräußerungsgeschäfte" kann der Verkauf aller möglicher Dinge fallen, von Grundstücken über Kunstgegenstände, Schmuck, Edelmetallen, Briefmarken bis hin zu Büchern. Früher hieß so etwas „Spekulationsgeschäft". Der Gewinn ist steuerpflichtig, wenn Kauf und Verkauf innerhalb einer bestimmten Frist liegen: Bei Immobilien sind es zehn Jahre, bei den meisten anderen Gegenständen ist es ein Jahr. Ob das Finanzamt tatsächlich etwas abbekommt, ist eine andere Frage, denn Spekulationsgewinne bis 599 Euro im Jahr bleiben steuerfrei. Ein Euro mehr ändert aber die Lage. Erreicht der Gewinn 600 Euro, wird alles steuerpflichtig, auch die bis dahin steuerfreien 599 Euro. Für Ehepaare/Lebenspartnerschaften verdoppelt sich die Freigrenze nicht generell. Nutzen kann sie nur der Partner, der die entsprechenden Einkünfte hat. Gehört aber ein veräußerter Gegenstand beiden, profitieren beide jeweils von der Freigrenze.

Zeile 31 bis 41: Grundstücksverkauf

Wer ein Grundstück verkauft, sollte das immer mit Beratung eines Steuerexperten tun. Das kann auch für den Verkauf eines Eigenheims wichtig sein. Der ist zwar grundsätzlich steuerfrei, wenn eine Wohnung im Jahr des Verkaufs und in den beiden Jahren zuvor selbst bewohnt wurde. Aber auch hier bestätigen Ausnahmen die Regel. Auch der Eigenheimbesitzer, der mit seiner Familie seinen bisherigen Wohnort aufgibt und zu seinem neuen Arbeitsort umsiedelt, erhält Post vom Finanzamt. Nachdem er als

Verkäufer beim Notar unterschrieben hat, muss der Notar den Immobilienverkauf beim Finanzamt anzeigen. Das Finanzamt schickt einen umfangreichen Fragebogen an den Eigenheimbesitzer, um zu erfahren, ob der Verkauf steuerpflichtig ist.
Wer zum Beispiel Räume an die Enkelin vermietet hatte oder andere Teile seines Hauses nicht zu „eigenen Wohnzwecken“ benutzte, muss einen Verkaufsgewinn, der auf diese Teile entfällt, versteuern, wenn er das Haus nicht mindestens zehn Jahre besaß. Für das häusliche Arbeitszimmer gilt das jedoch nicht (FG Köln, Urteil vom 20.03.2018, 8 K 1160/15).

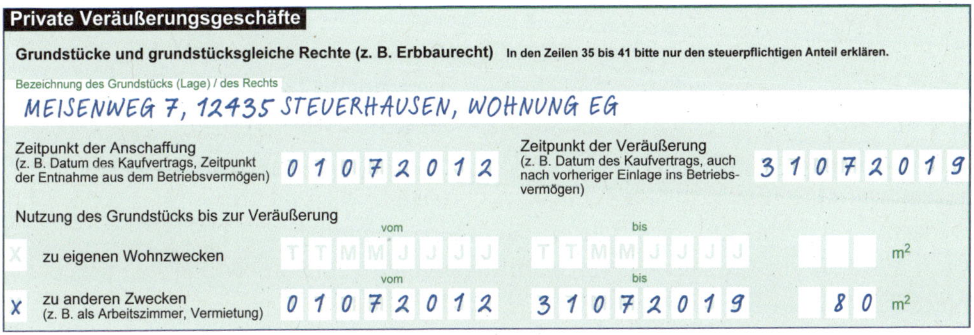
Private Veräußerungsgeschäfte

Grundstücke und grundstücksgleiche Rechte (z. B. Erbbaurecht) In den Zeilen 35 bis 41 bitte nur den steuerpflichtigen Anteil erklären.

Bezeichnung des Grundstücks (Lage) / des Rechts
MEISENWEG 7, 12435 STEUERHAUSEN, WOHNUNG EG

Zeitpunkt der Anschaffung (z. B. Datum des Kaufvertrags, Zeitpunkt der Entnahme aus dem Betriebsvermögen) 0 1 0 7 2 0 1 2

Zeitpunkt der Veräußerung (z. B. Datum des Kaufvertrags, auch nach vorheriger Einlage ins Betriebsvermögen) 3 1 0 7 2 0 1 9

Nutzung des Grundstücks bis zur Veräußerung

		vom	bis	m²
X	zu eigenen Wohnzwecken	T T M M J J J J	T T M M J J J J	m²
x	zu anderen Zwecken (z. B. als Arbeitszimmer, Vermietung)	0 1 0 7 2 0 1 2	3 1 0 7 2 0 1 9	80 m²

Denken Sie also daran, dass auch beim Verkauf eines Eigenheims innerhalb der Zehnjahresfrist ein steuerpflichtiger Spekulationsgewinn entstehen kann.

Zeile 42 bis 51: Andere Verkäufe und Verluste

Neben dem Verkauf von Grundstücken kann auch der Verkauf anderer Gegenstände aus dem Privatvermögen steuerliche Folgen haben. Das betrifft etwa Schmuck, Edelmetalle, Kunstgegenstände oder wertvolle Bücher, wenn sie innerhalb eines Jahres nach ihrem Erwerb wieder verkauft werden. Wer beispielsweise im Sommer für 5000 Euro Goldmünzen gekauft hat, die er im Frühjahr des Folgejahres für 6000 Euro wieder verkauft, erzielt einen steuerpflichtigen privaten Veräußerungsgewinn von 1000 Euro. Der gehört in die **Zeilen 42 bis 47**. Hier lassen sich aber nicht

nur steuerpflichtige Gewinne, sondern auch Verluste unterbringen. Der Verkauf alltäglicher Gebrauchsgegenstände, etwa Pkw, ist grundsätzlich nicht steuerpflichtig, Oldtimer gelten allerdings nicht als „Gebrauchsgegenstände".

Gewinne aus Verkäufen bei Ebay-und anderen Portalen sind auch steuerpflichtig und hier anzugeben, wenn der Gegenstand nicht länger als ein Jahr im Besitz war und es sich nicht um einen Gegenstand des täglichen Gebrauchs handeln sollte. Vorsicht ist geboten, wenn regelmäßig solche Verkäufe erfolgen. Die Finanzämter prüfen, ob gewerbliche und umsatzsteuerpflichtige Einnahmen vorliegen. Wer innerhalb der Jahresfrist privat mit Bitcoins und anderen Kryptowährungen handelt, trägt Gewinne und Verluste ebenfalls hier ein.

Verluste aus privaten Veräußerungsgeschäften können nicht steuermindernd mit anderen Einkünften verrechnet werden, sondern nur mit Gewinnen aus anderen privaten Veräußerungsgeschäften. Sind im Jahr 2019 in der Anlage SO keine Gewinne zum Verrechnen vorhanden, wird der Verlust vom Finanzamt festgestellt. Er kann dann in den Folgejahren verrechnet werden, wenn Veräußerungsgewinne anfallen sollten.

Das Ergebnis von **Zeile 47** wird in **Zeile 48** gegebenenfalls auf beide Ehepartner/eingetragenen Partner aufgeteilt.

In den **Zeilen 41 bis 47** kann nur ein einziges privates Veräußerungsgeschäft erfasst werden. Wenn mehrere vorliegen, kommt das Ergebnis zusammengefasst in **Zeile 49**. Die Einzelheiten aller dieser Geschäfte will das Finanzamt möglichst nach dem Muster der **Zeilen 42 bis 47** auf einem Extrablatt sehen.

In **Zeile 50 bis 51** geht es zum Beispiel um Grundstücksgemeinschaften und Beteiligungen, die meist professionelle Steuerberatung erfordern, ebenso wie für die Begrenzung der Verlustverrechnung in **Zeile 51**.

Anlagen G und S: Für Nebenerwerbsunternehmer

Wenn sich Arbeitnehmer und Beamte nebenbei als Gewerbetreibende oder Freiberufler etwas hinzuverdienen, tun sie das in der Regel als Kleinunternehmer. Gewerbetreibende füllen die Anlage G aus, Freiberufler die Anlage S (Gewerbebetrieb, Selbstständige Tätigkeit). Wer Gewerbetreibender und wer Freiberufler ist, steht indirekt im Einkommensteuergesetz (§ 18). Dort sind die Berufsgruppen definiert, die das Finanzamt als Freiberufler akzeptiert. Wer dort nicht steht, gilt in der Regel als Gewerbetreibender, wobei die Grenze fließt. Ärzte, Anwälte, Ingenieure, Architekten und Journalisten können fraglos Freiberufler sein. Der steuerlich wichtigste Unterschied: Freiberufler müssen keine Gewerbesteuer zahlen. Für Angestellte, die sich als Nebenberufsunternehmer etwas hinzuverdienen, dürfte das aber ohnehin ein Randthema sein, denn Gewerbesteuer wird erst oberhalb eines Freibetrags von 24 500 Euro Jahresgewinn fällig.

Kleinunternehmer sind Menschen, deren Umsatz im vergangenen Kalenderjahr nicht über 17 500 Euro lag und im laufenden Jahr voraussichtlich 50 000 Euro nicht übersteigen wird. Sie bleiben von Umsatz-, Gewerbesteuer und Bilanzierungspflicht verschont. Erzielen Arbeitnehmer Einkünfte aus gewerblicher und freiberuflicher Tätigkeit bis 410 Euro im Jahr, ist dafür weder eine Steuererklärung noch Steuer fällig (→ Seite 195).

TIPP: Seit 2017 müssen auch Kleinunternehmer die amtliche „Anlage EÜR" (Einnahmenüberschussrechnung) elektronisch ausfüllen und übermitteln. Ausnahmen davon gibt es in wenigen „Härtefällen", etwa wenn Computer oder Internetzugang fehlen oder wenn ausschließlich steuerfreie Einnahmen vorliegen, etwa bei Übungsleitern (→ Seite 166).

Kleinunternehmer haben bei der Umsatzsteuer ein Wahlrecht. Wenn sie sich gegen die Umsatzsteuer entscheiden, müssen sie keine Umsatzsteuer an das Finanzamt abführen. Allerdings bekommen sie die von ihnen selbst gezahlte Umsatzsteuer auch nicht vom Finanzamt zurück. Das ist nicht immer günstig, denn wer beispielsweise gerade seine Unternehmerkarriere startet, hat in der Regel höhere Ausgaben (Investitionen) und bescheidene Einnahmen. Fällt in dieser Phase die Entscheidung pro Umsatzsteuer, bleibt unter dem Strich oftmals mehr in der Kasse.

Überschreitet der Umsatz den Kleinunternehmerbereich, sollten auch „Nebenberufsunternehmer" regelmäßig einen Steuerberater konsultieren, der ihnen über die Klippen der Anlagen G, S, EÜR und der Umsatzsteuer hilft.

Besonders wichtig kann die Hilfe eines Steuerberaters vor oder zu Beginn der unternehmerischen Tätigkeit sein, um die wichtigsten Steuerprobleme zu erkennen und um künftig eine professionelle Steuererklärung fortschreiben zu können. Bei Verkauf oder Aufgabe des Unternehmens kann Profirat ebenfalls nützlich sein, denn damit sind immer besondere Steuerprobleme (und Steuervorteile) verbunden.

Arbeitnehmer, die sich in kleinerem Rahmen freiberuflich betätigen, können ihre Betriebskosten manchmal pauschal abrechnen. Das ist nicht nur einfacher als die Aufstellung der einzelnen Ausgaben, sondern kann auch vorteilhaft sein, wenn die tatsächlichen Kosten unterhalb der Pauschale bleiben.

Bei wissenschaftlicher, künstlerischer, schriftstellerischer oder lehrender Nebentätigkeit sind es 25 Prozent der Einnahmen, maximal 614 Euro, die ohne Nachweis als Betriebskostenpauschale geltend gemacht werden können. Wenn Pauschalen höher sind als die tatsächlichen Betriebsausgaben, lohnt sich die Pauschalmethode in jedem Fall. Weniger bürokratischen Aufwand beschert sie außerdem. Macht zum Beispiel ein Student mit Nachhilfeunterricht 2 000 Euro Jahresumsatz, kann er 25 Prozent davon, das sind 500 Euro, ohne Nachweis als Betriebsausgaben geltend machen. Lagen seine tatsächlichen Kosten, etwa für Fahrten oder Lehrmaterial, nur bei 200 Euro, kann er seinen steuerpflichtigen Gewinn auf

diese Weise erheblich drücken. Für Hebammen und Tagesmütter gibt es spezielle „Sonderregelungen" für den pauschalen Ansatz der Betriebsausgaben.

Bei der Gewinnermittlung spielt die Abschreibung eine zentrale Rolle. Oft ist sie für Nebenerwerbsunternehmer ein Buch mit sieben Siegeln. Arbeitnehmer kennen aus ihrer angestellten Tätigkeit die Möglichkeit, Arbeitsmittel abzuschreiben (→ Seite 92). Im unternehmerischen Bereich funktioniert das ähnlich, es gibt aber mehr Möglichkeiten. Unternehmer können ebenfalls den Kaufpreis sogenannter geringwertiger Wirtschaftsgüter (GWG) im Jahr des Kaufs voll als Werbungskosten geltend machen. Als geringwertig gelten Wirtschaftsgüter, wenn sie 2019 ohne Umsatzsteuer nicht mehr als 800 Euro gekostet haben. Alles, was teurer ist, ist über die vorgegebene Nutzungsdauer abzuschreiben, Computer beispielsweise über drei Jahre, Büromöbel über 13 Jahre.

Nebenbei selbstständige Arbeitnehmer haben eine zusätzliche Wahlmöglichkeit. Sie können einen „jahresbezogenen Sammelposten" einrichten. In diesen Posten gehen alle im Verlauf eines Jahres angeschafften Wirtschaftsgüter ein, deren Anschaffungs- oder Herstellungskosten zwischen 250 und 1000 Euro (ohne Umsatzsteuer) liegen. Der gesamte Sammelposten ist über fünf Jahre gleichmäßig verteilt mit jeweils 20 Prozent abzuschreiben. Das bedeutet, alle Wirtschaftsgüter innerhalb des Sammelpostens werden steuerlich wie ein einziges Wirtschaftsgut behandelt. Kaufte sich ein Nebenerwerbsunternehmer zum Beispiel einen PC für 1000 Euro, ist es in der Regel nicht sinnvoll, ihn in den Sammelposten einzustellen, denn dann muss er den PC fünf Jahre lang abschreiben. Normalerweise ist ein Computer in drei Jahren komplett abgeschrieben. Anders sieht es etwa bei einem Schreibtisch für 1000 Euro aus. Im Sammelposten dauert die Abschreibung fünf Jahre, normal dauert sie 13 Jahre.

Diese sogenannte betriebsübliche Nutzungsdauer hat die Finanzverwaltung in Tabellen festgelegt. Sie sind unter www.bundesfinanzministerium.de zu finden, wenn Sie im Suchfeld den Begriff „AfA-Tabellen" eingeben. Die Tabellen sind aber ziemlich umfangreich und entsprechend unhandlich. Die Verwaltungsvorschriften sind außerdem „nicht in Stein gemeißelt". Bei nachweislich intensiver Nutzung eines Wirtschaftsgutes ist auch eine schnellere Abschreibung möglich.

Kleine und mittlere Unternehmen haben weitere Abschreibungsvorteile, etwa den Investitionsabzugsbetrag und Sonderabschreibungen. Wer damit umgehen möchte, sollte sich steuerlich beraten lassen.

Menschen, die selbstständig in Vereinen oder in anderen Einrichtungen arbeiten, die gemeinnützigen, mildtätigen oder kirchlichen Zwecken dienen, können bis zu 2400 Euro steuerfreie Aufwandsentschädigung erhalten. Die Einnahmen gehören in die **Anlage S, Zeilen 44 und 45**. Dort benennen Sie die Tätigkeit, die Gesamteinnahmen daraus und die steuerfreie Aufwandsentschädigung. Diesen sogenannten Übungsleiter-Freibetrag gibt es für nebenberuflich ausbildende, erzieherische, betreuende, künstlerische oder pflegerische Arbeiten.

Auch ehrenamtliche Vormünder und rechtliche Betreuer gehören zum begünstigten Personenkreis. Für andere gemeinnützige Tätigkeiten, etwa für den Kassenwart oder für Bürokräfte im Verein, bleiben Zahlungen bis 720 Euro pauschal steuerfrei. Für dieselbe Tätigkeit gibt es aber immer nur die eine oder die andere Förderung, ein Zusammenfassen auf 3120 Euro funktioniert nicht (→ auch Seite 83). Ist aber der Vereinsvorstand beispielsweise auch der Trainer der Jugendmannschaft, stehen ihm oder ihr sowohl der 2400-Euro-Übungsleiter-Freibetrag, als auch die 720-Euro-Pauschale zu, weil es sich um zwei unterschiedliche Tätigkeiten handelt.

TIPP: Erfolgt die begünstigte Tätigkeit im Rahmen eines pauschal besteuerten Minijobs (→ Seite 83 und auch 197), kann ein sogenannter Übungsleiter bis 650 Euro im Monat steuerfrei kassieren: 450 Euro aus dem Minijob plus 200 Euro Aufwandsentschädigung (2 400 durch 12). Die Einnahmen gehören dann in die Anlage N.

Anlage R: Für Rentner

Viele Arbeitnehmer, die im Laufe des Jahres 2019 Rentner geworden sind, müssen eine Steuererklärung abgeben, auch wenn sie bisher davon verschont waren und später eventuell wieder darauf verzichten können. Der Grund: Wer neben Lohn und Gehalt weitere Einkünfte über 410 Euro im Jahr hatte, ist zur Abgabe einer Steuererklärung verpflichtet (→ Seite 20 und 195). Zu den weiteren Einkünften gehören auch Renteneinkünfte, die im Jahr des Ruhestandsbeginns oftmals zwangsläufig mit Lohn zusammentreffen.

→ Zum Beispiel Viktor V.

Der ledige, kinderlose Arbeitnehmer ist am 1. Juli 2019 in Rente gegangen, hat also jeweils ein halbes Jahr Lohn sowie Rente bezogen. Er kommt um eine Steuererklärung nicht herum, weil er neben seinem Lohn mehr als 410 Euro weitere Einkünfte hatte, nämlich aus seiner Rente. Bezieht er als Exarbeitnehmer und Neu-Rentner nur eine durchschnittliche Rente und hat er keine anderen Einkünfte, kann er ab 2019 wieder auf eine Steuererklärung verzichten. Seine Rente ist nur zu 78 Prozent steuerpflichtig (→ Tabelle Seite 249). Wenn Viktor eine Jahresbruttorente von 13 200 Euro bekommt, bleibt er 2020 von Steuererklärung und Steuer verschont. Er kann von seinem steuerpflichtigen Rentenanteil von 10 296 Euro (13 200 mal 78 Prozent) in jedem Fall 102 Euro Werbungskostenpauschale, 36 Euro Sonderausgabenpauschale und seine Beiträge zur gesetzlichen Kranken- und

Pflegeversicherung abziehen. In seinem Fall sind dies beispielsweise 1 452 Euro (11 Prozent von 13 200). Allein damit bleibt er deutlich unter dem Grundfreibetrag von 9 408 Euro für 2020.

Viele Ehepaare und Lebenspartner haben über einen längeren Zeitraum das gleiche Problem, wenn einer der beiden Rentner ist und der andere Arbeitnehmer. Geben sie eine gemeinsame Steuererklärung ab, ist das für das Amt ein einheitlicher Steuerfall, bei dem Arbeitslohn und andere Einkünfte zusammentreffen. Damit wird allein deshalb eine Steuererklärung Pflicht, weil neben Lohn und Gehalt in der Regel Renteneinkünfte über 410 Euro eine Rolle spielen.

Pensionäre müssen sich mit der Anlage R zunächst nicht befassen, denn Beamtenpensionen und vom Arbeitgeber finanzierte Werkspensionen gelten als Arbeitslohn und gehören nicht hierher, sondern auf die Anlage N. Aber auch bei Pensionären können andere Einkünfte hinzukommen, etwa aus einer Rente des Ehepartners oder aus einer eigenen Rente. Dann kommen sie in der Regel nicht um die Anlage R herum. Eine Steuererklärung müssen die meisten Pensionäre ohnehin machen, weil ihre Versorgungsbezüge im Unterschied zu Renten bereits jetzt voll steuerpflichtig sind und auch ihre Steuervorteile weiter abschmelzen (→ Seite 252).

Zeile 4 bis 10: Gesetzliche Renten & Co.

An das Finanzamt werden schon länger jährlich die steuerpflichtigen Renten von der Deutschen Rentenversicherung oder anderen Leistungsträgern gemeldet. Erstmals ab 2019 müssen diese Rentenbeträge nicht mehr in das Papierformular eingetragen werden. Wenn im Vordruck keine weiteren Angaben erforderlich sind, können Rentner die Anlage R bei ihrer Steuererklärung sogar ganz weglassen.

Der Vordruck ist auszufüllen, wenn steuerpflichtige Renten nicht gemeldet wurden, beispielsweise weil sie aus dem Ausland stammen oder als Rentenzahlung aus einem Hausverkauf von einer Privatperson gezahlt werden. Eintragungen sind außerdem notwendig, wenn die gemeldeten Daten von den tatsächlich erhaltenen Renten abweichen, also fehlerhaft sind oder wenn in den hellgrünen Formularzeilen weitere Angaben oder Werbungskosten einzutragen sind.

Die Zeilen 5 bis 10 sind für die Papiererklärung Kür, für die elektronische Steuererklärung sind sie weiterhin Pflicht. Renten aus der gesetzlichen Rentenversicherung und steuerlich gleich behandelte Renten oder Altersbezüge der berufsständischen Versorgungseinrichtungen für Ärzte, Anwälte oder andere Freiberufler werden als eDaten an die Finanzverwaltung übermittelt. Wer als Ruheständler eine Rente aus gesetzlicher Versicherung aus dem Ausland bezieht, muss in **Zeile 4** eine „1" eintragen und nachfolgend die Rentenbeträge analog einer deutschen Sozialversicherungsrente eintragen. Zahlungen aus dem Ausland werden nicht ans deutsche Finanzamt gemeldet und müssen deshalb stets eingetragen werden, wenn sie in Deutschland zu versteuern sind.

Leibrenten / Leistungen

– aus gesetzlichen Rentenversicherungen, landwirtschaftlicher Alterskasse, berufsständischen Versorgungseinrichtungen, eigenen zertifizierten Basisrentenverträgen –

			1. Rente		2. Rente
4	Ich habe Rente(n) aus einer ausländischen Versicherung / einem ausländischen Rentenvertrag bezogen.	120	1 = Ja (bitte Zeile 5 bis 10 ausfüllen)	170	1 = Ja (bitte Zeile 5 bis 10 ausfüllen)
			EUR		EUR
5	Rentenbetrag (einschließlich Einmalzahlung und Leistungen)	101	9260,–	151	,–
6	Rentenanpassungsbetrag (in Zeile 5 enthalten)	102	,–	152	,–

INFO: Altersentlastungsbetrag

Wer bereits 65 Jahre oder älter ist oder wer einen älteren Ehe- oder gesetzlichen Lebenspartner hat, kann von diesem zusätzlichen Freibetrag profitieren. Der Altersentlastungsbetrag wird nicht extra beantragt, sondern das Finanzamt berücksichtigt ihn von sich aus, wenn die Voraussetzungen stimmen. Sie sollten allerdings den Steuerbescheid immer auch daraufhin kontrollieren, ob er richtig berücksichtigt wurde.

Um den Altersentlastungsbetrag für das Jahr 2019 nutzen zu können, muss man vor dem 2. Januar 1955 geboren sein. Er ist auf alle Einkünfte anwendbar, außer auf Renten und Pensionen. Wer aber beispielsweise Arbeitslohn, Zinsen, Mieten oder Gewinne zu versteuern hat, kann ihn nutzen. Dieser Freibetrag beläuft sich auf maximal 40 Prozent der begünstigten Einkünfte oder des Arbeitslohns, höchstens auf 1 900 Euro im Jahr. Seit 2005 schmilzt er für jeden neuen Nutzerjahrgang. Hat beispielsweise ein Arbeitnehmer 2019 seinen 65. Geburtstag gefeiert, bekommt er 17,6 Prozent der begünstigten Einkünfte steuerfrei, maximal 836 Euro. Er behält den Freibetrag in dieser Höhe lebenslang (→ Seite 251).

Berechnungsgrundlage für den Altersentlastungsbetrag sind in der Regel die Einkünfte (→ Seite 10), beim Arbeitslohn ist es der Bruttolohn. Ehepartner erhalten den Altersentlastungsbetrag nur, wenn sie selbst die entsprechenden Einkünfte haben. Wenn beispielsweise beide Eheleute Eigentümer der vermieteten Wohnung sind und ein Ehegatte das Einstiegsalter für den Entlastungsbetrag erreicht hat, kann dieser den Freibetrag auf die Hälfte der Mieteinkünfte erhalten.

Zeile 11 bis 13 betrifft nur Rentner, die vor 2005 mindestens zehn Jahre lang Beiträge oberhalb des Höchstbetrags zur gesetzlichen Rentenversicherung (West) eingezahlt haben. Das sind in der Regel Freiberufler, zum Beispiel Ärzte oder Anwälte. Sie müssen sich bei ihrem Versorgungswerk eine Bescheinigung besorgen und den Prozentsatz in **Zeile 11** eintragen. Handelt es sich um eine befristete Rente, muss **Zeile 12** ausgefüllt werden, bei einer Einmalzahlung. **Zeile 13**

Zeile 14 bis 20: Private Renten

Hier geht es um Renten, die überwiegend aus bereits versteuerten Mitteln finanziert wurden. Sie sind mit dem Ertragsanteil steuerpflichtig (→ Seite 250). Beispielsweise kann es sich um eine Rente aus einer privaten Rentenversicherung handeln oder um eine private Erwerbsminderungsrente .Weil in Deutschland ansässige Versicherungsträger die Daten an die Finanzverwaltung übermitteln, müssen Rentenbezieher diese Zeilen in der Regel nicht mehr ausfüllen.

Anders verhält es sich bei Renten , die aus privaten Vermögensübertragungen entstanden sind (in **Zeile 14** die Ziffer „1" eintragen). Ein Grundstück oder Betriebsvermögen wurde gegen die Zahlung einer lebenslangen Rente verkauft. Der Vermögenswert entspricht dabei etwa dem kapitalisierten Wert der Rente. Bei solchen Gestaltungen sollte im Vorfeld unbedingt ein professioneller steuerlicher Rat eingeholt werden.

Für eine ausländische Rente aus einem privaten Versicherungsvertrag tragen Sie in **Zeile 14** eine „2" ein und ergänzen die Rentenbeträge. Zeitlich begrenzte private Renten, etwa private Berufsunfähigkeitsrenten, gehören ebenfalls in eine der Spalten der **Zeile 15**. Neben dem Rentenbeginn (**Zeile 16**) ist auch das Ende der vertraglich vereinbarten Laufzeit erfragt (**Zeile 19**). Im Papierformular ist der Bereich dunkelgrün hinterlegt und so erkennbar, dass Zahlungen aus Versicherungen in Deutschland dem Finanzamt bereits vorliegen.

In der **Zeile 17** geht es um das Geburtsdatum eines Erblassers von „Garantiezeitrenten". Das sind Renten aus einem privat vereinbarten Vertrag, die auch nach dem Tod des Rentenempfängers (manchmal als einmaliger

Betrag) gezahlt werden. Hängt die Rente vom Leben einer anderen Person ab, gehört deren Name in **Zeile 18.** Diese Daten werden dem Finanzamt nicht elektronisch gemeldet und müssen deshalb weiterhin eingetragen werden. Wer sich damit erstmals befasst, sollte Profirat einholen.

In **Zeile 20** gehören Rentennachzahlungen für mehrere Jahre. Sie sind bereits mit in **Zeile 15** zu erfassen, können aber ermäßigt besteuert werden und werden deshalb hier nochmals einzeln abgefragt. In **Zeile 23** geht es um Rentenzahlungen, die mit Steuerstundungsmodellen zusammenhängen. Wer solche Renten bezieht, sollte zumindest beim ersten Mal einen Steuerberater aufsuchen.

Zeile 31 bis 53: Riester & Co.

Auf die Rückseite der Anlage R gehören Riester-Renten und Leistungen aus Pensionsfonds und anderen Formen der geförderten betrieblichen Altersversorgung. Empfänger solcher Leistungen, zum Beispiel aus Lebensversicherungen, Banksparplänen oder anderen Geldanlagen, erhalten einen amtlichen Vordruck, auf dem in 14 Zeilen unterschiedliche Arten der Besteuerung solcher Leistungen aufgeführt sein können. Da staunt der Laie und der Fachmann wundert sich.

In Abhängigkeit davon, aus welchen Quellen die eingezahlten Beiträge stammten, sind die Altersbezüge voll, teilweise oder gar nicht steuerpflichtig. Bei Fragen zur Leistungsmitteilung hilft in der Regel nur eine Nachfrage beim Versorgungsträger oder einem Steuerprofi. Wer die Daten in die Anlage R übernehmen muss, orientiert sich an der Zeilennummerierung in der Leistungsmitteilung und der entsprechenden Abfrage auf der Anlage R. Die meisten Zeilen sind dunkelgrün hervorgehoben. Das bedeutet, dass die Daten der Leistungsmitteilung dem Finanzamt bereits vorliegen und nicht abgeschrieben werden müssen, wenn die Angaben korrekt sind. Lediglich die hellgrünen Zeilen sind in den entsprechenden Fällen auszufüllen.

Zeile 21, 22 und 54 bis 62: Werbungskosten & Co.

Das Finanzamt berücksichtigt von sich aus pauschal 102 Euro für Werbungskosten im Zusammenhang mit Renten und Pensionen, ganz gleich, ob welche angefallen sind oder nicht. Rentner und Pensionäre, die mehr ausgeben mussten, können auch mehr geltend machen. In den **Zeilen 21 und 22 sowie in den Zeilen 54 bis 60** werden die Werbungskosten den jeweiligen Leistungen zugeordnet. Zu den Kosten für Erwerb und Sicherung der Rente gehören zum Beispiel Aufwendungen für Telefon, Fahrten oder Porto, die bei Beantragung der Rente anfielen.

Auch Ausgaben für eine Rentenberatung oder juristische Auseinandersetzungen um die Rente lassen sich absetzen.

Finanzierungskosten im Zusammenhang mit einer sofort beginnenden Rente sind unter bestimmten Voraussetzungen abzugsfähig. Bei einer solchen Konstruktion empfiehlt sich aber dringend die Hilfe eines Steuerprofis (→ Seite 213).

→ **TIPP:** Gesetzliche Unfallrenten, Kriegs- und Wehrdienstbeschädigtenrenten sind steuerfrei und gehören nicht hierher.

Vorsicht, Finanzamt!

Parallel zur steigenden Steuer auf Altersbezüge baut die Finanzverwaltung ihr Kontrollsystem aus. Inzwischen kennen die Finanzämter in den meisten Fällen sämtliche alljährlich ausgezahlten Renten. Meldepflichtig sind alle Versicherer, also die gesetzliche Rentenversicherung, berufsständische Versorgungswerke und private Versicherungsunternehmen.

Seit die Finanzämter die volle Übersicht über die Alterseinkünfte aus gesetzlichen und privaten Versicherungen haben, werden die Daten regelmäßig geprüft. Die Auswertung der Daten beim Finanzamt gelingt noch nicht reibungslos. Deshalb werden immer wieder Ruheständler mit der ersten Post vom Finanzamt aufgefordert, für mehrere zurückliegende Jahre eine Steuererklärung abzugeben. Ob am Ende tatsächlich Steuern fällig werden, steht damit aber noch nicht fest.

TIPP: Alles zur Besteuerung von Renten und Pensionen finden Sie im Ratgeber der Stiftung Warentest „Steuererklärung 2019/2020 Rentner, Pensionäre" (Bestelladresse → Seite 288).

Verschaffen Sie sich zunächst einen Überblick über die eigene steuerliche Situation. Wer danach unsicher bleibt, ob eine Steuererklärung fällig wird oder nicht, sollte professionelle Hilfe von Lohnsteuerhilfevereinen oder Steuerberatern nutzen (→ ab Seite 213).

Wer schnell Klarheit möchte, weil die Ungewissheit nervt, gibt einfach „auf Verdacht" eine Steuererklärung ab und weiß anschließend Bescheid. Wenn klar ist, dass auf jeden Fall Steuern fällig gewesen wären, sollten Sie zügig handeln und möglichst vor Eingang der amtlichen Aufforderung Steuererklärungen für die betreffenden Jahre abgeben. Im Jahr 2019 kann das Finanzamt zur Abgabe der Steuererklärung ab dem Jahr 2012, in begründeten Fällen sogar ab dem Kalenderjahr 2006, auffordern.

Anlage V: Für Vermieter

Arbeitnehmer mit Vermietungseinkünften sollten wenigstens ab und zu professionelle steuerliche Hilfe nutzen. Wer die Anlage V allein schaffen will, muss sich richtig gut auskennen und stets am Ball bleiben, denn auf diesem Gebiet sind Gesetzgebung, Verwaltung und Rechtsprechung besonders aktiv. Haben Arbeitnehmer und Beamte Vermietungseinkünfte bis 410 Euro pro Jahr, bleiben die steuerfrei (→ Seite 195).

Auf Vermietungsverluste reagiert das Finanzamt kritisch. Wenn eine Vorausschau ergibt, dass über die gesamte Dauer der Vermietung keine Einnahmeüberschüsse erreicht werden können, vermutet es steuerlich unbeachtliche „Liebhaberei“ und streicht die Verluste. Vermieter sollten möglichst alles vermeiden, was den Fiskus misstrauisch machen könnte: zum Beispiel befristete Mietverträge, extrem verbilligte Mieten oder vertraglich vereinbarte kurzfristige Selbstnutzungs- oder Verkaufsabsichten. Bei einer langfristigen Vermietungsabsicht muss das Finanzamt aber in der Regel nachvollziehbare Verluste anerkennen.

→ **TIPP:** Wer nur gelegentlich vermietet oder untervermietet, kann mit Zustimmung des Finanzamts bis 520 Euro Miete im Jahr steuerfrei einnehmen.

Für die verbilligte Vermietung von Wohnraum, beispielsweise an nahe Angehörige, gelten klare Regeln. Verlangt ein Vermieter von seinem Mieter mindestens zwei Drittel der ortsüblichen Marktmiete (66 Prozent), darf der Vermieter alle Werbungskosten geltend machen. Marktmiete heißt Kaltmiete plus Nebenkosten. Fordert der Vermieter weniger, akzeptiert das Finanzamt die Werbungskosten nicht komplett, sondern nur im Verhältnis zur Höhe der verlangten Miete. Wer zum Beispiel nur die Hälfte der ortsüblichen Marktmiete verlangt, darf entsprechend nur die Hälfte seiner Werbungskosten absetzen.

→ **TIPP:** Behalten Sie die Entwicklung der ortsüblichen Marktmiete im Auge und passen Sie die verbilligte Miete rechtzeitig an.

Bei Vermietung an Angehörige prüft das Finanzamt außerdem, ob die Mietbedingungen ebenso sind, wie dies mit fremden Personen erfolgen würde.

Auch Vermieter von Ferienwohnungen müssen stärker auf der Hut sein. Bei hohem Leerstand darf das Finanzamt Vermietungsverluste streichen. Liegt die Vermietungszeit 25 Prozent oder mehr unterhalb der „ortsüblichen Vermietungszeit", wird eine Prognose fällig, und wenn diese langfristig keinen Überschuss der Mieteinnahmen bringt, fallen die Verluste dem Rotstift zum Opfer.

Aufwendungen für Baumaßnahmen können Vermieter als Werbungskosten absetzen. Wie hoch der Steuervorteil ausfällt, hängt aber davon ab, ob die Maßnahmen als Modernisierung, Renovierung, Instandsetzung oder als Herstellung zu bewerten sind. Herstellungsaufwand darf nur über die gesamte Nutzungsdauer des Gebäudes abgeschrieben werden. Kosten für Modernisierung, Renovierung und Instandsetzung sind auf einen Schlag oder wahlweise gleichmäßig über einen Zeitraum von zwei bis fünf Jahren absetzbar. In der Praxis liegen Modernisierung und Herstellung manchmal dicht beieinander und die richtige Einordnung kann Abschreibungsvorteile bringen. Solche Fälle sollten besser mit einem professionellen steuerlichen Berater besprochen werden. Das gilt auch für die Frage, ob ein Sofortabzug von Erhaltungsaufwand günstiger ist oder ein über bis zu fünf Jahre verteilter Abzug.

NEU: Der Bundesrat hat im Juli 2019 ein Gesetz zur Sonderabschreibung für Mietwohnungsneubau bestätigt. Es gilt für Wohnungen, deren Bauantrag nach dem 31. August 2018 gestellt wurde und weitere Voraussetzungen erfüllt sind. Bauherren und Käufer solcher Wohnungen sollten frühzeitig steuerlichen Rat einholen.

Leerstand ist fast immer schlecht für Vermieter. Bei allem Ärger kann er aber wenigstens zu einem Nachlass bei der Grundsteuer führen. Tritt eine „wesentliche Ertragsminderung“ einer vermieteten Immobilie ein, weil zum Beispiel hohe Arbeitslosigkeit in der Region zu einem Überangebot an Wohnungen führte, kann der Vermieter Grundsteuererlass beantragen. Es gibt 25 Prozent Erlass bei einer Ertragsminderung von mehr als 50 Prozent und 50 Prozent Grundsteuererlass bei einer Ertragsminderung von 100 Prozent. Die Ertragsminderung darf aber nicht vom Vermieter verschuldet sein.

Anlage WA-ESt: Auslandsprobleme

Diese Anlage heißt so, weil sie „Weitere Angaben und Anträge“ im Rahmen der Einkommensteuer abfragt. Die meisten der abgehandelten Fragen haben Auslandsbezug. Sie betreffen beispielsweise Menschen, die 2019 ganz oder teilweise im Ausland gewohnt haben. Es geht um die Besteuerung in- und ausländischer Einkünfte und um weitere Spezialprobleme mit Auslandsbezug. Wer hier etwas auszufüllen hat, braucht meist professionelle steuerliche Hilfe.

2020

Weitere Spartipps

Sind die Formulare endlich erledigt, hält sich Ihr Bedarf an weiteren Steuerinformationen vermutlich in Grenzen. Aber: Die nächste Steuererklärung kommt bestimmt. Und damit diese noch besser klappt, gibt es in diesem Kapitel wichtige Tipps und Hinweise, die über das unmittelbare Ausfüllen der Formulare hinausgehen, mit Zusatzinformationen sowohl für diejenigen, die ihre Steuererklärung noch auf Papier erstellen als auch für alle, die elektronisch mit ELSTER & Co. arbeiten.

So kann ein geschickter Umgang mit Einnahmen und Ausgaben im Jahresverlauf steuersenkend wirken. Freibeträge für höhere Werbungskosten und weitere abzugsfähige Ausgaben können dafür sorgen, dass Arbeitnehmer und Beamte sofort mehr Netto in der Tasche haben und nicht ein Jahr oder länger auf eine Steuererstattung warten müssen.

Eheleute und eingetragene Lebenspartner können mit der richtigen Steuerklassenwahl ihre laufende Lohnsteuerbelastung senken sowie höhere Lohnersatzleistungen kassieren.

Das alles funktioniert aber nur, wenn rechtzeitig die richtigen Weichen gestellt werden.

Das Jahresprinzip

Die Steuer ist vor allem ein „Jahresgeschäft". Sie kommt und geht mit dem Kalenderjahr. So läuft das auch mit Freibeträgen, Freigrenzen, Höchstbeträgen und mit der Berechnung der Einnahmen und Ausgaben.

Ausgaben für den Job

Arbeitnehmern und Beamten steht der Arbeitnehmerpauschbetrag von 1000 Euro zu, und das Jahr für Jahr (→ Seite 86). Etwa die Hälfte der Arbeitnehmer kommt mit dieser Pauschale aus, weil sie im Jahresverlauf keine höheren Werbungskosten haben. Mit etwas guter Planung und mit dem Blick auf das Jahresprinzip lassen sich bei gleicher Ausgabenhöhe manchmal trotzdem höhere Werbungskosten geltend machen.

→ Zum Beispiel Wanda W.

Die alleinstehende Arbeitnehmerin hat außer der Entfernungspauschale von 350 Euro keine Werbungskosten. In diesem Jahr plant sie jedoch eine Fortbildung, die sie 500 Euro kosten wird. Im nächsten Jahr folgt ein Anschlusskurs zum gleichen Preis. Wanda könnte in beiden Jahren jeweils 850 Euro an Werbungskosten geltend machen (350 plus 500). In beiden Jahren würden die Fortbildungskosten im Arbeitnehmerpauschbetrag „verschwinden" und steuerlich wirkungslos bleiben. Wanda verhindert das: Sie zahlt in diesem Jahr die Kursgebühren für beide Jahre. Das bringt ihr 1 350 Euro Werbungskosten (2 mal 500 plus 350) und damit 350 Euro oberhalb der Pauschale (1 350 minus 1 000). Bei einem Grenzsteuersatz von 30 Prozent (→ Seite 256) spart sie dadurch gut hundert Euro Steuern.

Einnahmen verschieben

Ein geschickter Umgang mit Einnahmen kann ebenfalls steuersenkend wirken. Arbeitnehmer und Beamte haben hier aber relativ geringen Spiel-

raum, denn reguläre Lohnzahlungen lassen sich zeitlich kaum beeinflussen. Bei Sonderzahlungen, etwa Prämien, lässt sich der Chef manchmal auf eine zeitliche Verschiebung ein. Die könnte zweckmäßig sein, wenn jemand in diesem Jahr relativ viel und im nächsten Jahr voraussichtlich weniger verdient. Kommt die Prämie erst im nächsten Jahr, sorgt das für einen Belastungsausgleich und damit unter dem Strich über beide Jahre für weniger Steuern. Bei Abfindungen und Vergütungen für mehrere Jahre kann sich das erheblich auswirken. Verlässt ein Angestellter im Dezember seinen Job mit einer ordentlichen Abfindung, ist es manchmal zweckmäßig, dass diese erst im Januar darauf ausgezahlt wird. In solchen Fällen sollte aber ein Steuerprofi alles vorher durchrechnen.

Private Kosten

Krankheitskosten sind als außergewöhnliche Belastung absetzbar. Sie bewirken aber nur dann eine steuerliche Entlastung, wenn sie die sogenannte zumutbare Belastung überschreiten. Das ist eine Rechengröße, die je nach Verdienst und Familiensituation zwischen 1 und 7 Prozent der Einkünfte liegt. Wie das genau funktioniert, steht ab Seite 53 und 246. Auch hier gilt wieder das Jahresprinzip: Wenn die Krankheits- und Gesundheitskosten eines Jahres die Hürde der zumutbaren Belastung nicht überspringen, bleiben sie steuerlich unwirksam.

Im nächsten Jahr steht dieselbe Hürde in gleicher oder in ähnlicher Höhe wieder da. Krankheiten lassen sich nicht „planen", Krankheitskosten manchmal schon, etwa bei (teurem) Zahnersatz, bei Kuren, neuen Brillen oder größeren Medikamentenbestellungen. Gelingt das Zusammenschnüren von Kosten in einem Jahr, wirkt sich das steuerlich vorteilhaft aus (→ Beispiel Seite 54). Ansonsten „verschwindet“ Jahr für Jahr alles in der zumutbaren Belastung.

Für Handwerkerleistungen in der Privatwohnung gibt es pro Jahr eine Steuererstattung von bis zu 1200 Euro (→ ab Seite 58). Sanieren beispielsweise Maler, Klempner und Fliesenleger im selben Jahr Räume des Eigenheims und stellen dafür 10 000 Euro Personalkosten in Rechnung, wären im Prinzip maximal 20 Prozent davon, also 2 000 Euro, absetzbar. Praktisch ist aber bei 1200 Euro im Jahr Schluss mit der Steuererstattung für Handwerkerkosten. Würde in diesem Jahr nur ein Teil der Arbeiten in Rechnung gestellt, der andere Teil im nächsten Jahr, wären insgesamt 800 Euro Steuererstattung mehr möglich. Eine Überlegung sollte es wert sein, die Sanierungsmaßnahme vor der Jahreswende zu beginnen. Eine Teilzahlung auf die Arbeitsleistung sollte im „alten Jahr“ überwiesen werden.

Prüftermin 1. Advent

Wegen des Jahresprinzips ist Silvester ein entscheidender Steuertermin. Alles, was bis Mitternacht an Einnahmen und Ausgaben geflossen ist, gehört grundsätzlich zum abgelaufenen Jahr. Was danach fließt, wirkt sich bereits für das nächste Jahr aus. Um den 1. Advent herum empfiehlt sich neben weihnachtlicher Einkehr auch eine steuerliche. Dann ist es ganz gut möglich, das alte Jahr zu überblicken und das neue Jahr bereits ins Visier zu nehmen. Bis Silvester bleibt noch etwas Zeit, zum Beispiel um noch in Arbeitsmittel zu investieren, um die Zahnarztrechnung zu bezahlen oder den Maler zu beauftragen und seine Rechnung anzuzahlen. Es ist auch die Zeit, um zu überprüfen, ob die gewählte Lohnsteuerklasse optimal ist, ob der Freistellungsauftrag bei der Bank reicht oder wie sich mit Freibeträgen der laufende Lohnsteuerabzug verringern lässt.

Fazit: Es kommt nicht darauf an, ständig mit der „Steuerbrille“ durch die Gegend zu schauen. Das schaffen nicht mal Steuerberater. Es kann sich aber für Arbeitnehmer auszahlen, ein paar steuerliche Grundmuster im Hinterkopf zu haben. Das Jahresprinzip gehört dazu.

Freibeträge für Arbeitnehmer

In den meisten Fällen fordert das Finanzamt von Arbeitnehmern und Beamten zunächst mehr, als ihm zusteht. Warum das so ist, steht ab Seite 16. Um das zu ändern, haben Angestellte nur eine Möglichkeit: Sie können ihre voraussichtlich anfallenden Werbungskosten, Sonderausgaben oder außergewöhnlichen Belastungen in sogenannte Freibeträge umwandeln. Wenn sie angeben, dass ihnen im Jahresverlauf bestimmte Aufwendungen entstehen werden, vermerkt die Finanzverwaltung die voraussichtlichen Kosten in den ELSTAM (elektronische Lohnsteuerkarte)und der Arbeitgeber erhält die Mitteilung zum Steuerfreibetrag per Datenübertragung. Der Arbeitgeber behält dann entsprechend weniger Lohnsteuer ein und zahlt mehr Nettolohn aus. Damit verringern Angestellte ihre Steuerzahlung schon im Jahresverlauf und müssen nicht auf die Erstattung zu viel gezahlter Steuern per Steuererklärung warten.

Unter dem Strich zahlen sie dann zwar auch nicht weniger Steuern, aber sie haben sofort mehr Netto in der Tasche und das hilft manchmal schon sehr viel weiter. Und sei es nur, um den Dispo-Kredit nicht unnötig zu strapazieren.

Weil Freibeträge die Zukunft betreffen, will das Finanzamt manchmal Nachweise darüber, dass die beantragten Kosten mit hoher Wahrscheinlichkeit auch auftreten werden. Das ist in vielen Fällen kein Problem. So können zum Beispiel Angestellte mit einem langen Arbeitsweg, mit einem auswärts studierenden Kind oder einer erheblichen Kirchensteuerbelastung klar belegen, dass ihnen eine laufende Entlastung zusteht. Andere Fälle sind schwieriger, etwa wenn eine aufwendige Ausbildung oder der Kauf von teuren Arbeitsmitteln geplant ist. Dann müssen Arbeitnehmer und Beamte künftige Ausgaben „glaubhaft machen", indem sie erklären, dass sie anstehen. Normalerweise akzeptiert das Amt solche Erklärungen, wenn sie nachvollziehbar sind. Arbeitnehmer mit eingetragenem Freibetrag müssen grundsätzlich eine Steuererklärung abgeben. Ausnahmen: Bei Bruttolöhnen bis 11 600/22 050 Euro (alleinstehend/verheiratet, verpartnert) sowie beim Behinderten- und Hinterbliebenenpauschbetrag entfällt für das Steuerjahr 2019 die Abgabepflicht.

Hürde beachten

Das Finanzamt trägt aber nicht jeden Minifreibetrag ein. Es wird erst aktiv, wenn im Jahr insgesamt mehr als 600 Euro an Freibeträgen aller Art zusammenkommen. Das ist die sogenannte allgemeine Antragsgrenze, und die hat Folgen. So müssen Arbeitnehmer mehr als 1 600 Euro Werbungskosten haben, bevor das Amt einen Freibetrag für Werbungskosten berücksichtigt. Grund: Sie müssen zunächst den Arbeitnehmerpauschbetrag von 1 000 Euro überwinden, denn der wird bereits beim laufenden Lohnsteuerabzug automatisch berücksichtigt. Haben sie das geschafft, müssen sie zusätzlich die 600-Euro-Hürde der allgemeinen Antragsgrenze nehmen. Beispielsweise muss ein Arbeitnehmer, der ausschließlich Fahrtkosten zwischen Wohnung und Betrieb als Freibetrag geltend machen kann, bei 230 Arbeitstagen im Jahr mindestens 24 Kilometer entfernt vom Betrieb wohnen. Er kommt so auf 1 656 Euro (230 Tage mal 24 km mal 0,30 Euro, → Seite 87). Bei 23 Kilometer Entfernung würde er mit 1 587 Euro den Freibetrag knapp verfehlen.

Zum Glück gilt die allgemeine Antragsgrenze für einige „freibetragsträchtige" Positionen nicht. So dürfen beispielsweise der Hinterbliebenenpauschbetrag, der Behindertenpauschbetrag, Verluste im laufenden Jahr und Verlustvorträge, Ausgaben für Handwerkerleistungen und für haushaltsnahe Dienstleistungen, der Erhöhungsbetrag für Alleinerziehende mit mehreren Kindern oder Kinderfreibeträge für im Ausland lebende Kinder, für die es kein Kindergeld gibt, auch dann als Freibetrag berücksichtigt werden, wenn sie unter der 600-Euro-Marke bleiben.

Ausgaben für den Job

Für Arbeitnehmer und Beamte sind Werbungskosten aller Art in der Regel die wichtigste Quelle von Freibeträgen, vor allem die Entfernungspauschale von 30 Cent für jeden Entfernungskilometer zwischen Wohnung und Betrieb. In dieser Entfernungspauschale sind grundsätzlich sämtliche Fahrzeugkosten eingerechnet. Unfallkosten, verursacht durch eine berufliche Fahrt, dürfen aber zusätzlich zur Pauschale geltend gemacht werden (→ Seite 90).

Auch wer im Job viel unterwegs ist, kann das Finanzamt an Kosten für Fahrt, Unterkunft und Verpflegung beteiligen. Arbeitnehmer, die beispielsweise vorübergehend in einen Filialbetrieb beordert werden, auf Dienstreise sind oder regelmäßig weitere Arbeitsplätze aufsuchen, können dafür in der Regel die tatsächlichen Fahrt- und Übernachtungskosten als Werbungskosten abrechnen. Auch hier gibt es für jeden gefahrenen Kilometer mit dem privaten Pkw pauschal 30 Cent und je nach Abwesenheitsdauer für maximal drei Monate im Inland Verpflegungspauschalen von 12 oder 24 Euro (→ Seite 111).

Ausgaben für Fortbildung, Fachbücher, Fachzeitschriften, Werkzeug, Computer, Büromöbel, Arbeitsbekleidung und andere Arbeitsmittel sorgen ebenfalls für Freibeträge. Kosten für ein häusliches Arbeitszimmer spielen in Sachen Freibetrag eine größere Rolle, ebenso Ausgaben für eine doppelte Haushaltsführung (weitere Einzelheiten zu den Werbungskosten → ab Seite 86).

Entlastung für Eltern

Eltern dürfen pro Kind maximal 6 000 Euro Kinderbetreuungskosten geltend machen. Weil das Finanzamt zwei Drittel dieser Summe akzeptiert, können bis zu 4 000 Euro pro Kind als Freibetrag eingetragen werden. Egal ob Kinderbetreuungskosten ganzjährig anfallen oder nur in einem Teil des

Jahres, werden sie als Freibetrag immer bis 4 000 Euro berücksichtigt. Bei der Betreuung im Ausland, beispielsweise bei in Deutschland arbeitenden Vätern und in der Heimat lebenden Müttern, ist der Höchstbetrag entsprechend der Ländergruppeneinteilung zu kürzen.

Die Kinderbetreuungskosten sind Sonderausgaben und gelten für jedes Kind bis zum 14. Geburtstag, für behinderte Kinder ohne Altersbegrenzung (→ Seite 136).

Eltern dürfen 30 Prozent des Schulgelds für Privatschulen in einen Freibetrag umwandeln (bis 5 000 Euro) sowie erhöhte Aufwendungen bei auswärtiger Unterbringung während der Ausbildung eines Kindes (→ Seite 133 und 135). Der Kinderfreibetrag und der Betreuungsfreibetrag spielen beim laufenden Lohnsteuerabzug in der Regel keine Rolle, weil die Kinderförderung zunächst über das Kindergeld läuft. Erst wenn sich nach Ablauf des Jahres herausstellt, dass Eltern mit den Freibeträgen besser fahren als mit dem Kindergeld, erhalten sie die steuerliche Entlastung nach Post Eingang des Steuerbescheids ausgezahlt. Diese Freibeträge können nicht vorab mit der Lohnsteuerermäßigung geltend gemacht werden. Eine Ausnahme gilt, wenn für Kinder im Ausland kein Kindergeld gezahlt wird.

Besonderes und Außergewöhnliches

Auch Sonderausgaben wie Spenden, Kirchensteuer, Unterhaltszahlungen an den Ex-Ehe-/Lebenspartner oder Ausbildungskosten für eine erstmalige Berufsausbildung können zu Freibeträgen führen (→ ab Seite 44). Freibetragsfähig sind ebenso außergewöhnliche Belastungen wie Krankheits-, Behinderungs- und Pflegekosten.

Wenn absehbar ist, dass bestimmte Krankheitskosten (beispielsweise für chronische Leiden, Kur, Zahnsanierung) anstehen, können Arbeitnehmer dafür einen Freibetrag beim Finanzamt beantragen. Wichtig ist, dass Sie anstehende Aufwendungen belegen oder zumindest glaubhaft darlegen können. Und dann entscheidet das Amt, ob es mitgeht oder ablehnt. Da man die Kosten letztlich immer mit der Steuererklärung durchboxen muss, lohnt sich der Aufwand einer Klage an dieser Stelle in der Regel nicht. Auch

- Behindertenpauschbeträge,
- Freibeträge für Kinder über 18, die auswärts wohnen,
- sowie Unterhaltszahlungen an Angehörige

lassen sich für die Verringerung der laufenden Lohnsteuer nutzen. So kann etwa die geplante finanzielle Unterstützung der 27-jährigen Tochter als Freibetrag eintragen werden (→ ab Seite 143)

Aber: Die Beiträge zur Sozialversicherung können Arbeitnehmer nicht zu Freibeträgen machen, weil diese bereits als Vorsorgeaufwand den laufenden Lohnsteuerabzug senken.

Rund um den Haushalt

Für Dienstleistungen rund um den Haushalt fallen die einzutragenden Freibeträge besonders üppig aus. Grund: Hier handelt es sich nicht um Abzugsbeträge vom steuerpflichtigen Einkommen, sondern um eine Verringerung der tatsächlich zu zahlenden Steuer um maximal 4 000 Euro (→ ab Seite 58) Der Freibetrag beläuft sich deshalb auf das Vierfache der voraussichtlichen Steuererstattung, also maximal auf 16 000 Euro (4 mal 4 000 Euro).

Bei Handwerkerleistungen sind es 4 800 Euro (4 mal 1 200). Für eine Haushaltshilfe mit Minijob gibt es einen Freibetrag von bis zu 2 040 Euro im Jahr (4 mal 510) und das sogar zusätzlich zu den Freibeträgen für haushaltsnahe Dienst- und Handwerkerleistungen.

→ Zum Beispiel Andrea und Andreas A.

Beide sind Arbeitnehmer, beide haben die Lohnsteuerklasse IV. Andreas verdient 3 000 Euro brutto im Monat, Andrea 1 500 Euro. Sie sind verheiratet und haben ein Kind von 5 Jahren. Beide fahren gemeinsam den täglichen Arbeitsweg von 10 Kilometern zu ihrem Betrieb.

Wie schaut es in diesem Fall mit den möglichen Freibeträgen aus?

- Kinderbetreuungskosten: Für Kindergarten, Tagesmutter und Babysitter muss Familie A. voraussichtlich 5 400 Euro Kinderbetreuungskosten zahlen. Das Finanzamt berücksichtigt zwei Drittel davon, also 3 600 Euro, als Freibetrag für Andreas.
- Reparaturen: Für Reparaturarbeiten am Dach ihres Einfamilienhauses hat die Baufirma Personalkosten von 5 500 Euro veranschlagt. Davon 20 Prozent, das sind 1100 Euro, winken als Steuererstattung. Als Freibetrag für Andreas berücksichtigt das Finanzamt hier das Vierfache, also 4 400 Euro.
- Fahrtkosten: Die Fahrtkosten zum Betrieb führen in diesem Fall nicht zu einem Freibetrag, denn 10 Kilometer mal 230 Tage mal 0,30 Euro bringen Andreas nur 690 Euro Werbungskosten und die „verschwinden" im Arbeitnehmerpauschbetrag von 1 000 Euro. Zusammen mit den 690 Euro Kilometerpauschale von Andrea würde er die Hürde nehmen. Das funktioniert aber nicht, weil für einen Freibetrag Werbungskosten immer nur derjenige geltend machen kann, dem sie tatsächlich entstanden sind. Diese strikte Trennung gilt auch bei Ehepaaren.

Andreas erhält einen Freibetrag von 8 000 Euro (3 600 Euro Kinderbetreuung plus 4 400 Euro Dachsanierung). Das bringt Familie A. rund 202 Euro mehr Netto pro Monat, denn sie zahlen im Jahresverlauf dank Freibetrag etwa 2 419 Euro weniger Lohnsteuer und Solidaritätszuschlag.

Lohnersatzleistungen

Freibeträge können in manchen Fällen auch zu mehr Lohnersatzleistungen führen. Sie erhöhen bei der Berechnung von Krankengeld, Mutterschaftsgeld & Co. das Nettoeinkommen und damit die Berechnungsgrundlage dieser Leistungen. Beim Eltern- und beim Arbeitslosengeld funktioniert die Leistungserhöhung durch den vorherigen Eintrag von Freibeträgen nicht mehr. Dieser neuen Einschränkung können verheiratete Eltern aber entgehen, wenn sie das sogenannte Faktorverfahren nutzen (→ Seite 204).

Richtig beantragen

Den Hauptvordruck „Antrag auf Lohnsteuer-Ermäßigung“ muss jeder Antragsteller ausfüllen. Je nach Bedarf gibt es die „Anlage Kinder“, die „Anlage Sonderausgaben/außergewöhnliche Belastungen“, die „Anlage Werbungskosten“. Die Formulare bekommen Sie beim Finanzamt oder im Internet unter www.formulare-bfinv.de. Auf der linken Seite zuerst die Rubrik „Steuerformulare“ und dann im mittleren Feld „Lohnsteuer (Arbeitnehmer)“ anklicken. Bis zum 30. November können Sie noch für das laufende Jahr den Antrag beim Finanzamt stellen. Ein Freibetrag wirkt sich dann jeweils zum nächsten Monatsersten aus. Wer im November beantragt, erhält im Dezember den Jahresfreibetrag auf einmal angerechnet und organisiert sich so ein zusätzliches Weihnachtsgeld. Soll der Freibetrag des Vorjahres erneut eingetragen werden oder ein geringerer, reicht der zweiseitige Hauptvordruck aus.

→ **TIPP:** Arbeitnehmer können Freibeträge auf Lohnsteuerermäßigung mit zweijähriger Gültigkeit beantragen. Achtung: Wenn sich die Verhältnisse während der Gültigkeitsdauer zuungunsten der Arbeitnehmer ändern, zum Beispiel weil weniger Werbungskosten anfallen als beantragt, sind Arbeitnehmer verpflichtet, dem Finanzamt solche Änderungen umgehend mitzuteilen.

Gehalts-Extras vom Chef

Wenn Arbeitnehmer beim Chef wegen höherer Bezüge anklopfen, ernten sie in der Regel wenig Begeisterung. Da könnten schlüssige Argumente helfen, und die liefert ausgerechnet das Finanzamt. Es gibt eine ganze Reihe von Leistungen, die Arbeitgeber ihren Mitarbeitern ganz oder teilweise steuerfrei zukommen lassen können, in vielen Fällen auch frei von Sozialabgaben. Davon profitieren unter dem Strich beide Seiten, denn steuerbegünstigte Gehalts-Extras bringen Arbeitnehmern deutlich mehr als übliche Gehaltserhöhungen und der Arbeitgeber spart bei seinen Sozialabgaben. Zusatzargument: Extras können das Betriebsklima fördern.

Voraussetzung für einen Steuerbonus ist in der Regel, dass die Arbeitgeberleistung zusätzlich zum geschuldeten Lohn erfolgt. Im Folgenden finden Sie eine Auswahl.

Arbeitgeberdarlehen

Für Darlehen des Arbeitgebers fallen keine Abgaben an, wenn der Arbeitgeber marktübliche Zinsen verlangt. Bei einem niedrigeren Effektivzins muss der Arbeitnehmer nur die Differenz zwischen dem marktüblichen Zins und dem geringeren Zinssatz des Arbeitgeberkredits versteuern. Wegen der derzeit sehr niedrigen Vergleichszinsen (Effektivzins der Deutschen Bundesbank) ergibt sich nur selten ein steuerpflichtiger Vorteil.

BahnCard

Der Arbeitgeber kann für Mitarbeiter, die dienstlich viel unterwegs sind, die Kosten einer BahnCard steuer- und beitragsfrei übernehmen. Auch die private Mitnutzung der BahnCard durch den Arbeitnehmer löst keine Abgabenbelastung aus, wenn für den Arbeitgeber durch die BahnCard die Kostenersparnis für die betrieblichen Fahrten höher ausfällt als die Kosten der BahnCard selbst.

Betreuungsleistungen

Der Arbeitgeber kann Betreuungsleistungen bis 600 Euro im Jahr für Kinder oder pflegebedürftige Angehörige von Arbeitnehmern steuer- und beitragsfrei übernehmen, wenn solche Leistungen durch berufliche Sondersituationen erforderlich geworden sind.

Elektromobilität

Arbeitnehmer können private Elektro- und Hybridfahrzeuge oder auch das E-Bike an Stromladestationen des Arbeitgebers steuer- und versicherungsfrei betanken. Schenkt der Arbeitgeber dem Arbeitnehmer eine Ladevorrichtung, kann er das pauschal versteuern, der Arbeitnehmer bleibt belastungsfrei.

Entfernungspauschale

Der Arbeitgeber kann die Entfernungspauschale von 30 Cent pro Kilometer einfacher Entfernung für Fahrten zwischen Wohnung und Betrieb übernehmen. Dafür zahlt der Arbeitgeber 15 Prozent Pauschalsteuer. Weitere Steuern und Sozialversicherungsbeiträge fallen nicht an. Die Kosten eines Monatstickets für Bus und Bahn kann der Arbeitgeber sogar völlig abgabenfrei übernehmen, wenn es maximal 44 Euro im Monat kostet.

Erholungsbeihilfen

Wenn der Arbeitgeber seinem Arbeitnehmer bis 156 Euro im Jahr Erholungsbeihilfe zahlt, bis 104 Euro für dessen Ehepartner und bis 52 Euro pro Kind, bleibt das sozialversicherungsfrei. Der Arbeitgeber muss die Zahlung allerdings pauschal mit 25 Prozent versteuern.

Fahrräder und E-Bikes

Arbeitgeber können seit 2019 ihren Beschäftigten Firmen-Fahrräder zur Privatnutzung überlassen, ohne dass ein geldwerter Vorteil zu versteuern ist. Dies gilt selbst für E-Bikes, die kraftfahrzeugrechtlich als Fahrräder eingestuft sind, weil die Elektrounterstützung nur bis 25 km/h erfolgt.

Fahrtickets für öffentliche Verkehrsmittel

Wenn der Arbeitgeber zusätzlich zum Arbeitslohn Zuschüsse für Fahrtickets im Linienverkehr zwischen Wohnung und Arbeitsstätte zahlt, bleibt das steuer- und sozialabgabenfrei. Das gilt auch, wenn der Arbeitnehmer damit private Fahrten im öffentlichen Personennahverkehr durchführen kann.

Firmenwagen

Einen Dienstwagen schätzen viele Arbeitnehmer mehr als eine Gehaltserhöhung. Sie können den Wagen auch privat nutzen und der Arbeitgeber übernimmt nicht nur den Kauf, sondern begleicht meist auch die Tankfüllungen, zahlt die Versicherung, Kfz-Steuer und die Werkstattkosten. Die Mitarbeiter haben am Monatsende zwar etwas weniger in der Lohntüte, sparen sich damit aber die Kosten eines Privatwagens. Das Finanzamt berechnet den steuerpflichtigen privaten Nutzen in der Regel nach der 1-Prozent-Methode. Dabei gelten monatlich 1 Prozent vom Listenpreis des Autos plus eine Pauschale für jeden Fahrtkilometer zwischen Wohnung und Arbeitsstelle als fiktiver Zusatzlohn, auf den Einkommensteuer erhoben wird. Alternativ kann per Fahrtenbuch abgerechnet werden. Für Elektro- und Hybridfahrzeuge, die ab 2019 überlassen werden, wird der geldwerte Vorteil nur aus der Hälfte des Listenpreises berechnet.

Gesundheitsförderung

Für Massagen, Rückenschulen, Raucherentwöhnung, Stressbewältigungskurse und andere Gesundheitsmaßnahmen innerhalb und außerhalb der Firma kann der Arbeitgeber seinem Mitarbeiter pro Jahr 500 Euro spendieren. Die Ausgaben bleiben steuer- und versicherungsfrei. Achtung: Beiträge an Sportvereine oder an Fitness-Studios sind nicht begünstigt.

Gutscheine

Der Arbeitgeber kann seinem Mitarbeiter pro Monat Sachleistungen von maximal 44 Euro steuer- und versicherungsfrei zuwenden. Dabei kann es sich beispielsweise um Benzin- oder andere Warengutscheine handeln.

Mitarbeiterbeteiligungen

Belegschaftsaktien und andere Formen der Vermögensbeteiligung am Unternehmen des Arbeitgebers bleiben bis 360 Euro im Jahr steuer- und beitragsfrei. Der Arbeitnehmer hat hier sogar die Möglichkeit, bis 360 Euro seines regulären Lohns in eine Mitarbeiterbeteiligung umwandeln zu lassen. Dann hat er zwar weniger Lohn, aber dafür die Hoffnung, dass sich seine Beteiligung ordentlich entwickelt. Und er zahlt weniger Abgaben.

PC & Co.

Nutzt ein Arbeitnehmer einen PC des Arbeitgebers (samt Drucker und anderen Peripheriegeräten) sowie Telekommunikationsgeräte des Arbeitgebers privat im Betrieb oder außerhalb, bleibt das steuer- und beitragsfrei. Bei einer Schenkung solcher Geräte an den Mitarbeiter kann der Arbeitgeber den geldwerten Vorteil pauschal mit 25 Prozent versteuern. Der Mitarbeiter bleibt unbelastet.

Personalrabatt

Überlässt der Chef seinem Arbeitnehmer Waren oder Dienstleistungen aus seiner Produktion oder aus seinem Angebot, bleiben im Kalenderjahr bis zu 1080 Euro davon steuer- und beitragsfrei. Auf Waren und Leistungen gibt es außerdem 4 Prozent Abschlag.

Kinderbetreuung

Übernimmt der Arbeitgeber Kosten für die Betreuung des Nachwuchses seiner Mitarbeiter im Vorschulalter, fallen weder für ihn noch für den Arbeitnehmer Lohnsteuer und Sozialversicherung an. Die Betreuung muss aber außerhalb des eigenen Haushalts der Eltern erfolgen.

→ Zum Beispiel Bettina B.

Die alleinerziehende Angestellte mit 3000 Euro Monatsgehalt (Steuerklasse II) zahlt monatlich 280 Euro Kita-Gebühr. Sie verhandelt mit dem Chef, ob er statt der Gehaltserhöhung die Kita-Gebühr übernimmt. Die einfache Rechnung überzeugt ihn: Er hat so 56 Euro weniger Lohnnebenkosten (336 minus 280) und Bettina 130 Euro mehr in der Tasche als durch die Gehaltserhöhung (2 299 minus 2 169).

Vergleichsrechnung für Bettina B.	Mit Kitazuschuss	Mit Gehaltserhöhung
Bruttogehalt vorher	3 000	3 000
Nettogehalt vorher	2 019	2 019
Bruttogehalt nachher	3 000	3 280
Nettogehalt nachher	2 019	2 169
Kindergartenzuschuss	280	0
Netto insgesamt (Nettogehalt nachher plus Zuschuss)	2 299	2 169
Zusatzkosten des Arbeitgebers (alle Angaben in Euro)	**280**	**336**

Nebeneinkünfte

Wenn Arbeitnehmer neben ihrem Lohn weitere Einkünfte haben, können sie insgesamt bis zu 410 Euro im Jahr steuerfrei kassieren. Das sind beispielsweise

- freiberufliche Einkünfte,
- Einkünfte aus Gewerbebetrieb,
- Mieteinkünfte,
- Renteneinkünfte.

Vermietet etwa ein Arbeitnehmer eine Ferienwohnung, die ihm nach Abzug von Abschreibung, Zinsen und anderen Werbungskosten jährlich 400 Euro steuerpflichtige Einkünfte beschert, bleiben diese steuerfrei. Das ist ein Vorteil, den nur Arbeitnehmer, Beamte und Pensionäre haben, und sie müssen wegen solcher Zusatzeinkünfte bis 410 Euro auch keine Steuererklärung abgeben.

Sobald die Nebeneinkünfte über 410 Euro liegen, verändert sich die Lage: Die Nebeneinkünfte des Arbeitnehmers sind nicht mehr steuerfrei und er muss eine Steuererklärung abgeben. Aber der Vorteil ist nicht gleich komplett verloren, er schmilzt bis 820 Euro langsam ab. Den „Härteausgleich" können ebenfalls nur Arbeitnehmer, Beamte und Pensionäre nutzen. Er bewirkt, dass Nebeneinkünfte bis 820 Euro etwas milder besteuert werden.

Das passiert durch eine einfache Formel: 820 Euro minus Nebeneinkünfte ergibt den Freibetrag für die Nebeneinkünfte. Hätte der Arbeitnehmer und Nebenerwerbsvermieter aus dem Beispiel oben nicht 400 Euro, sondern 500 Euro Mieteinkünfte, würde das Finanzamt zunächst die 820-Euro-Grenze um die Mieteinkünfte von 500 Euro verringern. Das Ergebnis wären 320 Euro (820 minus 500).

Diese 320 Euro mindern das Einkommen. Unter dem Strich wären nicht alle 500 Euro Mieteinkünfte steuerpflichtig, sondern nur 180 Euro (500 minus 320). Je mehr sich die Nebeneinkünfte der 820-Euro-Grenze nähern, umso geringer wird der steuerfreie Betrag. Erreichen sie 820 Euro, beträgt er null und sämtliche Nebeneinkünfte sind voll steuerpflichtig.

Für Ehe- und Lebenspartner gilt übrigens die gleiche Grenze von 410 Euro. Sie verdoppelt sich nicht, obwohl die Nebeneinkünfte beider Partner zusammengerechnet werden. Ehepaare und Lebenspartner sollten überlegen, ob sich deswegen zwei getrennte Steuererklärungen lohnen. Hat zum Beispiel die Ehefrau 400 Euro Nebeneinkünfte und der Ehemann 600 Euro, müssten sie das zusammen voll versteuern, weil mit 1000 Euro Nebeneinkünften die 820-Euro-Hürde gerissen wäre. Bei getrennten Steuererklärungen blieben die Nebeneinkünfte der Ehefrau dagegen ganz steuerfrei, weil sie unter 410 Euro liegen. Der Ehemann könnte den Härteausgleich nutzen und damit einen Freibetrag von 220 Euro (820 minus 600). In diesem Fall sollte ein Steuerprofi helfen, denn getrennte Steuererklärungen können an anderer Stelle Nachteile bringen (→ Seite 37 und 202).

Auch Nebeneinkünfte sind Einkünfte, wie sie das Steuerrecht versteht (→ Seite 10). Es geht hier immer um Einnahmen minus Werbungskosten oder Betriebsausgaben. Außerdem werden der Altersentlastungsbetrag (→ Seite 170) und der Freibetrag für Einkünfte aus Land- und Forstwirtschaft berücksichtigt . Hätte der Arbeitnehmer und Nebenerwerbsvermieter aus dem Beispiel oben im Jahr 2010 seinen 65. Geburtstag gefeiert und wäre Pensionär geworden, stünde ihm ein Altersentlastungsbetrag von 32 Prozent seiner Mieteinkünfte von 500 Euro zu (→ Seite 251). Das wären 160 Euro und somit blieben nur 340 Euro steuerpflichtige Mieteinkünfte übrig (500 minus 160). Weil die Nebeneinkünfte damit unterhalb von 410 Euro liegen würden, blieben sie komplett steuerfrei und eine Steuererklärung ist nicht erforderlich , weil für Pensionäre dieselben Regeln wie für aktive Arbeitnehmer gelten. Das ist sicher kein alltäglicher Fall, er zeigt aber, dass auch eher geringe Entlastungen spürbare Steuerersparnisse bringen können.

Für Zinsen und andere Kapitaleinnahmen können Arbeitnehmer, Beamte und Pensionäre die Steuerfreiheit bis 410 Euro und den Härteausgleich bis 820 Euro nicht nutzen.

Mini-, Midi-, Maxijobs

Minijobs können bis zu 450 Euro im Monat steuerfrei bleiben. Voraussetzung ist, dass der Arbeitgeber den Lohn pauschal mit 2 Prozent versteuert. In der Steuererklärung bleibt der Lohn dann unberücksichtigt, allerdings auch die Werbungskosten hierfür. Dennoch ist das meist günstiger als die individuelle Besteuerung. Minijobber sollten deshalb rechtzeitig mit ihrem Arbeitgeber klären, ob er den Lohn pauschal besteuert.

Für Minijobber zahlt der Arbeitgeber außerdem pauschale Sozialabgaben: 15 Prozent Rentenversicherung, 13 Prozent Krankenversicherung und etwa 1 bis 2,5 Prozent weitere Beiträge und Umlagen. Zusammen mit 2 Prozent Lohnsteuer sind das rund 32 Prozent. Minijobs in Privathaushalten erfordern weniger Abgaben. Neben 2 Prozent Lohnsteuer sind für die Rentenversicherung und Krankenversicherung jeweils nur 5 Prozent zu zahlen. Mit weiteren Umlagen und Beiträgen sind das für den Arbeitgeber insgesamt 14,69 Prozent Abgaben.

Minijobber selbst zahlen grundsätzlich nur ihren Differenzanteil zur Rentenversicherung. Das sind bei gewerblichen Arbeitgebern derzeit 3,6 Prozent (18,6 Prozent Gesamtbeitrag minus 15 Prozent Arbeitgeberanteil). Bei Minijobs in Privathaushalten beträgt der Rentenbeitrag 13,6 Prozent (18,6 minus 5 Prozent). Auf Antrag können sich Minijobber von der Rentenversicherung befreien lassen. Allerdings verlieren sie damit bestimmte Vorteile aus der Versicherung wie die volle Anrechnung der Beschäftigungszeit und des Verdienstes für die Rentenansprüche und besseren Schutz etwa bei Erwerbsminderung. Mehr Informationen erhalten Minijobber und Arbeitgeber im Internet unter www.minijobzentrale.de.

Mehrere Minijobs

Manche Arbeitnehmer sind in mehreren Minijobs beschäftigt. Egal wie viele es sind, zusammengerechnet darf der Arbeitsverdienst aus allen Minijobs 450 Euro im Monat nicht überschreiten. Kommt mehr zusammen, ist die Abgabenfreiheit für den Arbeitnehmer in der Regel dahin.

Bei sozialversicherungspflichtig angestellten Arbeitnehmern ist das anders. Sie dürfen neben ihrem Hauptjob in nur einem für sie abgabenfreien Minijob arbeiten. Jeder weitere Minijob ist nicht mehr begünstigt. Verdient sich beispielsweise eine angestellte Altenpflegerin mit zwei Putzjobs für 450 Euro und für 200 Euro etwas hinzu, kann der erste Putzjob für sie abgabenfrei bleiben. Die 200 Euro aus dem zweiten Minijob werden dem Altenpflegerinnengehalt zugeschlagen und sind im Prinzip wie dieses steuer- und beitragspflichtig.

Noch etwas anders läuft es bei Beamten. Hier werden nebenbei verdiente Minilöhne unabhängig von ihrer Anzahl immer zusammengerechnet. Liegt der Arbeitsverdienst insgesamt nicht über 450 Euro, bleibt er abgabenfrei. Wenn die Minilöhne, wie im Beispiel, zusammen 450 Euro übersteigen, werden sie steuer- und abgabepflichtig. Eine Unterscheidung nach (begünstigtem) Minijob 1 und (nicht begünstigtem) Minijob 2 findet nicht statt. Das gilt auch für alle anderen Menschen, die nicht pflichtversichert sind.

Begünstigte Extras

Die 450-Euro-Grenze darf grundsätzlich nicht überschritten werden, ein Cent mehr Lohn verringert oder vernichtet den Abgabenvorteil.

Trotzdem ist mit 450 Euro im Monat das Ende der Fahnenstange noch nicht erreicht. Menschen mit Minijob können nämlich, genau wie andere Arbeitnehmer auch, steuerfreie Arbeitgeberleistungen erhalten. Das sind beispielsweise Kinderbetreuungskosten für Vorschulkinder, Benzingutscheine, einen Firmenwagen oder andere Sachzuwendungen bis 44 Euro monatlich (→ Seite 190). Diese Arbeitgeberleistungen zählen bei der Berechnung der 450-Euro-Grenze nicht mit und bringen die Abgabenfreiheit nicht in Gefahr.

Midijob

Wenn Arbeitnehmer und Beamte mit versicherungspflichtigem Hauptjob zusätzlich einen Minijob haben, endet ihre Abgabenfreiheit für die Nebentätigkeit genau bei 450 Euro. Anders sieht das bei Arbeitnehmern aus, die keinen Hauptjob haben, sondern nur einen (oder mehrere) Minijobs. Für sie gibt es eine Übergangsregelung, eine sogenannte Gleitzone. Die galt bis zum 30. Juni 2019 für Löhne von 450,01 bis 850 Euro. Seit dem 1. Juli 2019 geht der Übergangsbereich bis 1300 Euro.

Innerhalb dieses Bereiches erfolgt für die sogenannten Midijobs eine normale Lohnbesteuerung. Der Arbeitgeber zahlt auch den üblichen Beitragsteil zur Renten-, Kranken-, Pflege- und Arbeitslosenversicherung ohne Abstriche. Das sind derzeit rund 20 Prozent. Der Sozialversicherungsbeitrag (SV-Beitrag) des Arbeitnehmers wird allerdings nach einer ziemlich komplizierten Formel verringert (→ Tabelle Seite 248). Damit wird vermieden, dass die Abgaben bei einem Verdienst knapp über der Minijobgrenze abrupt ansteigen.

Neben der ausgeweiteten Gleitzone wurde als weitere Verbesserung geregelt, dass die niedrigeren Rentenbeiträge des Arbeitnehmers nicht zu geringeren Rentenansprüchen führen.

Bei einem Monatsverdienst von beispielsweise 500 Euro übernimmt der Arbeitgeber rund 99 Euro SV-Beitrag. Dank Gleitzone zahlt der Arbeitnehmer dagegen nur rund 59 Euro SV-Beitrag. Ohne diese Übergangsregelung wären es rund 100 Euro. Für den Arbeitnehmer bedeutet das unter dem Strich etwa 41 Euro Entlastung. Die schmilzt aber, je mehr sich der Lohn der 1 300-Euro-Grenze annähert, und dort endet der Vorteil ganz. An dieser Stelle schließt sich an den Midijob ein ganz normal steuer- und versicherungspflichtiger „Maxijob“ an.

Besonders ungünstig läuft es für Arbeitnehmer mit Midijob in der Lohnsteuerklasse V. Hier baut sich nicht nur die SV-Belastung schrittweise auf, sondern es kommt auch Lohnsteuer hinzu, die in den anderen Steuerklassen bei dieser Einkommenshöhe noch keine Rolle spielt. Arbeitnehmer in Steuerklasse V sollten deshalb überlegen, ob sie sich überhaupt auf einen Midijob einlassen. Bis zu einer Lohnhöhe von rund 600 Euro sind sie mit einem pauschal versteuerten und rentenversicherungsfrei gestellten Minijob für 450 Euro finanziell besser gestellt als mit einem Midijob. Nachteilig ist die geringere soziale Absicherung des Minijobs.

Lohnersatz

Wenn Angestellte nichts verdienen, weil sie krank oder arbeitslos sind, weil der Betrieb pleite ist oder weil sie ein Baby betreuen, erhalten sie anstelle von Lohn in der Regel eine sogenannte Lohnersatzleistung. Die ist zwar steuerfrei, kann sich steuerlich aber trotzdem auswirken. Die erste und überschaubare Auswirkung: Arbeitnehmer, die im Laufe des Jahres sowohl Arbeitslohn als auch Lohnersatzleistungen von über 410 Euro im Jahr erhalten haben, müssen eine Steuererklärung abgeben. Die 410-Euro-Grenze gilt übrigens für Alleinstehende sowie für Ehepaare und Lebenspartnerschaften. Sie verdoppelt sich für Paare also nicht.

Die zweite Auswirkung: Lohnersatzleistungen können, obwohl sie steuerfrei sind, die Steuerbelastung erhöhen - der sogenannte „Progressionsvorbehalt“. Was er im Zusammenhang mit Lohnersatz bedeutet, lässt sich kurz beschreiben: Zum zu versteuernden Einkommen wird eine im Jahresverlauf bezogene Lohnersatzleistung hinzugezählt. Das Finanzamt ermittelt den Steuersatz auf die Summe. Das ist der sogenannte besondere Steuersatz. Danach zieht das Rechenprogramm der Finanzverwaltung die Lohnersatzleistung wieder ab und wendet den besonderen Steuersatz auf das ursprüngliche zu versteuernde Einkommen an. Das Ergebnis ist in der Regel eine höhere Steuerbelastung als vorher (→ auch Beispiel auf Seite 201).

Die Höhe der Lohnersatzleistungen hängt auch von der Lohnsteuerklasse ab. Viele Lohnersatzleistungen werden auf der Grundlage des Nettoeinkommens berechnet und damit in Abhängigkeit von der Lohnsteuerklasse. Ehepaare und Lebenspartner können über den Wechsel der Steuerklassenkombination Einfluss auf die Höhe von Lohnersatzleistungen nehmen. Wie das funktioniert, wird ab Seite 205 beschrieben.

→ Zum Beispiel Chiara C.

Die alleinstehende und kinderlose Arbeitnehmerin hatte nach allen Abzügen 22 000 Euro zu versteuerndes Einkommen. Zusätzlich erhielt sie 3 000 Euro Kurzarbeitergeld von der Bundesagentur für Arbeit. Die steuerfreie Lohnersatzleistung erhöhte Chiaras Einkommensteuer um rund 381 Euro, wie die folgende Rechnung zeigt.

zu versteuerndes Jahreseinkommen (ohne Kurzarbeitergeld)	**22 000**
Einkommensteuer (Durchschnittssteuersatz: 13,41 Prozent)	2 951
Chiaras zu versteuerndes Jahreseinkommen mit Kurzarbeitergeld (22 000 plus 3 000)	25 000
Einkommensteuer (Durchschnittssteuersatz: 15,16 Prozent)	3 791
22 000 Euro zu versteuern mit dem besonderen Steuersatz von 15,16 Prozent	3 335
Mehrbelastung (ohne Soli) (3 335 minus 2 951, alle Angaben in Euro)	**384**

Lohnersatz ist aber nicht gleich Lohnersatz. Es gibt erstens Leistungen, die den Progressionsvorbehalt auslösen, und zweitens Leistungen, bei denen er keine Rolle spielt.

Zur ersten Gruppe gehören zum Beispiel Arbeitslosengeld (ALG I), Elterngeld, Insolvenzgeld, Krankengeld von Arbeitnehmern, die in der gesetzlichen Versicherung freiwillig oder pflichtversichert sind, Kurzarbeitergeld, Mutterschaftsgeld, Zuschuss zum Mutterschaftsgeld, Verletztengeld, Winterausfallgeld.

Alle Lohnersatzleistungen, die dem Progressionsvorbehalt unterliegen, sind in § 32b Absatz 1 des Einkommensteuergesetzes benannt.

Was dort nicht steht, bleibt frei vom Progressionsvorbehalt und gehört zur zweiten Gruppe, zum Beispiel Arbeitslosengeld II, Ein-Euro-Jobs, Krankengeld einer privaten Krankenversicherung, Sozialhilfe, Wohngeld, Zuschuss und Überbrückungsgeld für Existenzgründer.

Trauschein mit Steuereffekt

Ehepaaren gönnt der Fiskus ein paar Extravorteile. Die gelten genauso für eingetragene Lebenspartnerschaften. Jeder Verweis auf Ehepartner, den Sie in diesem Ratgeber finden, bezieht sich ebenfalls auf Lebenspartner, auch wenn das nicht immer ausdrücklich danebensteht (→ Seite 15). Der wirksamste Vorteil ist wohl ein spezieller Steuertarif. Der heißt „Splittingtarif“ und bringt Ehe- und Lebenspartnern in der Regel einen Steuernachlass. Der fällt umso höher aus, je unterschiedlicher die steuerpflichtigen Einkünfte beider Partner sind.

Splitting-Vorteil

Haben zum Beispiel Ehepaare/Lebenspartner zusammen ein zu versteuerndes Einkommen von 50 000 Euro, werden dafür 7 582 Euro Einkommensteuer fällig, wenn beide Partner eine gemeinsame Steuererklärung abgeben („Zusammenveranlagung“ → Seite 35). Wie sich das Einkommen auf beide verteilt, spielt keine Rolle.

Gibt aber jeder von ihnen eine eigene Steuererklärung ab („Einzelveranlagung“), werden die Partner im Prinzip wie zwei Alleinstehende besteuert und da zeigen sich die Unterschiede. Verdient einer alles und der andere nichts, würden bei einer Einzelveranlagung 12 295 Euro an Einkommensteuer fällig, also 4 713 Euro mehr als bei einer Zusammenveranlagung. Hätten beide ein gleiches zu versteuerndes Einkommen von 25 000 Euro, zahlte jeder bei einer Einzelveranlagung 3 791 Euro Einkommensteuer. Es wäre in diesem Fall zunächst egal, ob man gemeinsam oder einzeln seine Steuererklärung macht.

Ehepaare und eingetragene Lebenspartner können jedes Kalenderjahr erneut wählen, ob sie eine gemeinsame Steuererklärung abgeben möchten oder einzelne. Häufig ist die Zusammenveranlagung günstiger, weil unter dem Strich eine Steuerersparnis steht. Andere Lebenssituationen sind weniger eindeutig. Wenn beispielsweise das Einkommen einigermaßen gleich verteilt ist und es kommen nennenswerte Einnahmen hinzu, die dem Progressionsvorbehalt unterliegen (→ Seite 200), oder Verluste eines Partners, Abfindungen oder Nebeneinkünfte bis 410 Euro pro Jahr (→ Seite 195), hilft nur genaues Rechnen und das sollte am besten ein Steuerprofi übernehmen (→ Seite 213).

TIPP: Der Splittingtarif steht nur zusammenlebenden Ehe- und Lebenspartnern zu. Wenn aber getrennt lebende Partner einen Versöhnungsversuch unternehmen und einige Zeit wieder zusammenleben, drückt das Finanzamt für das betreffende Jahr ein Auge zu. Egal wie der Versuch endete, gilt der Splittingtarif.

Steuerklassenwahl

Was Lohnsteuerklassen sind und wie sie funktionieren, finden Sie ab Seite 14. Paare dürfen zwischen mehreren Kombinationen wählen. So entscheiden sie mit darüber, wie viel Lohnsteuer im Jahresverlauf an das Finanzamt geht. Dabei ist die Kombination IV/IV in der Regel die richtige Wahl, wenn beide Partner etwa gleich viel verdienen. Liegen die Löhne weit auseinander, sorgt die Kombination III/V für den geringsten laufenden Steuerabzug. Der Partner mit dem höheren Lohn nimmt Klasse III, wenn er mindestens 60 Prozent des „Gesamtlohns" beider Partner hat, so eine Daumenregel. Unter www.test.de/Steuerratgeber-Extra finden Sie eine erläuterte Tabelle zur Lohnsteuerklassenwahl. Dort steht auch, bei welchem Einkommensverhältnis Ehepaare/Lebenspartner mit welcher Kombination am besten fahren (→ Seite 15 und 243).

Besteuerung per Faktor

Paare haben noch eine dritte Kombinationsmöglichkeit. Die läuft unter dem Begriff „Faktorverfahren". Es verringert die hohe Steuerbelastung in der Klasse V zulasten der besonders günstigen Klasse III.

Mit der Steuerklassenkombination III/V kann es zu Steuernachzahlungen kommen, die bei großen Lohnunterschieden ansteigen. Außerdem verbleibt bei der Steuerklasse V oft relativ wenig Nettolohn. Wer beide Nachteile vermeiden will, kann das über die Wahl der Steuerklassenkombination IV/IV mit Faktor erreichen. Bei dieser Kombination entspricht der Lohnsteuerabzug annähernd der tatsächlich zu zahlenden Einkommensteuer. Das Finanzamt ermittelt dafür einen Faktor, der den Verdienstunterschied ausgleicht und die Lohnsteuerbelastung optimiert. Der individuell ermittelte Faktor wird dem Arbeitgeber mitgeteilt. Der zieht die Lohnsteuer zunächst auf der Grundlage der Steuerklasse IV ab und multipliziert die Steuer danach mit einem Faktor, der kleiner als eins ist. So wird erreicht, dass die bisher hohe Lohnsteuerbelastung in der Lohnsteuerklasse V des gering verdienenden Partners deutlich sinkt. Ebenso wird eine hohe Steuernachzahlung, die bei unzutreffender Wahl von III/V errechnet werden kann, vermieden.

TIPP: Gehen Sie auf die Seite www.bmf-steuerrechner.de. Dort klicken Sie an: „Berechnung der Lohnsteuer", danach „Faktorverfahren" 2019 oder 2020. Dort können Sie Ihre Daten eingeben und ermitteln, wie sich der Faktor bei Ihrer Lohnsteuerklassenwahl auswirkt.

Wenn Ehe- oder Lebenspartner die Steuerklasse IV/IV mit Faktor wählen, müssen sie mit einem gemeinsamen Antrag beim Finanzamt auch die voraussichtlichen Jahresarbeitslöhne aus ihrem Hauptarbeitsverhältnis angeben. Arbeitslöhne aus weiteren Jobs, die nach Steuerklasse VI besteuert werden, bleiben bei der Faktorberechnung unberücksichtigt. Paare können den Faktor für das laufende Kalenderjahr bis zum 30. November beim zuständigen Finanzamt eintragen lassen oder bis zu diesem Termin einmal im Jahr ändern lassen. Arbeitnehmer, die sich für das Faktorverfahren entscheiden, müssen eine Steuererklärung abgeben. Der Faktor kann nicht nur für ein Jahr, sondern auch für zwei Jahre beantragt werden.

Spielräume bei Lohnersatz

Mit der Wahl der Lohnsteuerklasse können Paare die Höhe von Lohnersatzleistungen beeinflussen. Die Berechnung basiert auf dem Nettoentgelt. Somit führt die Klasse III zur höchstmöglichen Lohnersatzleistung, die Klasse V zur geringsten. Wenn ein Partner mit Lohnersatzleistung rechnet, sollte er möglichst nicht in Klasse V bleiben, sondern zügig in Klasse III oder IV wechseln. Verdient beispielsweise eine verheiratete werdende Mutter 2 500 Euro brutto in der Steuerklasse V, zahlt ihr „Vater Staat" monatlich 838 Euro Elterngeld. Wechselt sie rechtzeitig in die Steuerklasse III, bekommt sie 337 Euro mehr: 1 175 Euro.

→ **TIPP:** Künftige Eltern sollten jetzt möglichst langfristig planen. Damit die Familienkasse den „elterngelderhöhenden" Wechsel eines Elternteils in eine günstigere Lohnsteuerklasse mit Sicherheit anerkennt, müssen Mütter in der Regel acht Monate vor dem errechneten Geburtstermin die Steuerklasse wechseln, Väter spätestens sechs Monate vorher.

Eine einmal bezogene höhere Lohnersatzleistung bleibt dem Paar in jedem Fall netto erhalten. Die höhere Steuerbelastung durch den Steuerklassen-Kombinationswechsel lässt sich später per Steuererklärung zurückholen. Beide sollten aber auch eine andere Folge bedenken: Wechselt der mehr verdienende Partner in eine ungünstigere Steuerklasse, erhöht sich seine Lohnsteuer sofort und das kann zu plötzlicher Ebbe in der Haushaltskasse führen. Die Steuerrückerstattung vom Finanzamt kommt

erst nach einem Jahr oder später. Rechnen Sie das vorher durch: etwa unter www.bmf-steuerrechner.de oder mithilfe eines Steuerprofis.
Ein Wechsel kann auch negative Folgen haben, wenn der Partner mit dem höheren Verdienst unerwartet selbst beispielsweise arbeitslos wird. Mit ungünstiger Steuerklasse fällt seine Lohnersatzleistung niedriger aus.

Steuerklassenwechsler sollten mit behördlichem Argwohn rechnen. Beim Elterngeld hat allerdings das Bundessozialgericht den Wechsel aus der Klasse V in die Klasse III oder IV als legale Gestaltungsmöglichkeit bewertet, auch wenn der Wechsel „nur" das Ziel hatte, mehr Elterngeld zu bekommen. Die Arbeitsverwaltung stellt sich weiter quer. Erfolgt der Wechsel eines Partners in eine günstigere Steuerklasse im Jahr der Arbeitslosigkeit, prüft das Amt, ob der Wechsel „zweckmäßig" war. Zweckmäßig ist im Amtsverständnis ein Verhältnis der Arbeitslöhne der Partner, wie es die Finanzverwaltung in ihren Tabellen (→ Seite 15) ausgerechnet hat. Verdient beispielsweise ein Ehepartner 3 000 Euro und der andere 1 500 Euro und haben sie bisher die Kombination III/V, lehnt das Amt einen Wechsel in Kombinationen IV/IV und V/III als „unzweckmäßig" ab. Es berechnet das Arbeitslosengeld so, als hätte es keinen Wechsel gegeben. Das Amt hält sich dabei an die Lohnsteuerklassenkombination, die am 1. Januar des Jahres galt. Hätte das Arbeitnehmerehepaar bereits vorher die Kombination gewechselt, hätte das Amt mitspielen müssen. Wenn Paare die Kombination wechseln wollen, weil ein Partner absehbar Lohnersatz beziehen wird, sollten sie das möglichst bis Silvester des Vorjahres tun.

Arbeitnehmerinnen, die sich per Steuerklassenwechsel mehr Mutterschaftsgeld vom Arbeitgeber holen wollen, brauchen dazu in der Regel sein Einverständnis. Verweigert er das, haben sie vor Gericht schlechte Karten.

Tod des Partners

Ist ein Ehe- oder Lebenspartner 2019 verstorben, sind die steuerlichen Folgen wahrscheinlich der geringste Kummer. Der überlebende Partner sollte dennoch auf ein paar Dinge achten. Im Jahr 2019 und im Jahr 2020 steht ihm weiterhin der Splittingtarif zu. Im Prinzip werden 2019 die Zeilen 1 bis 24 des Hauptvordrucks (→ Seite 34) genau so ausgefüllt, als würde der Partner noch leben. Weil zum Jahresbeginn 2019 noch beide Partner lebten, kreuzt der überlebende Partner in Zeile 24 „Zusammenveranlagung" an (linkes Kästchen). Auf Seite 2 des Hauptvordrucks sollte der verwitwete Partner neben seiner Unterschrift im Feld für den Verstorbenen vermerken: „Ehegatte/Lebenspartner verstorben am ...", und das Sterbedatum einfügen. So gibt es keine Nachfragen wegen der fehlenden Unterschrift.

Im Folgejahr (2020) füllt der überlebende Partner die Zeilen 7 bis 14 mit den eigenen Daten aus und fügt in **Zeile 15** ein, seit wann er verwitwet ist. Die Daten des verstorbenen Partners sind dann nicht mehr erforderlich.

Für die Besteuerung von Hinterbliebenenbezügen, beispielsweise Witwenrenten oder Werkspensionen, gelten die steuerlichen Bedingungen, die für den verstorbenen Partner galten. Wurde etwa der verstorbene Ehemann vor 2006 Rentner, ist eine erstmals 2019 gezahlte Witwenrente zu 50 Prozent steuerpflichtig und nicht zu 78 Prozent, wie das ein Rentenbeginn 2019 eigentlich vorschreiben würde (→ Seite 249). Gleiches gilt für den Versorgungsfreibetrag und seinen Zuschlag für Beamten- und Werkspensionen (→ Seite 252).

Freibeträge und andere Steuervergünstigungen, die als Jahresbeträge gewährt werden, können im Todesjahr vom überlebenden Partner noch doppelt genutzt werden. Das betrifft zum Beispiel den Sparerpauschbetrag von 1602 Euro (für beide) oder den Altersentlastungsbetrag, wenn die entsprechenden Einkünfte und das Alter bei beiden vorliegen (→ Seite 170). Für das Folgejahr gibt es solche Vergünstigungen nicht mehr.

Tipps für Beamte

Beamte, Richter und Soldaten behandelt das Finanzamt als Arbeitnehmer. Ihre Amtsbezüge gehören zu den „Einkünften aus nichtselbstständiger Tätigkeit" und damit auf die Anlage N (→ ab Seite 10 und ab Seite 80). Beamtete Staatsdiener sollten trotzdem auf ein paar steuerliche Besonderheiten achten. Die ergeben sich vor allem daraus, dass sie in der gesetzlichen Sozialversicherung nicht pflichtversichert sind.

Altersvorsorge

In die gesetzliche Rentenversicherung müssen Beamte selbst nichts einzahlen. Sie haben aber die Möglichkeit, zusätzlich mit Steuerförderung vorzusorgen. So sind sie bei der Riester-Förderung „unmittelbar Begünstigte" und können für sich und ihren Ehegatten/Lebenspartner die Zulagen beziehungsweise den Sonderausgabenabzug nutzen (→ Seite 139). Beamte müssen bei ihrer Besoldungsstelle schriftlich einwilligen, dass ihre Daten der zuständigen Stelle übermittelt werden dürfen. Ansonsten fällt die Riester-Förderung flach.

Beamte können ebenfalls mit der sogenannten Basis-Rente, auch „Rürup-Rente" genannt, steuerbegünstigt vorsorgen (→ Seite 68). Es ist eine private Rentenversicherung, die Beiträge werden aber steuerlich genauso behandelt wie Beiträge in die gesetzliche Rentenversicherung. Sie sind als Sonderausgaben abzugsfähig. Das Finanzamt erkennt 88 Prozent der 2019 eingezahlten Beiträge als Sonderausgaben an. Förderfähig sind 2019 maximal 24 305 Euro (→ Seite 247). Der Höchstbetrag wird für Beamte auf besondere Weise ermittelt, wie das folgende Beispiel zeigt.

→ Zum Beispiel Studienrat Ludwig L.

Die Bezüge des alleinstehenden Lehrers belaufen sich auf 50 000 Euro brutto. Um seine spätere Pension aufzubessern, zahlt er 5 000 Euro in eine Basis-Rente. Davon darf er 4 500 Euro als Sonderausgaben absetzen. Die Zusatzvorsorge beschert ihm später mehr Einkommen und jetzt pro Jahr rund 1 727 Euro weniger Einkommensteuer und Solidaritätszuschlag.

Beitrag zur Basisrente	**5 000**
Höchstbetrag im Jahr	24 305
Kürzung des Höchstbetrags um 18,6% von 50 000*	–9 300
gekürzter Höchstbetrag (24 305 minus 9 300)	15 005
abzugsfähige Sonderausgaben (88 % von 5 000, alle Angaben in Euro)**	**4 400**

* Um eine Gleichbehandlung mit Arbeitnehmern herzustellen, kürzt das Finanzamt den abzugsfähigen Höchstbetrag um den Beitrag, den der Beamte (einschließlich Arbeitgeberanteil) in die gesetzliche Rentenversicherung einzahlen müsste, wenn er dazu verpflichtet wäre.

** Das Amt vergleicht den tatsächlich gezahlten Beitrag zur Basis-Rente (5 000 Euro) mit dem gekürzten Höchstbetrag (15 005 Euro). Vom niedrigeren der beiden Beträge, hier von 5 000 Euro, sind 88 Prozent als Sonderausgaben absetzbar.

Kranken- und Pflegeversicherung

Die meisten Beamten sind privat kranken- und pflegeversichert. Sie können ihre Beitragszahlungen an die Kranken (KV)- und Pflegeversicherung (PV) genau so wie gesetzlich versicherte Arbeitnehmer als Sonderausgaben per Anlage Vorsorgeaufwand geltend machen (→ ab Seite 70). Der Arbeitgeber berücksichtigt beim laufenden Lohnsteuerabzug die KV- und PV-Beiträge, die ihm gemeldet wurden, oder eine Pauschale von 1 900 Euro im Jahr. Ausnahme: Steuerklasse III, hier sind es pauschal 3 000 Euro.

Zahlt Studienrat Ludwig L. aus dem Beispiel auf der Seite zuvor 2 500 Euro KV-Beitrag für eine Basisabsicherung und 180 Euro in die Pflegeversicherung, gehören diese Beträge in Zeile 23 beziehungsweise Zeile 24 der Anlage Vorsorgeaufwand. Diese Beiträge sind komplett absetzbar. In der Mitteilung der Krankenkasse ist der Betrag für die Versicherung des Krankengeldes bereits abgezogen, sodass anders als bei der gesetzlichen Krankenversicherung keine Kürzung um 4 Prozent erfolgt (→ Seite 70). Ludwig L. liegt mit seinen KV- und PV-Beiträgen über 1 900 Euro. Deshalb kann er keine weiteren abzugsfähigen Versicherungsbeiträge geltend machen (→ Seite 76). Dennoch sollte er darauf achten, ob der Selbstbehalt von 500 Euro, den er mit seiner privaten Krankenversicherung vereinbart hat und der seinen KV-Beitrag etwas ermäßigt, immer vorteilhaft ist. Eine Beitragserstattung seiner Krankenkasse mindert nämlich die abziehbaren Vorsorgeaufwendungen und damit die Steuerermäßigung. In manchen Fällen wirkt sich der Steuervorteil per Sonderausgabenabzug unter dem Strich vorteilhafter aus als eine geringere Beitragszahlung durch Selbstbehalte (→ Beispiel Seite 74).

Manche Staatsdiener zahlen nur geringe KV-Beiträge, etwa weil sie besonders günstige Tarife haben oder weil sie anstelle von Beihilfe die Heilfürsorge oder die Truppenärztliche Versorgung nutzten. Liegen ihre KV- und PV-Beiträge unter 1 900 Euro im Jahr, können sie mindestens die Differenz zwischen der Höhe ihrer KV- und PV-Beiträge und 1 900 Euro für weitere Versicherungsbeiträge geltend machen. Oftmals lohnt sich dann für verheiratete Staatsdiener die Einzelveranlagung.

→ Zum Beispiel das Ehepaar M.

Mirko M. arbeitet bei der Bundespolizei, Bruttomonatsgehalt 2 600 Euro. Er zahlt im Jahr 510 Euro KV und PV und 1 500 Euro für sonstige abzugsfähige Versicherungsbeiträge (Kfz-Haftpflicht, private Unfallversicherung, → Seite 78 und 79). Ehefrau Martina ist gesetzlich versicherte Arbeitnehmerin, Bruttomonatsgehalt 3 200 Euro. Per Einzelveranlagung zahlen sie 495 Euro weniger Einkommensteuer und Solidaritätszuschlag als mit einer gemeinsamen Steuererklärung. Das liegt daran, dass Mirko per getrennter Steuererklärung fast alle sonstigen abzugsfähigen Versicherungsbeiträge absetzen kann. Bei einer gemeinsamen Steuererklärung wäre nichts davon absetzbar, weil die Beiträge beider Partner zur Kranken- und Pflegeversicherung das begünstigte Abzugsvolumen überschreiten.

	Mirko M.		Martina M.
Jahresbruttolohn	31 200		38 400
minus Werbungskosten	–1 000		–1 000
minus Sonderausgaben	–36		–36
minus abzugsfähige Beiträge Mirko (510 plus 2 160 ist 2 670, abzugsfähig nach Günstigerprüfung 2001, → Seite 71)	–2 001		
minus abzugsfähige gesetzliche Beiträge Martina (3 658 KV/PV plus 2 714 Rentenversicherung)			– 6 372
zu versteuern einzeln	28 163		30 992
Einkommensteuer plus Soli einzeln	4 976		5 890
zu versteuern gemeinsam		60 646	
Einkommensteuer gemeinsam		11 341	
Vorteil der Einzelveranlagung (11 341 minus 4 976 minus 5 890, alle Angaben in Euro)		**475**	

Auf den ersten Blick ist für Beamte oft kaum erkennbar, was besser ist: einzeln oder gemeinsam abgeben. Hier kann ein Steuerprofi helfen oder ein PC-Steuerprogramm, mit dem sich die unterschiedlichen Varianten durchspielen lassen. Paare können auch versuchen, mithilfe dieser Beispielrechnung, den Erläuterungen zur Anlage Vorsorgeaufwand (→ Seite 68) und der Übersicht zur Ermittlung der Einkünfte (→ Seite 255) die jeweils getrennten und das gemeinsam zu versteuernde Einkommen zu ermitteln. Unter www.bmf-steuerrechner.de können sie die so ermittelten Ergebnisse einmal unter „verheiratet“ und zweimal unter „alleinstehend“ eingeben und die errechnete Belastung vergleichen. Haben Paare zunächst eine ungünstige Wahl getroffen, lässt sich das per Einspruch gegen den Steuerbescheid korrigieren (→ Seite 217).

Ein ganz anderes Problem können Staatsdiener mit nur geringen KV-/PV-Beiträgen bekommen. Der Arbeitgeber berücksichtigt im Jahresverlauf in der Regel eine Vorsorgepauschale von bis zu 1900 Euro. Wenn Beamte tatsächlich weniger aufwenden als 1900 Euro (beziehungsweise 3000 Euro in Lohnsteuerklasse III), sind sie in der Regel verpflichtet, eine Steuererklärung abzugeben und müssen Steuern nachzahlen.

→ Zum Beispiel Nico N.

Der alleinstehende Nico ist Unteroffizier bei der Bundeswehr (Monatsbruttogehalt 2 500 Euro). Er erhält Truppenärztliche Versorgung und hat deshalb kaum KV-/PV-Beiträge. Beim laufenden Lohnsteuerabzug in der Klasse I wurde automatisch eine jährliche Vorsorgepauschale von 1 900 Euro berücksichtigt. Auf dieser Grundlage zahlt Nico im Jahresverlauf rund 4 631 Euro Lohnsteuer und Solidaritätszuschlag. Nico kann aber tatsächlich nur 500 Euro abzugsfähige Versicherungsbeiträge geltend machen. Das bedeutet für ihn unter dem Strich eine Nachzahlung von rund 441 Euro Lohnsteuer und Solidaritätszuschlag sowie die Pflichtabgabe einer Steuererklärung.

TIPP: Staatsdiener mit Anspruch auf Heilfürsorge, Truppenärztliche Versorgung und Beihilfe schöpfen ihre Möglichkeiten, Versicherungsbeiträge als Sonderausgaben geltend zu machen, nicht immer aus. Das können sie ändern, wenn sie Haftpflicht-, Unfall-, Risikolebens- oder andere steuerlich begünstigte Versicherungen abschließen (→ ab Seite 76). Das gilt selbst dann, wenn sie damit andere Personen absichern, etwa Kinder oder Enkel. Ehe- und Lebenspartner können manchmal durch die Wahl der Einzelveranlagung mehr Versicherungsbeiträge absetzen und Steuern sparen (→ Beispiel Seite 210).

Hilfe vom Profi

Die Mehrheit der Arbeitnehmer kommt ohne Steuerberatung aus. Wer nur Lohn und kaum andere Einkünfte hat, kann seine Probleme mit dem Finanzamt in der Regel selbst klären. Das spricht natürlich nicht dagegen, eine Steuererklärung vom Profi machen zu lassen. Dann weiß man noch besser, wie es geht und kann auf dieser Grundlage entscheiden, ob man den Service weiter nutzt oder den Dialog mit dem Finanzamt allein weiterführt.

Es gibt aber Fälle, bei denen geht ohne den Fachmann nichts – oder alles schief. Dann kann aus der Einsparung des Beraterhonorars ein Verlustgeschäft werden, zum Beispiel bei Selbstanzeigen, Vermögensübertragungen innerhalb der Familie, bei Grundstücksverkäufen, Verlusten oder unübersichtlichen Nebeneinkünften. Manchmal ist ein Steuerprofi auch für eher alltägliche Sachen empfehlenswert, etwa im Bereich der Förderung von Kindern über 18, bei haushaltsnahen Dienstleistungen oder wenn Ehepaare/Lebenspartner getrennte Steuererklärungen abgeben. Dieser Ratgeber weist an den entsprechenden Stellen darauf hin, ob professionelle steuerliche Hilfe empfehlenswert, ratsam oder unbedingt geboten ist. Umfragen belegen, dass etwa die Hälfte der Befragten gelegentlich oder ständig Rat bei Steuerprofis suchen, sei es beim Steuerberater oder beim Lohnsteuerhilfeverein, und damit auch sehr zufrieden sind.

Rundum-Service durch Steuerberater

Die rund 98 000 Steuerberater und Steuerberatungsgesellschaften in Deutschland dürfen bei allen Steuerfragen helfen. Welcher Berater zum Ratsuchenden und zu dessen Problem passt, ist nur individuell zu klären, ein paar Tipps und Überlegungen können aber weiterhelfen. Die Mehrheit der Beratungssuchenden vertraut den Empfehlungen von Verwandten, Bekannten und Kollegen. Dieser Weg führt zum Ziel, wenn sich der Berater mit den anstehenden Problemen auskennt und „die Chemie" zwischen ihm und dem Ratsuchenden stimmt.

TIPP: Auch mithilfe des Telefonbuchs lassen sich erste Kontakte mit einem Berater in der näheren Umgebung herstellen. Die Steuerberater sind mit ihrem Profil im Internet vertreten, zum Beispiel im Suchdienst der Bundessteuerberaterkammer unter www.bstbk.de und über den Deutschen Steuerberaterverband unter www.dstv.de. Dort gibt es auch Hinweise auf Fachgebiete und Spezialkenntnisse der Berater. Die aufgeführten Qualifikationen beruhen aber ausschließlich auf Selbsteinschätzungen der Berater.

Telefon-Hotlines zur Steuerberatung sind bequem und billig. Unabhängige Überprüfungen, auch durch die Stiftung Warentest, haben aber gezeigt, dass Anrufer oft nicht optimal beraten wurden. Dann war es am Ende doch kein Schnäppchen. Eine Beratung per Telefon ist auch deshalb nicht zu empfehlen, weil schon akustisch manches verloren gehen kann und nur losgelöste Einzelfragen beantwortet werden können. Nur ein direkter Kontakt bietet eine umfassende Kommunikation, und die ist für eine vollständige Beratung unabdingbar (→ Seite 215).

TIPP: Bereiten Sie sich auf das erste Gespräch mit dem Steuerberater gut vor. Notieren Sie vorher Fragen und Probleme in Stichpunkten.

Lohnsteuerhilfevereine

Arbeitnehmer und Beamte, Rentner und Pensionäre können sich auch von einem Lohnsteuerhilfeverein beraten lassen. Die Vereine kümmern sich aber nur um ihre Mitglieder. Der jährliche Mitgliedsbeitrag ist in der Regel nach der Einkommenshöhe gestaffelt. Bei den meisten Vereinen sind das zwischen etwa 50 und 300 Euro im Jahr. Der Mitgliedsbeitrag ist gewissermaßen der jährliche Gesamtpreis der Beratung. Die Vereine erledigen bei der Einkommensteuer für ihre Mitglieder alles, was auch ein Steuerberater macht.

Allerdings haben Lohnsteuerhilfevereine nur eine begrenzte Beratungsbefugnis. Freiberufler, Gewerbetreibende und Landwirte dürfen sie nicht beraten. Es gibt aber Ausnahmen von der Beschränkung: Wer freibe-

Checkliste

Was macht einen guten Berater aus?

Ob Sie eine passende Beratung gefunden haben, wissen Sie, wenn Sie die folgenden Fragen ohne Wenn und Aber mit „Ja" beantworten:

- ☐ Können Sie zum Berater ein uneingeschränktes Vertrauensverhältnis aufbauen?
- ☐ Versetzt sich der Berater in Ihre steuerliche Situation und sind seine Vorschläge für Sie akzeptabel?
- ☐ Kann er Steuerprobleme verständlich erklären und will er das auch, wenn Sie nachfragen?
- ☐ Ist der Berater für Sie leicht erreichbar und nimmt er sich genügend Zeit für das Gespräch?
- ☐ Sind die Beratungskosten angemessen und nachvollziehbar?

Ein erstes Beratungsgespräch darf netto maximal 190 Euro kosten. Einige Berater nehmen für den Erstkontakt gar kein Honorar. Das sollte aber vorab telefonisch geklärt werden. Ansonsten richten sich die Kosten nach der Höhe der Einkünfte und nach dem Aufwand des Beraters. Der hat im Rahmen seiner Gebührenordnung erheblichen Entscheidungsspielraum. Wer zum Beispiel seine Unterlagen und Belege nicht im Schuhkarton mitbringt, sondern thematisch und zeitlich geordnet übergibt, spart dem Steuerberater Aufwand und zahlt in der Regel weniger Honorar.

Steuerberater müssen ihre Mandanten schriftlich darauf hinweisen, dass eine Vergütung vereinbart werden kann, die höher oder niedriger als die gesetzliche ist.

ruflich in einem Ehrenamt nur steuerfreie Einnahmen erhält, kann trotzdem vom Lohnsteuerhilfeverein beraten werden (→ Seite 166). Auch wenn ein Arbeitnehmer eine Haushaltshilfe beschäftigt, darf er sich trotz seiner „Arbeitgeberfunktion" vom Lohnsteuerhilfeverein steuerlich betreuen lassen. Auf einigen Gebieten funktioniert die Begrenzung der Beratungsbefugnis der Vereine über die Höhe der Einnahmen. Wer Mieteinnahmen und private Veräußerungsgewinne bis insgesamt 13 000/26 000 Euro (Alleinstehende/Paare) kassiert hat, darf vom Lohnsteuerhilfeverein beraten werden. Wer mehr hat, muss bei einem Steuerberater Hilfe suchen. Bei Zinsen und anderen Kapitalerträgen dürfen Vereine auch oberhalb der genannten Höhe beraten, wenn die Kapitalerträge bereits mit der Abgeltungsteuer besteuert wurden und in der Steuererklärung nicht mehr angegeben werden.

Bei der Recherche nach einer Beratungsstelle in der Nähe des Wohnorts sollten Ratsuchende auch auf die ausgewiesene Qualifikation achten. Die einzelnen Beratungsstellen können an dem Prüfverfahren des ZVL– Zertifizierungsverband der Lohnsteuerhilfevereine e.V. Berlin – teilnehmen. Das auf der Grundlage einer DIN-Norm entwickelte Prüfverfahren erfasst das fachliche sowie das organisatorische Qualitätsprofil. Nach erfolgreich bestandenem Prüfverfahren erhält die Beratungsstelle das Gütesiegel des ZVL. Die Zertifizierungsurkunde hängt vor Ort aus oder ist auf der Homepage als Gütesiegel des ZVL ausgewiesen.

TIPP: Beratungsstellen in der Nähe finden Sie im Telefonbuch unter dem Stichwort „Lohnsteuerhilfe" und im Internet zum Beispiel unter www.beratungsstellensuche.de.

Der Steuerbescheid

Die amtliche Antwort auf die Steuererklärung ist der Steuerbescheid. Wenn der im Briefkasten gelandet ist, läuft die Uhr. Arbeitnehmer haben einen Monat Zeit, um sich gegen falsche oder ungerechte Bescheide zu wehren. Das ist inzwischen eine ziemlich erfolgreiche „Massenveranstaltung" geworden: Jährlich bearbeitet die Finanzverwaltung mehrere Millionen Einsprüche, in der Regel gehen rund zwei Drittel davon zugunsten des Bürgers aus.

Entspricht der Bescheid nicht den vorausberechneten Erwartungen, ist das Amt in der Regel von den Angaben in der Steuererklärung abgewichen. Wenn sich daraus eine Mehrbelastung ergibt, lohnt ein Kontrollblick. Den richtet der Steuerbürger zunächst auf den Abschnitt „Erläuterungen". Hier muss das Finanzamt Abweichungen von der Steuererklärung darlegen. Findet sich dort nichts oder nichts Nachvollziehbares, ist das allein schon ein Grund, gegen den Steuerbescheid vorzugehen. Häufig empfiehlt sich, zunächst beim Finanzbeamten telefonisch den Grund zu erfragen. Sie sollten dabei jedoch die Einspruchsfrist im Auge behalten.

Einspruch einlegen

Mit einem Einspruch kann sich jeder gegen einen fehlerhaften Steuerbescheid wehren. Er kostet nichts und muss schriftlich beim Finanzamt eingereicht werden, auch Fax und E-Mail sind erlaubt. Sie dürfen ihn auch mündlich im Finanzamt vortragen und zu Protokoll nehmen lassen. Wenn die Zeit fehlt, den Einspruch zu begründen, kann zunächst auf eine Begründung verzichtet werden. Sie sollte aber zügig folgen.

Im Einspruchsverfahren rollt das Finanzamt den gesamten Fall neu auf. Jetzt können Sie selbst noch neue Einwände vorbringen. Das Finanzamt kann aber auch Änderungen zu Ihrem Nachteil vornehmen. Eine solche „Verböserung" ist nur zulässig, wenn Ihnen das Finanzamt vorher diese Absicht mitgeteilt hat. Nehmen Sie dann den Einspruch zurück, bleibt es beim Erstbescheid.

Ein Einspruch ändert nichts an einer Zahlungsverpflichtung. Deshalb kann es sich empfehlen, mit dem Einspruch auch einen „Antrag auf Aussetzung der Vollziehung" zu stellen. Dieser kann aber auch zum Einspruch nachgereicht werden.

Einspruch einfach

Viele Einsprüche funktionieren mit besonders geringem Aufwand. Läuft ein vergleichbares Verfahren beim Europäischen Gerichtshof (EuGH), beim Bundesverfassungsgericht (BVerfG), beim Bundesfinanzhof (BFH) oder bei einem anderen Bundesgericht, muss das Finanzamt die Entscheidung über den Einspruch bis zu einer Gerichtsentscheidung ruhen lassen (→ ab Seite 222). Geht es dagegen um Verfahren bei Landesfinanzgerichten (FG), ist die Verwaltung nicht verpflichtet, den Steuerbescheid nach einem Einspruch offenzuhalten. Die Finanzämter reagieren aber unterschiedlich, manchmal reicht ein Hinweis auf ein bekanntes FG-Verfahren und der Einspruch ruht bis zu einer Gerichtsentscheidung.

Einspruch unnötig

Das Finanzamt hält den Steuerbescheid in einigen Punkten von sich aus offen und setzt ihn vorläufig fest. Sie sollten im Steuerbescheid unter „Erläuterungen" genau prüfen, welche Punkte das Finanzamt aufgeführt hat. Das Bundesfinanzministerium aktualisiert in unregelmäßigen Abständen die aktuelle Vorläufigkeitsliste (→ Seite 220).

Vorbehalt beachten

Im Gegensatz zur Vorläufigkeit bleibt beim „Vorbehalt der Nachprüfung" nach Paragraf 164 Abgabenordnung (AO) der Steuerbescheid nicht nur zu bestimmten Rechtsfragen, sondern im vollen Umfang offen. So können Sie vergessene Ausgaben ohne Begründung nachträglich geltend machen. Das ändert sich, wenn der Vorbehalt aufgehoben wird oder die Festsetzungsfrist abgelaufen ist. Bis dahin kann aber auch das Finanzamt den Bescheid jederzeit ändern. Dagegen können Sie sich innerhalb eines Monats ab Erhalt des Änderungsbescheids mit einem Einspruch wehren.

Änderungsanträge

Neben dem Einspruch gibt es weitere Instrumente, um sich gegen einen Steuerbescheid zu wehren. Ein „Antrag auf schlichte Änderung" richtet sich ausschließlich gegen einen oder gegen mehrere Punkte des Steuerbescheids. Er muss auch innerhalb der Frist von einem Monat gestellt werden. Das Finanzamt darf nur in den genannten Punkten Änderungen vornehmen. Eine „Verböserung" ist weitgehend ausgeschlossen. Allerdings können Sie nach einem Monat auch selbst keine weiteren Änderungsanträge „nachschieben".

Fehlerkorrektur

Bestimmte Fehler können im Nachhinein noch berichtigt werden. Das geht, so lange die Verjährungsfrist nicht abgelaufen ist. Die Verjährungsfrist beträgt mindestens vier Jahre und beginnt in der Regel zum Ende des Jahres, in dem die Steuererklärung abgegeben wurde. Wenn zum Beispiel im Laufe des Jahres 2019 die Steuererklärung für das Jahr 2018 eingereicht wurde, endet die Verjährungsfrist im Normalfall am 31. Dezember 2023 um Mitternacht.

Änderungen sind möglich, wenn dem Finanzamt „neue Tatsachen" bekannt werden (Paragraf 173 AO). Während das Finanzamt in diesem Fall immer ändern darf (und muss), wenn sich dadurch eine höhere Steuer ergibt, gilt dies bei einer nachträglichen Änderung zu Gunsten des Arbeitnehmers nur eingeschränkt. Dieser darf das spätere Bekanntwerden nicht „grob schuldhaft" verursacht haben. Unkenntnis über eine steuermindernde Ausgabe, die im Formular und der Anleitung nicht ausdrücklich erwähnt wird, ist jedoch kein „grobes Verschulden".

INFO: Vorläufig noch offen

In einigen Punkten bleiben Steuerbescheide auch ohne Einspruch vorläufig offen. Die aktuelle Liste finden Sie unter www.bundesfinanzministerium.de. Auf der Startseite in das Suchfeld rechts oben „Vorläufige Steuerfestsetzung" eingeben. Die Vorläufigkeitsliste umfasste zu Redaktionsschluss laut BMF-Schreiben vom 10. Januar 2019 (GZ IV A 3 – S 0338/17/10007) und vom 2. Mai 2019 (GZ IV A 3 – S 0338/18/10002) folgende Streitpunkte:

- die Abziehbarkeit von Erstausbildungskosten als Werbungskosten oder Betriebsausgaben ab 2004,
- die Höhe des Kinder- und Betreuungsfreibetrags,
- die Verfassungsmäßigkeit des Solidaritätszuschlags seit 2005,
- die Berücksichtigung der „zumutbaren Belastung" bei den Ausgaben für Krankheit oder Pflege (→ Seite 53),
- die Verfassungsmäßigkeit des Zinssatzes von 0,5 Prozent pro Monat für Nachzahlungs- und Erstattungszinsen.

Mit diesen Schreiben wurden zum Teil langjährige Vorläufigkeitsgründe „abgeräumt". Das bedeutet, dass Steuerbescheide in diesen Punkten nicht mehr offen bleiben. Dabei handelt es sich etwa um die beschränkte Abziehbarkeit von Beiträgen zur Renten- und Krankenversicherung sowie sowie um die Höhe des Grundfreibetrags. Neben den Streitpunkten, die das Finanzamt von sich aus berücksichtigt, gibt es eine Vielzahl weiterer und viele Arbeitnehmer betreffende offene Verfahren bei Finanzgerichten und dem Bundesfinanzhof. In diesen Fällen müssen Arbeitnehmer selbst beantragen, dass ihr Steuerbescheid bis zur Klärung dieser Rechtsfrage offen bleibt.

Ein „Änderungsantrag wegen offenbarer Unrichtigkeiten" dient dazu, Schreib-, Rechen- und Übertragungsfehler, Zahlendreher und ähnliche Fehler zu berichtigen, die dem Amt unterlaufen sind (Paragraf 129 AO). Schreib- und Rechenfehler des Bürgers können nach einer anderen Vorschrift ebenfalls korrigiert werden (Paragraf 173a AO). Wenn Daten, die elektronisch an das Finanzamt gesendet werden, im Steuerbescheid nicht richtig erfasst wurden oder selbst falsch sind, ist ebenfalls eine Änderung möglich (Paragraf 175b AO).

Daneben gibt es noch weitere Änderungsgründe, beispielsweise wenn dem Finanzamt neue Tatsachen bekannt werden oder ein Grundlagenbescheid vorliegt. Das kann auch ein neuer oder geänderter Schwerbehindertenausweis sein.

Finanzgericht

Hat das Finanzamt Einsprüche und Änderungsanträge schriftlich abgelehnt, bleibt nur noch der Gang zum Finanzgericht. Die Klage muss innerhalb eines Monats nach Zugang der Einspruchsentscheidung schriftlich beim zuständigen Finanzgericht eingehen. Eine Klage löst zunächst eine Vorauszahlung von 284 Euro auf die Gerichtskosten aus. Doch das ist nicht alles. Die Kosten für einen professionellen Rechtsbeistand sollten Sie ebenfalls einplanen. Grundsätzlich kann zwar jeder ohne Anwalt oder Steuerberater vor ein Finanzgericht ziehen. Doch wer sich mit Feinheiten des Steuerrechts nicht auseinandersetzen will und kann, sollte sich vorher von einem Steuerberater oder einem Fachanwalt für Steuerrecht über die Erfolgsaussichten der Klage beraten lassen und gleichzeitig die Kostenfrage für die Vertretung vor Gericht klären.

INFO: Anhängige Verfahren

Eine Liste anhängiger Verfahren bietet der Bundesfinanzhof unter www.bundesfinanzhof.de. Dort klicken sie in der linken Spalte „Anhängige Verfahren“ an, danach „Anhängige Revisionsverfahren online“. In der Eingabemaske können Sie unter „Text“ ein passendes Stichwort, zum Beispiel „Arbeitszimmer“, eingeben. Ein Klick auf „suchen“ öffnet die gewünschte Liste. Hier finden Sie auch beim Europäischen Gerichtshof und beim Bundesverfassungsgericht anhängige Verfahren.

- **Arbeitgeberzuschüsse.** Sind Zuschüsse, die der Arbeitgeber steuerfrei an den Arbeitnehmer zahlt, zum Beispiel für Fahrten zur Arbeit, auch dann steuerbegünstigt, wenn den Zuschüssen Lohnherabsetzungen durch Gehaltsverzicht vorausgegangen sind? (VI R 21/17)
- **Ausbildungskosten.** In welcher Höhe können BAföG-Leistungen Ausbildungskosten verringern, die als vorweggenommene Werbungskosten geltend gemacht werden? (VI R 3/18)
- **Außergewöhnliche Belastungen.** Sind die Aufwendungen für eine von der Gemeinde angeordnete Sanierung einer alten Familiengrabstätte als außergewöhnliche Belastung abzugsfähig? (VI R 48/17)
- **Doppelte Haushaltsführung I.** Dürfen Studenten während der Zeit ihrer Auslandssemester oder Auslandspraktika Aufwendungen für eine doppelte Haushaltsführung im Ausland geltend machen? (VI R 3/18)
- **Doppelte Haushaltsführung II.** Dürfen Berufstätige, die mit ihren Kindern am gemeinsamen Beschäftigungsort wohnen, Aufwendungen für eine doppelte Haushaltsführung geltend machen? (VIII R 29/16)
- **Entfernungspauschale I.** Sind Behandlungs- und Krankenhauskosten nach einem Autounfall auf dem Weg zur Arbeitzusätzlich zur Entfernungspauschale absetzbar? (VI R 8/18)

- **Entfernungspauschale II.** Ist die Entfernungspauschale auch dann nur einmal zu gewähren, wenn die Rückfahrt nicht am selben Tag wie die Hinfahrt erfolgt? (VI R 42/17)
- **Firmenwagen.** Verringert die Zuzahlung eines Arbeitnehmers zur Anschaffung eines Firmenwagen, den er auch privat nutzen darf, den steuerpflichtigen geldwerten Vorteil in einer Summe oder ist die Zuzahlung gleichmäßig auf die Nutzungsdauer zu verteilen? (VI R 18/18)
- **Fortbildungskosten.** Ist eine kurzzeitige (3 Monate lange) Ganztags-Fortbildung wie eine erste Tätigkeitsstätte zu behandeln, sodass keine Reisekosten zu berücksichtigen sind (nur Entfernungspauschale, keine Verpflegungsaufwendungen)? (VI R 24/18)
- **Handwerkerleistungen I.** Gibt es für Straßenanliegerbeiträge eine Steuerermäßigung als Handwerkerleistungen im Haushalt? (VI R 50/17)
- **Handwerkerleistungen II.** Sind auch die Teile einer Handwerkerleistung, die in der Werkstatt des Handwerkers ausgeführt werden, steuerlich begünstigt? (VI R 7/18 u.w.)
- **Krankenversicherungsbeiträge.** Verringern pauschale Geldprämien, die die Krankenkasse für gesundheitsfördernde Aktivitäten an ihre Mitglieder zahlt, deren als Sonderausgaben abzugsfähige Krankenversicherungsbeiträge? (X R 16/18)
- **Lohnnachzahlung.** Ist eine Überstundenvergütung, die für zwei Kalenderjahre nachgezahlt wird, ermäßigt zu besteuern? (VI R 23/19)
- **Schulhund.** Sind Aufwendungen für einen Schulhund als Werbungskosten abziehbar? (VI R 52/18, 15/19)
- **Riestervertrag.** Ist ein Steuerbescheid allein wegen Meldung der zentralen (Riester-)Stelle zu ändern oder muss das Finanzamt eigenständig die Voraussetzungen zum Sonderausgabenabzug prüfen? (X R 2/19, 16/19)

fn
ctrl
alt
cmd
cmd
alt

Leitfaden für ELSTER

Der Name ELSTER steht für „Elektronische Steuererklärung“, und die wird zunehmend genutzt. Das gilt für Steuerprogramme der Finanzverwaltung und für Programme kommerzieller Anbieter gleichermaßen. Hier erfahren Sie, wie Sie den „elektronischen Steuerraum“ Schritt für Schritt betreten und sich dort einfach bewegen können.

Rund zwei Drittel aller Einkommensteuererklärungen gehen mittlerweile in elektronischer Form an die Finanzämter. Tendenz: weiter steigend. Der „ELSTER-Höhenflug“ hat mehrere Ursachen. Zum einen sind immer mehr Bürger zum elektronischen Datenverkehr mit der Finanzverwaltung verpflichtet. Zum anderen ist die elektronische Erklärung komfortabler als die Papiererklärung.

Viele Daten können aus dem ELSTER-Portal „per Knopfdruck“ direkt übernommen werden, das mühsame Eintippen entfällt. Zwar können Sie diese Angaben in der Papier-Steuererklärung ab 2019 in der Regel leer lassen, aber mit der automatischen Eintragung in ELSTER ist eine Vorabberechnung möglich. Damit wissen Arbeitnehmer und Beamte, mit welcher Nachzahlung an das Finanzamt zu rechnen ist oder auf welche Steuererstattung sie sich freuen können Außerdem weisen Programmhilfen und Plausibilitätskontrollen darauf hin, wenn wichtige Angaben fehlen oder falsch sein könnten. Und zu guter Letzt können Sie mit der Berechnung

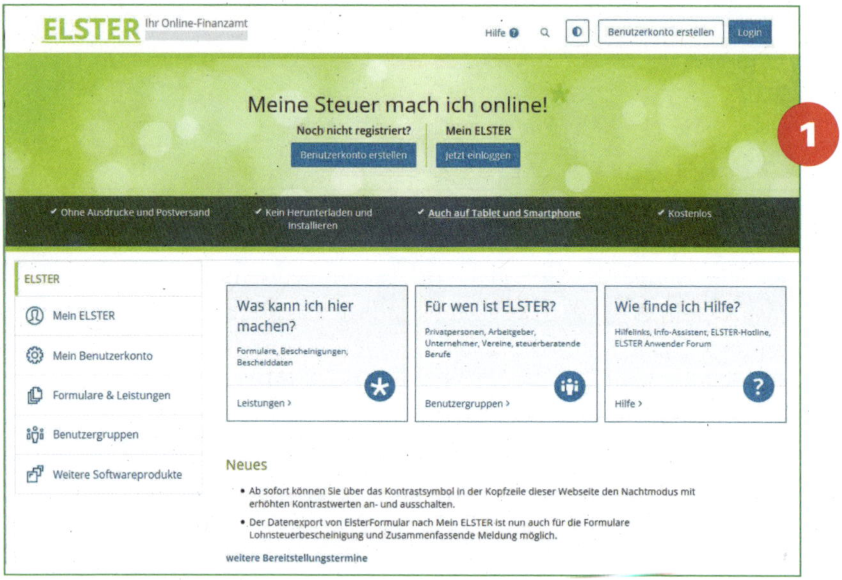

aus dem Programm den Steuerbescheid leichter überprüfen, weil beide ähnlich aussehen.

Wer sich für die elektronische Steuererklärung interessiert, sollte sich zunächst auf der ELSTER-Startseite www.elster.de informieren (siehe Screenshot 1). Vor allem die Schaltfläche „Wie finde ich Hilfe“ bietet Ausführliches zum Registrierungsprozess, zur Nutzung von „Mein ELSTER“ und zu Ansprechpartnern. Die Schaltfläche „Für wen ist ELSTER“ informiert Steuerzahler über ihre Benutzergruppe („Privatpersonen“). Im linken unteren Teil der ELSTER-Startseite (hier nicht abgebildet) finden Sie unter „Presse und Medien“ den Bereich „Flyer und Merkblätter“. Dort können Sie sich Informationen ansehen und herunterladen, zum Beispiel zum Registrierungsprozess oder dazu, wer verpflichtet ist, eine Steuererklärung mit elektronischer Unterschrift abzugeben. Arbeitnehmer, die ausschließlich Gehalt beziehen, sind nicht zur Abgabe einer elektronischen Steuererklärung verpflichtet. Das ändert sich aber, wenn sie außerdem bestimmte andere Einkünfte haben (→ Seite 239). Unter dem ebenfalls dort aufgeführten Begriff „Systemanforderungen“ können Sie prüfen, ob Ihr Computer und sein Betriebssystem „ELSTER-geeignet“ sind. All diese Informationen können Sie nutzen, ohne sich bei ELSTER registriert zu müssen.

Richtig registrieren

Wer seine Steuererklärung papierlos und mit elektronischer Unterschrift abgeben will, muss sich vorher bei ELSTER registrieren. Die Finanzverwaltung bietet dafür mehrere Varianten an. Die erste Variante „Zertifikatsdatei" wird am häufigsten eingesetzt, ist kostenlos, einfach zu nutzen und reicht für Arbeitnehmer und Beamte völlig aus. Die Varianten „Sicherheitsstick" und „Signaturkarte" werden vorrangig von Unternehmen und steuerberatenden Berufen verwendet. Sie kosten zwischen 50 und 150 Euro (weitere Möglichkeiten → Kasten auf Seite 229). Am schnellsten geht die Registrierung mit dem Personalausweis. Allerdings muss die Online-Funktion des Ausweises aktiviert sein und Sie benötigen bisher noch ein Kartenlesegerät.

Die folgende Schritt-für Schritt-Anleitung gilt für alle, die sich als Privatperson mit ihrer elfstelligen persönlichen Identifikationsnummer für die Zertifikatsdatei bei ELSTER registrieren wollen.

1. Schritt: Registrierung beginnen

Sie gehen auf die ELSTER-Startseite www.elster.de (→ Screenshot ❶) und klicken oben an: „Benutzerkonto erstellen", klicken danach zweimal auf „weiter" und wählen dann die Variante „Zertifikatsdatei" aus. Sie markieren auf der nächsten Seite „Für mich (und gemeinsam veranlagten Partner)", Der Klick auf „weiter" bringt Sie zu der auf Seite 228 abgebildeten Eingabemaske (Screenshot ❷), wo Sie Ihre persönlichen Daten eintragen. Die elfstellige „Identifikationsnummer" (→ Seite 35; das ist nicht die Steuernummer!) finden Sie in der Regel auf Anschreiben des Finanzamtes oder auf Steuerbescheiden. Den „Benutzernamen" können Sie sich frei aussuchen. Bei der „Sicherheitsabfrage" haben Sie die Wahl unter mehreren Vorschlägen.

Mit einem Klick auf die blau unterlegten Fragezeichen erhalten Sie weitere Informationen zu den jeweiligen Zeilen. Das Kästchen links („Ich bestätige, dass ich den Hinweis zur Kenntnis genommen habe") klicken Sie

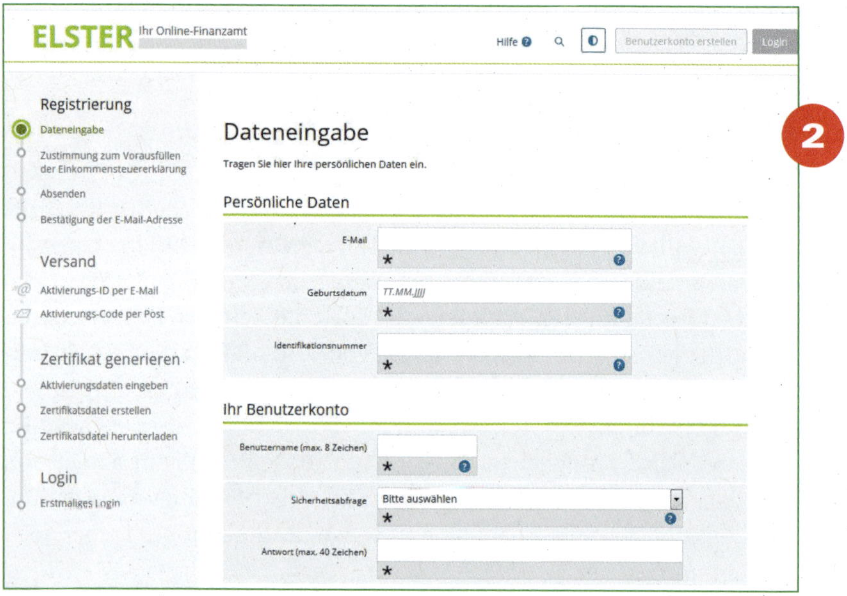

an, gehen anschließend unten rechts auf „Prüfen" und nach erfolgreicher Prüfung auf „Absenden".

2. Schritt: Antworten der Finanzverwaltung

Danach schickt Ihnen ELSTER eine erste E-Mail. Das kann ein paar Stunden dauern, aber auch sofort passieren. In der E-Mail werden Sie aufgefordert, den Erhalt der empfangenen E-Mail zu bestätigen. Das erreichen Sie durch einen Klick auf den in der E-Mail unterstrichenen Link. Danach erhalten Sie eine zweite E-Mail, die unter anderem eine „Aktivierungs-ID" enthält. Diese zweite E-Mail sollten Sie gut aufbewahren, denn Sie brauchen sie später noch. Jetzt beginnt eine Wartezeit von etwa 7 bis 14 Tagen, danach erhalten Sie einen Brief per Post mit einem „Aktivierungs-Code".

3. Schritt: Registrierung abschließen

Nachdem Sie den Aktivierungs-Code per Post erhalten haben, gehen Sie in die zweite erhaltene (und hoffentlich noch auffindbare) E-Mail und klicken auf den blaufarbigen Link. Es öffnet sich eine Internetseite, auf der

Sie die Aktivierungs-ID aus der zweiten E-Mail und den Aktivierungs-Code aus dem Brief eingeben. Sie gehen auf „Absenden", danach öffnet sich eine Eingabemaske, wo Sie ein selbst gewähltes persönliches Passwort eingeben und wiederholen. Sie klicken auf „Erstellen" und anschließend auf „Zertifikatsdatei herunterladen". Der Vorgang kann etwas länger dauern, brechen Sie ihn also nicht ab, wenn sich erst einmal nichts tut. Speichern Sie die Datei (mit der Endung „.pfx") auf Ihrem Rechner dort, wo Sie sie wiederfinden. Tragen Sie die Zertifikatsdatei und Ihr persönliches Passwort ein. Mit einem Klick auf „Login" haben Sie die Registrierung abgeschlossen. Prüfen Sie anschließend Ihr gespeichertes Profil und ergänzen Sie erforderlichenfalls die Daten.

Weitere Registriermöglichkeiten

Wer sich bei ELSTER mit seinem Personalausweis registriert, spart Zeit. Weil weder die Aktivierungs-ID per E-Mail noch der Aktivierungs-Code auf dem Postweg gebraucht werden, dauert die Einrichtung eines Benutzerkontos nur wenige Minuten. Voraussetzung ist allerdings, dass die Online-Ausweisfunktion aktiviert und freigeschaltet ist. Außerdem brauchen Ausweisnutzer ein geeignetes Ausweislesegerät und müssen sich eine „AusweisApp" herunterladen. Letzteres funktioniert über die ELSTER-Homepage oder im App-Store auf Ihrem Smartphone (siehe auch Seite 230, Screenshot Nr. 3, dort in der linken Taskspalte auf „Personalausweis" klicken).

Wenn Sie mit dem Smartphone oder einem anderen mobilen Gerät mit der Finanzverwaltung kommunizieren wollen, können Sie sich (auch über die etwas abweichenden Registrierungsmodalitäten) unter dem Begriff „ElsterSmart" informieren. Zu finden ist er über die ELSTER-Startseite (siehe Seite 226, Screenshot 1), dort die Schaltfläche „Wo finde ich Hilfe" anklicken. Unter „Häufige Fragen zu Mein ELSTER" finden Sie den dort ausführlich erläuterten Begriff „ElsterSmart" (einschließlich „Kurzanleitung" zum Download).

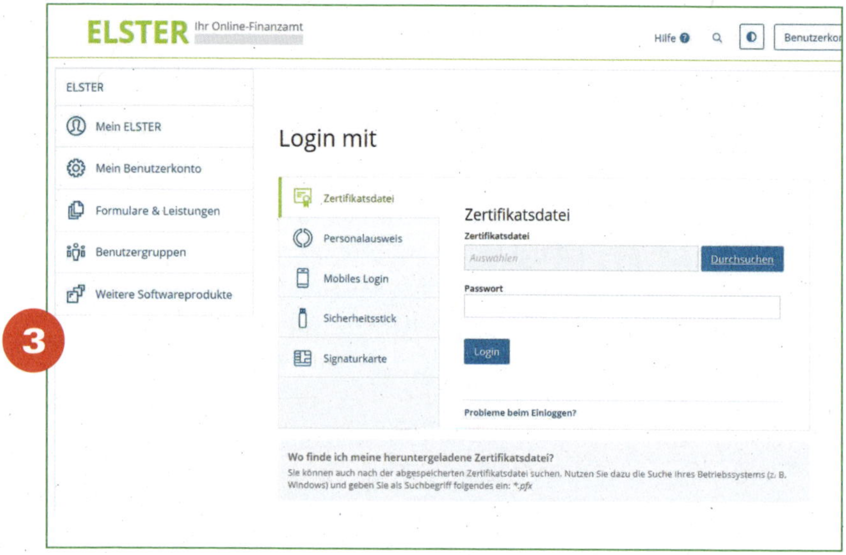

TIPP: Machen Sie mindestens eine Sicherheitskopie der Zertifikatsdatei, die Sie extern (etwa auf einem USB-Stick) ablegen. Die Registrierung ist in der Regel die größte technische Hürde auf dem Weg zur ELSTER.

Beim nächsten Login über die ELSTER-Startseite (→ Seite 226, Screenshot ❶, Schaltfläche „Jetzt einloggen") öffnet sich die hier abgebildete Eingabemaske (Screenshot ❸). Wenn Sie das Wort „Durchsuchen" anklicken, öffnet sich ein Zugang zu den Verzeichnissen auf Ihrem Computer und Sie können die Zertifikatsdatei auswählen. Danach geben Sie noch das Passwort ein und klicken auf die Schaltfläche „Login". Anschließend öffnet sich Ihre persönliche Seite „Mein ELSTER" (Screenshot ❹ auf Seite 231). Von hier aus können Sie die gesamte Kommunikation mit ELSTER abwickeln, Profile, das Benutzerkonto und Formulare bearbeiten. Das läuft vor allem über die linke Taskleiste unter dem Oberbegriff „Mein ELSTER".

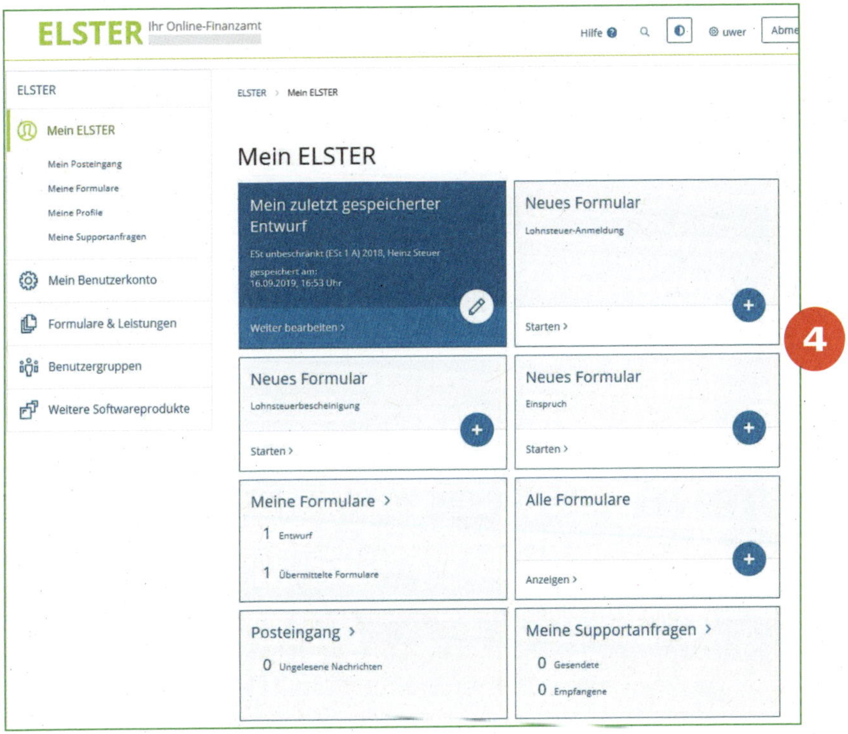

Registrierung für andere Personen

Für Ehe- und Lebenspartner genügt es, wenn sich einer der beiden Partner registriert. Solange dem Finanzamt nichts anderes vorliegt, geht es davon aus, dass der Inhalt der Steuererklärung beiden Partnern bekannt ist und von beiden gebilligt wird. Sie können aber auch für nahe Verwandte, beispielsweise für Ihre Mutter, die Steuererklärung über Ihr ELSTER-Konto einreichen. Sie sollten jedoch wissen, dass Sie selbst hierbei die Steuererklärung elektronisch unterschreiben. Deshalb ist es besser, wenn Sie den Verwandten helfen, sich ein eigenes Elster-Konto einzurichten. Zur Registrierung können Sie dabei auch Ihre E-Mailadresse nutzen, wenn Sie wie oben beschrieben die Bestätigung vornehmen.

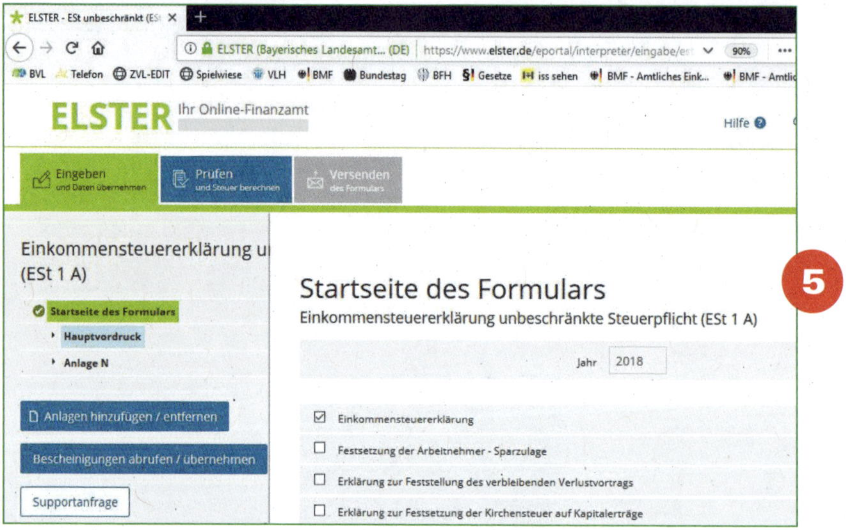

Die Steuererklärung mit MeinELSTER

Wenn Sie gleich mit der Steuererklärung loslegen wollen, starten Sie das Benutzerfeld „Neues Formular, Einkommensteuererklärung unbeschränkte Steuerpflicht" (→ Screenshot 4 auf Seite 231), wählen das gewünschte Jahr aus und gehen auf „Ohne Datenübernahme fortfahren", wenn Sie das erste Mal hier sind. Auf der folgenden Liste können Sie die erforderlichen Anlagen für Ihre Steuererklärung auswählen. Der Hauptvordruck ist in der Regel bereits mit einem Häkchen versehen, da Sie diesen immer benötigen.

Als nächstes erhalten Sie die Frage, ob Sie Bescheinigungen einfügen möchten. Das sind die Angaben, die das Finanzamt von anderen Stellen, beispielsweise von Ihrem Arbeitgeber, bereits übermittelt bekommen hat. Diese können Sie direkt in die entsprechenden Anlagen einlesen lassen. Ebenso können Sie Ihre persönlichen Daten wie Name und Identifikationsnummer aus Ihrem ELSTER-Profil in die Vordrucke einlesen lassen.

Mit einem Klick auf „Weiter" befinden Sie sich auf der „Startseite des Formulars". Hier klicken Sie „Einkommensteuererklärung" an, wählen Ihr Bundesland aus und geben Ihre Steuernummer ein (nicht die oben er-

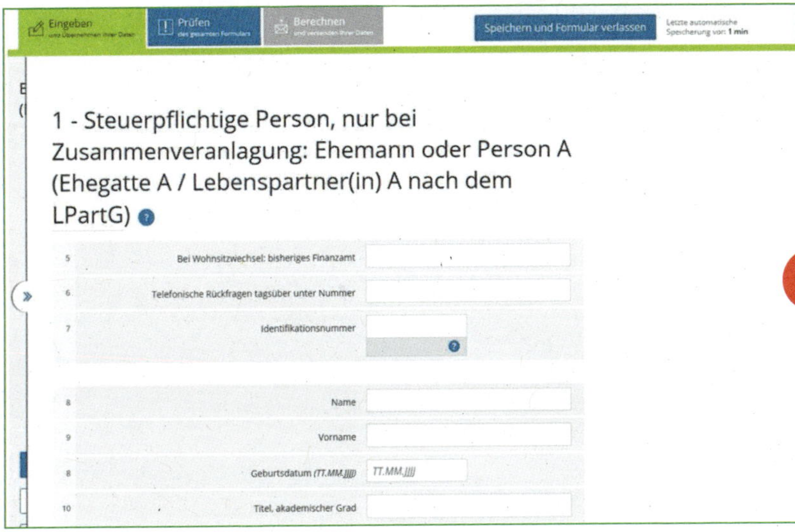

6

wähnte Identifikationsnummer!). Sie gehen auf „Nächste Seite“ und es öffnet sich die links oben abgebildete Übersicht (Screenshot 5).

Hier sind die Angaben in Komplexen zusammengefasst. Ein Anklicken auf das Dreieck öffnet oder schließt zugehörige Kategorien, die Sie durch Anklicken nacheinander oder in beliebiger Reihenfolge bearbeiten können. Wenn Sie zum Beispiel ganz oben auf „1 – Steuerpflichtige Person …“ klicken, öffnet sich die oben abgebildete Eingabemaske (Screenshot 6).

Die Formulare und die einzelnen Zeilen sind die Angaben, die auch das Papierformular enthält. Anders als im Papierformular müssen Sie aber beispielsweise Ihren Arbeitslohn und die abgezogenen Versicherungsbeiträge ausfüllen. Wenn Sie nicht bereits zuvor die Abfrage zum Einlesen der bereits vorhandenen Daten bestätigt hatten, können Sie das jetzt über das Auswahlfeld „Bescheinigungen abrufen“ auf der linken Bildschirmhälfte nachholen. Die Beträge werden aus den Angaben übernommen, die beispielsweise Ihr Arbeitgeber oder die Versicherungsgesellschaft, die Ihren Altersvorsorgevertrag betreut (Riester), bereits an die Finanzverwaltung übermittelt haben (näheres → Seite 237).

Die automatisch eingelesenen Angaben überprüfen Sie. Sie können diese, wenn notwendig, auch ändern oder ganz löschen. Die übrigen Felder füllen Sie genauso aus wie in der Papiererklärung. Orientieren Sie sich hierbei an der Bezeichnung des Formulars und den Zeilennummern. Sie entsprechen genau den Zeilenzahlen des Papierformulars. Das ist eine

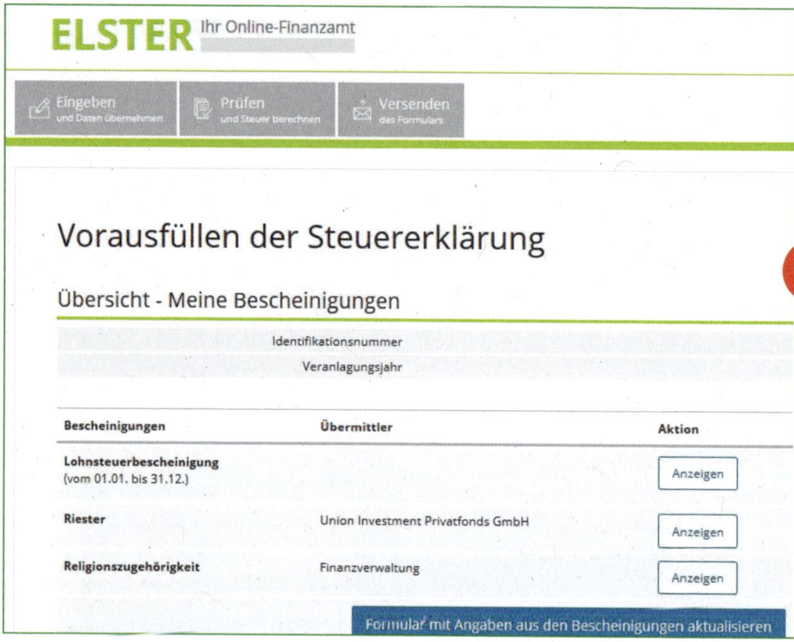

7

sehr gute Orientierungshilfe für alle, die zusätzlich zum Computerprogramm dieses gedruckte Ratgeberbuch verwenden.

Ein Klick auf die Fragezeichen bei den Eingabefeldern öffnet Zusatzinformationen zur jeweiligen Formularzeile, wie sie auch in den amtlichen Hinweisen und Erläuterungen zu finden sind.

Die geänderten Formulare für das Steuerjahr 2019 standen zum Zeitpunkt der Fertigstellung dieses Buches noch nicht im ELSTER-Programm zur Verfügung. Die Abbildungen zum Programm wurden deshalb aus der Steuererklärung für das Vorjahr übernommen. Sie können beim Steuerjahr 2019 vereinzelt abweichen.

BEACHTE: Dieser gedruckte Ratgeber orientiert sich strikt an den Formularzeilen, arbeitet sie Zeile für Zeile ab und hilft Ihnen, sich in den elektronischen ELSTER-Formularen besser zurecht zu finden.

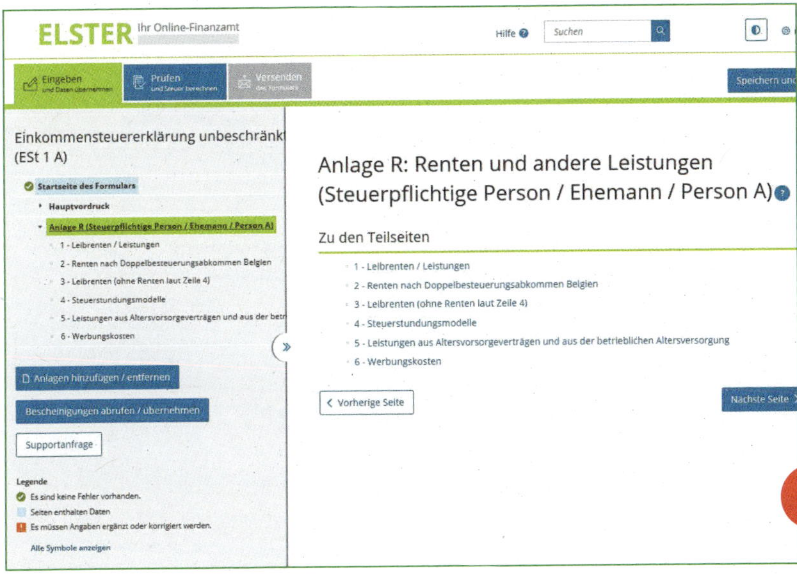

8

Die grün unterlegte Zeile im Fenster auf der linken Bildschirmseite zeigt an, bei welcher Eingabe Sie sich gerade befinden (Screenshot 8, hier im Beispiel beim Eintrag zu einer Rente). Mit der blau unterlegten Schaltfläche „Anlagen hinzufügen/entfernen" kommen Sie zur „Anlagenauswahl". Dort können Sie alle benötigten Formulare markieren. Für Arbeitnehmer und Beamte sind das vor allem die Anlage N und die Anlage Vorsorgeaufwand sowie Anlagen für weitere Ausgaben.

Durch einen Klick auf eine andere Zeile auf der linken Bildschirmseite wechseln Sie zu anderen Bereichen in der Steuererklärung. Ebenso können Sie bei der Eingabe im Formular am Ende der Seite mit einem Klick auf „Nächste Seite" oder auf die Zeilen in der Anlagenübersicht weiter durch die Steuererklärung gehen.

Auf bestimmte Fehler weist Sie das Programm gleich beim Eingeben oder beim Wechsel auf die nächste Seite hin. Mit einem Klick auf „Prüfen und Steuer berechnen" oberhalb des Eingabefensters erhalten Sie weitere Hinweise dazu, wo das Programm Eingabefehler festgestellt hat und wo Sie gegebenenfalls Korrekturen vornehmen müssen. Unter „Steuerberechnung" können Sie feststellen, welche Steuererstattung oder Nachzahlung zu erwarten ist. Die Berechnung öffnet sich je nach den Einstellungen auf Ihrem Computer entweder in einem neuen Fenster oder wird als PDF-Datei heruntergeladen. Die Berechnung ähnelt stark der Darstellung im Steuerbescheid.

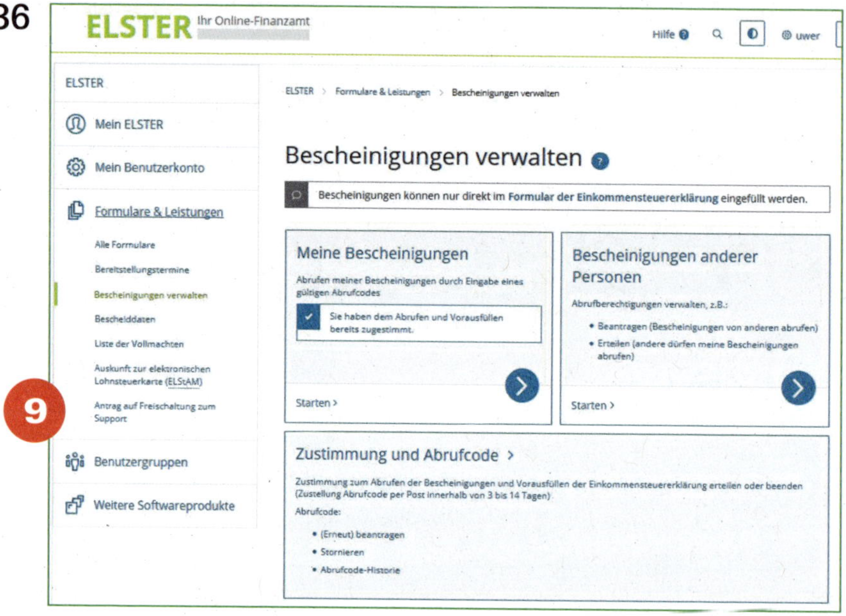

TIPP: Drucken Sie sich am Ende die Steuerberechnung aus oder speichern Sie die Datei ab. Sie können damit den Steuerbescheid später besser überprüfen.

Wenn Sie alle Eingaben vollständig erfasst haben, können Sie nach der Berechnung die Steuererklärung elektronisch abschicken. Dazu klicken Sie, wieder am oberen Bildschirmfenster, den Kasten „Versenden des Formulars“ an. Weil Sie sich bei ELSTER registriert haben, wird die Steuererklärung mit elektronischer Unterschrift verschickt. Sie brauchen deshalb kein Formular mehr zum Unterschreiben auszudrucken und per Post zum Finanzamt zu schicken.

Wenn Sie „Speichern und Formular verlassen“ anklicken, werden Sie nochmals gefragt, ob Sie die Angaben speichern wollen. Sie können auch die Steuererklärung ohne zu speichern verlassen oder zur Eingabe zurückkehren. Sie können mit dem Speichern auch Ihre Steuererklärung unterbrechen und zu einem späteren Zeitpunkt weiter bearbeiten.

Datenabruf nutzen

Auf Screenshot ❼ finden Sie links unten abgebildet auch die Schaltfläche „Bescheinigungen abrufen/übernehmen". Die Finanzverwaltung stellt eine Reihe von Daten bereit, die über ELSTER abrufbar sind. Sie können in die Einkommensteuererklärung übernommen werden. Der Abruf ist freiwillig. Es handelt sich hierbei um die Angaben, die in den Papiervordrucken dunkelgrün und mit einem e als eDaten gekennzeichnet sind (--> Seite 30). Das sind beispielsweise folgende Daten:

- Name, Adresse, Religionszugehörigkeit,
- Lohnsteuerbescheinigungen,
- Rentenbezugsmitteilungen,
- Beiträge zu Kranken- und Pflegeversicherungen,
- Vorsorgeaufwendungen (etwa Riester- oder Rürup-Verträge),
- Lohn- und Einkommensersatzleistungen.

Voraussetzung für den Datenabruf ist eine bereits abgeschlossene Registrierung in „Mein ELSTER" mit der Identifikationsnummer. Das allein reicht aber nicht, der Datenabruf erfordert einen gesonderten Antrag. Den Antrag stellen Sie bei „Mein ELSTER" in der linken Taskleiste unter „Formulare & Leistungen" (→ Screenshot ❹ auf Seite 231) im Menü „Bescheinigungen verwalten".

Der Antrag wird in der Regel automatisch genehmigt. Wer eine Zertifikatsdatei verwendet, muss warten, bis er per Post einen Abrufcode erhalten hat, und kann danach erst loslegen. Der Belegabruf ist auch für Daten von anderen Personen möglich, etwa für den Ehepartner oder ein anderes Familienmitglied. Das funktioniert ebenfalls im Menü „Bescheinigungen verwalten". Wählen Sie dort „ Bescheinigungen anderer Personen" und „Abrufberechtigung beantragen" (→ Screenshot ❾ auf Seite 236).

10

ELSTER-Erklärung ohne Registrierung

Auch wenn Sie sich nicht bei „Mein ELSTER" registrieren lassen wollen, können Sie Ihre Steuererklärung per Computer erstellen und an das Finanzamt schicken. Anschließend drucken Sie eine Kurzversion der Steuererklärung aus, die sogenannte komprimierte Steuererklärung. Die unterschreiben Sie eigenhändig und geben sie in die Post oder persönlich beim Finanzamt ab.

Wollen Sie dafür das kostenlose Programm ElsterFormular der Finanzverwaltung nutzen, gehen Sie auf die ELSTER-Startseite (siehe Seite 226, Screenshot 1). In der linken Bildschirmleiste klicken Sie auf die Schaltfläche „Weitere Softwareprodukte", darunter erscheint der Begriff „ElsterFormular". Den klicken Sie an, danach „zum Download" (siehe Screenshot 10).

Ganz unten rechts auf der nächsten Seite gehen Sie auf „Lizenzvertrag akzeptieren". Es öffnet sich die Seite mit der Überschrift „Download von ElsterFormular". Dort gehen Sie unter der Spalte „Privatanwender" auf „Download". Sie legen fest, wo das Programm auf Ihrem Rechner abgelegt werden soll. Dort erscheint es mit der Bezeichnung „ElsterFormularPrivat". Nach einem Doppelklick darauf beginnt der Installationsvorgang. Wenn Sie den dort gegebenen Anweisungen folgen, installieren Sie ElsterFormular in der Regel problemlos und zügig auf Ihrem Rechner. Danach sehen

Sie eine Schaltfläche mit dem stilisierten Bild einer Elster auf Ihrem Desktop oder dort, wo Sie es abgelegt haben. Nach einem Doppelklick auf dieses „Elster-Icon“ öffnet sich die Eingabemaske von ElsterFormular. Gehen Sie oben links auf „Datei“ und „Neu“, erscheint die Seite eins des Hauptvordrucks der Einkommensteuererklärung.

Die Abbildung entspricht dem Papierformular und kann anhand der Formularzeilennummern auch mithilfe dieses Ratgebers relativ einfach ausgefüllt werden. Dieser „analoge“ Papierratgeber sollte ohnehin als Zusatzhilfe neben der Tastatur liegen, denn er konzentriert sich auf die zentralen Probleme der großen Mehrheit der Arbeitnehmer, weist auf Stolpersteine hin und gibt viele Tipps und Gestaltungshinweise.

ELSTER-Pflicht

Immer mehr Bürger müssen eine Steuererklärung mit elektronischer Unterschrift abgeben. Pflicht ist sie für Freiberufler, Gewerbetreibende sowie Land- und Forstwirte, also für alle, die unternehmerisch tätig sind und sogenannte Gewinneinkünfte haben. Auch wer als Arbeitnehmer, Student, Rentner oder Hausfrau nebenbei unternehmerisch tätig ist, fällt jetzt in der Regel unter die „Elster-Pflicht, auch wenn es nur um geringe Einkünfte geht.

Das betrifft auch diejenigen, die Einkünfte aus einer Photovoltaikanlage auf dem eigenen Heim erzielen. Sie müssen neben der elektronischen Steuererklärung auch das amtliche Formular EÜR (Einnahmenüberschussrechnung) ausfüllen.

Ausnahmen akzeptiert das Amt nur noch in wenigen Fällen, etwa wenn Computer und Internetzugang fehlen und ihre Anschaffung eine „unzumutbare Härte“ bedeuten würde.

Übungsleiter und andere Ehrenamtler bleiben verschont, wenn ihre Einnahmen die Steuerfreibeträge nicht übersteigen.

Auch Steuerberater und Lohnsteuerhilfevereine können die Steuererklärungen ihrer Mandanten nur noch elektronisch an das Finanzamt übermitteln.

Kommerzielle Programme

Wenn Sie weder mit „Mein ELSTER" noch mit ElsterFormular arbeiten möchten, finden Sie eine Übersicht anderer Steuerprogramme ausgehend von der ELSTER-Startseite (→ Seite 226, Screenshot 1). Durch einen Klick auf „Weitere Softwareprogramme" in der linken Taskleiste öffnet sich eine Seite mit der Überschrift „Software-Produkte, die ELSTER unterstützen". Neben den wenigen kostenfreien Programmen ist dort eine Vielzahl kostenpflichtiger Produkte aufgeführt. Zu jedem Programm finden Sie in der rechten Spalte einen Link, der Sie zum jeweiligen Anbieter führt.

Auch wer mit kommerziellen Programmen arbeitet und die Einkommensteuererklärung mit elektronischer Unterschrift papierlos abgeben möchte, muss sich vorher bei ELSTER registriert haben. Das funktioniert so, wie ab Seite 227 in den drei Schritten dargestellt. Nach der Registrierung lassen sich alle wesentlichen Funktionen, die „Mein ELSTER" bietet, auch mit kommerziellen Programmen nutzen.

Die komprimierte und von Hand unterschriebene Steuererklärung können Sie mit kommerziellen Programmen in der Regel ebenfalls nutzen. Dafür ist keine Anmeldung bei ELSTER erforderlich, Sie müssen lediglich der Führung Ihres Programms folgen.

Im Unterschied zu den Programmen der Finanzverwaltung geben kommerzielle Programme Steuertipps und Gestaltungshinweise. Oftmals sind es sogar so viele, dass es unübersichtlich werden kann. Zumal auch die Sprache manchmal überfordert, sei es durch Steuerchinesisch oder einen Computerjargon, den eher Eingeweihte verstehen. Die Stiftung Warentest hat 14 gängige Steuerprogramme getestet. Sie kosten zwischen 15 und 35 Euro, eins ist kostenfrei. Dabei ergaben sich erhebliche Qualitätsunterschiede bei der Handhabung und Berechnung (siehe Finanztest 5/2019).

Auf Stolpersteine achten!

- Planen Sie genug Zeit für die Registrierung ein, denn die dauert in der Regel 7 bis 14 Tage. Werden Sie nicht ungeduldig, wenn der Brief mit dem Aktivierungs-Code auf sich warten lässt. Sie sollten nicht gleich eine neue Registrierung beginnen. Das kann zu Verwirrung und im Ergebnis zu noch längeren Wartezeiten führen.
- Sorgen Sie für eine sichere (und wieder auffindbare) Aufbewahrung von Zertifikatsdatei und persönlichem Passwort. Ein Verlust erfordert eine Neuregistrierung. Gleiches kann passieren, wenn Sie die Registrierungsdaten dreimal falsch eingegeben haben.
- Der Registrierungsvorgang muss nach spätestens 100 Tagen abgeschlossen sein, sonst wird eine neue Registrierung erforderlich.
- Die Registrierung ist drei Jahre gültig, kann aber rechtzeitig (und einfach) verlängert werden.
- Prüfen Sie alle Daten, die Sie im Rahmen des Belegabrufs erhalten. Sie bestätigen mit Ihrer Steuererklärung deren Richtigkeit und Vollständigkeit.
- Tragen Sie weiterhin alle Sonderausgaben, Werbungskosten, außergewöhnlichen Belastungen und sonstige abzugsfähige Aufwendungen in die Formulare ein und prüfen Sie alle aus Vorjahren übernommenen Daten genau. Das nimmt Ihnen kein Belegabruf ab und kein „elektronischer Automatismus" erledigt das für Sie.
- ElsterFormular läuft allein unter Windows. Apple- und Linux-User können das Programm nicht nutzen: Sie können über „MeinELSTER" eine Steuererklärung mit elektronischer Unterschrift erstellen, wenn sie sich vorher registrieren (→ ab Seite 227).

Hilfe

Übersicht

Tabellen

Musterformulare

Lohnsteuerklassen

Die insgesamt sechs Lohnsteuerklassen unterscheiden sich vor allem dadurch, welche Pauschalen und Freibeträge sie beim laufenden Lohnsteuerabzug berücksichtigen. So haben etwa alleinerziehende Arbeitnehmer Anspruch auf einen Entlastungsbetrag von mindestens 1 908 Euro (→ Seite 131). Der ist in die Lohnsteuerklasse II eingearbeitet und Alleinerziehende zahlen dadurch im Jahresverlauf etwas weniger Lohnsteuer als Singles ohne Kinder mit Lohnsteuerklasse I. Der Arbeitgeber zieht außerdem in jeder Lohnsteuerklasse individuell unterschiedliche Beiträge zur Kranken-, Pflege- und Rentenversicherung ab (→ Seite 68). Die hier nicht aufgeführte Klasse VI gilt für ein zweites und jedes weitere Arbeitsverhältnis und berücksichtigt nur eine Vorsorgepauschale.

Freibeträge, Pauschalen*	**Euro in Lohnsteuerklassen**				
	I	**II**	**III**	**IV**	**V**
Grundfreibetrag	9 168	9 168	18 336	9 168	0
Arbeitnehmerpauschbetrag	1 000	1 000	1 000	1 000	1 000
Sonderausgabenpauschbetrag	36	36	36	36	36
Entlastungsbetrag für Alleinerziehende für ein Kind**	0	1 908	0	0	0
Vorsorgepauschale 2019	76 Prozent des Arbeitnehmeranteils zur gesetzlichen Rentenversicherung, plus Beiträge zur Kranken- und Pflegeversicherung in den Steuerklassen I bis VI.				

* Kinderfreibeträge spielen bei der Berechnung der laufenden Lohnsteuer keine Rolle, sie wirken sich nur auf die Berechnung von Solidaritätszuschlag und Kirchensteuer aus.

** Der zusätzliche Freibetrag von 240 Euro ab dem zweiten Kind und je weiterem Kind (siehe Seite 131) ist in der Steuerklasse nicht enthalten. Er muss deshalb als zusätzlicher Freibetrag beantragt werden.

Nettolohnvergleich

Die Höhe des monatlichen Nettolohnes richtet sich bei versicherungspflichtigen Arbeitnehmern auch nach der Lohnsteuerklasse.

Bruttolohn im Monat in Euro	Nettolohn in Euro 2019* Lohnsteuerklassen**					
	I	II	III	IV	V	VI
1 000	815	815	815	815	710	680
1 500	1 128	1 165	1 191	1 128	952	913
2 000	1 408	1 463	1 598	1 408	1 162	1 131
2 500	1 688	1 752	1 922	1 688	1 401	1 365
3 000	1 958	2 023	2 223	1 958	1 621	1 583
3 500	2 219	2 289	2 506	2 219	1 835	1 797
4 000	2 470	2 545	2 792	2 470	2 049	2 011
4 500	2 711	2 792	3 074	2 711	2 263	2 225
5 000	2 970	3 055	3 381	2 970	2 503	2 464
5 500	3 218	3 308	3 686	3 218	2 744	2 706
6 000	3 460	3 551	3 984	3 460	2 985	2 947
6 500	3 701	3 793	4 277	3 701	3 227	3 189
7 000	3 965	4 056	4 587	3 965	3 490	3 452
7 500	4 243	4 335	4 908	4 243	3 769	3 731
8 000	4 522	4 613	5 221	4 522	4 047	4 009

* Berechnung ohne Kirchensteuer und ohne Kinderfreibeträge (außer 1,0 in Klasse II). Berücksichtigt wurden die Beitragsbemessungsgrenzen für die alten Bundesländer und der erhöhte Pflegeversicherungssatz für Kinderlose (außer in Klasse II) sowie 0,9 Prozent Zusatzbeitrag der Krankenkassen.

** Der Nettolohn in der „Unterklasse" IV + Faktor ist von einem Faktor abhängig, den das Finanzamt individuell auf der Grundlage der Löhne beider Ehepartner/Lebenspartner ermittelt. Der Nettolohn ist deshalb nicht einheitlich darstellbar. Mithilfe von www.bmf-steuerrechner.de lässt er sich berechnen (→ Seite 204).

Behindertenpauschbetrag

Mit einem Behinderungsgrad von mindestens 50 besteht Anspruch auf den Behindertenpauschbetrag. Es gibt ihn ausnahmsweise auch für einen Behinderungsgrad ab 25 bis 45, wenn die Behinderung durch eine Berufskrankheit ausgelöst wurde, bei dauernder Einbuße der körperlichen Beweglichkeit oder wenn wegen der Behinderung ein gesetzlicher Anspruch auf Rente oder andere Bezüge besteht. Blinde und hilflose Menschen, die ständig fremde Hilfe brauchen, erhalten unabhängig vom Grad der Behinderung einen Pauschbetrag von 3700 Euro (→ Seite 49). Als Nachweis gilt der Ausweis des Versorgungsamtes (Behindertenausweis) mit dem Kennzeichen **H** oder **Bl** oder eine Bescheinigung zum Pflegegrad 4 oder 5.

Grad der Behinderung	Jährlicher Pauschbetrag in Euro
von 25 und 30	310
von 35 und 40	430
von 45 und 50	570
von 55 und 60	720
von 65 und 70	890
von 75 und 80	1 060
von 85 und 90	1 230
von 95 und 100	1 420

Zumutbare Belastung

Die zumutbare Belastung (→ ab Seite 53) richtet sich nach Einkünften, Familienstand und Familiengröße. Berechnungsgrundlage ist der „Gesamtbetrag der Einkünfte" (→ Seite 12).

Beispiel: Hat eine Familie mit zwei Kindern 55 000 Euro Einkünfte, erfolgt die Berechnung ab sofort in folgenden Schritten.

- **1. Schritt:** 2 Prozent (1. Zeile, 4. Spalte von links) von 15 340 Euro (Spalte ganz links, 1. Zeile) ergibt 306,80 Euro.
- **2. Schritt:** 3 Prozent (2. Zeile, 4. Spalte von links) von 35 790 Euro (51.130 minus 15 340 Euro aus der Spalte ganz links, 2. Zeile) ergibt 1 073,70 Euro.
- **3. Schritt:** 4 Prozent (3. Zeile, 4. Spalte von links) von 3 870 Euro (55 000 Euro Einkünfte minus 51 130 Euro aus der Spalte ganz links, 3. Zeile) ergibt 154,80 Euro.

Aus den drei Schritten folgt eine zumutbare Belastung von rund 1 535 Euro (306,80 plus 1 073,70 plus 154,80). Die muss die Familie selbst tragen.

Einkünfte in Euro	**ohne Kinder**		**mit Kindern***	
	alleinstehend	**verheiratet/ verpartnert****	**1 bis 2**	**3 und mehr**
bis 15 340	5 %	4 %	2 %	1 %
15 341 bis 51 130	6 %	5 %	3 %	1 %
mehr als 51 130	7 %	6 %	4 %	2 %

* Gilt für Alleinstehende und Ehepaare oder eingetragene Lebenspartner. Hier zählen nur Kinder, für die den Eltern Kindergeld oder der Kinderfreibetrag zusteht (→ Seite 122).
** bei Abgabe einer gemeinsamen Steuererklärung

Altersvorsorgeaufwand

Zum Altersvorsorgeaufwand gehören Beiträge zur gesetzlichen Rentenversicherung, zu Versorgungswerken und zu Rürup-Renten (→ Seite 68). Sie sind 2019 bis 21 389/42 777 Euro (Alleinstehende/Ehepaare) als Sonderausgaben absetzbar (höchstens 88 Prozent von 24 305/48 610 Euro, (→ ab Seite 69).

Jahr	abzugsfähiger Altersvorsorgeaufwand		
	in Prozent	bis Euro	
		alleinstehend	verheiratet/ verpartnert
2016	82	18 669	37 338
2017	84	19 625	39 249
2018	86	20 393	40 785
2019	**88**	**21 389**	**42 777**

Beispiel: Ein lediger Arbeitnehmer, der 50 000 Euro brutto verdient hat, zahlt 4 650 Euro in seine gesetzliche Rentenversicherung (RV) und 2 400 Euro in eine Rürup-Versicherung ein. Er kann 2019 davon 5 412 Euro als Sonderausgaben geltend machen.

Arbeitnehmeranteil zur RV (9,3 Prozent von 50 000)	**4 650**
plus Arbeitgeberanteil zur RV (9,3 Prozent von 50 000)	+ 4 650
plus Rürup-Beiträge des Arbeitnehmers	+ 2 400
Summe	11 700
abzugsfähiger Betrag (88 Prozent von 11 700)	10 296
minus Arbeitgeberanteil zur RV	– 4 650
als Sonderausgaben des Arbeitnehmers abzugsfähig (alle Angaben in Euro)	**5 646**

Midijobs

Wer zwischen 450 und 1300 Euro im Monat verdient, hat einen sogenannten Midijob. Hier gelten spezielle Regeln für den Abzug von Lohnsteuer und Versicherungsbeiträgen (→ ab Seite 197). Der Arbeitgeber zahlt seinen Sozialversicherungsbeitrag in vollem Umfang. Die Abgabenbelastung des Arbeitnehmers schlägt nicht sofort voll zu, sondern steigt in Stufen.

Beispiel: Wenn ein Arbeitnehmer mit Lohnsteuerklasse I monatlich 600 Euro verdient (1. Spalte von links), zahlt er insgesamt 83 Euro an Beiträgen zur Renten-, Kranken-, Pflege- und Arbeitslosenversicherung (2. Spalte von links). Von Steuer und Solidaritätszuschlag bleibt er verschont (3. Spalte). Als Nettolohn kommen 517 Euro bei ihm an (5. Spalte).

Bruttolohn im Monat in Euro	**Sozialversicherungsbeitrag des Arbeitnehmers** in Euro 1)	**Lohnsteuer und Solizuschlag** in Euro		**Nettolohn** in Euro	
		Lohnsteuerklasse		**Lohnsteuerklasse**	
		I, II, III, IV	**V**	**I, II, III, IV**	**V**
450,01	46	0	39	404	365
500	58	0	45	442	397
600	**83**	**0**	56	**517**	461
700	108	0	67	592	525
800	133	0	79	667	588
900	158	0	92	742	650
1 000	183	0	105	817	712
1 100	208	6/ 0/ 0 2)	119	886/892 /892	773
1 200	233	19 /0 / 0 2)	131	948/967/ 967	836
1 300	258	33 /6 / 0 2)	166	1 009/1036/1	876

1) Berechnung ohne erhöhten Beitrag zur Pflegeversicherung, in Stkl. II mit 1/2 Kinderfreibetrag
2) Steuerklassen I und IV / II / III

Besteuerung gesetzlicher Renten

Die gesetzliche Rente ist für viele Arbeitnehmer das wichtigste Alterseinkommen. Allerdings müssen sie einen Teil davon versteuern, und der steigt schrittweise mit jedem neuen Rentner-Jahrgang. Arbeitnehmer, die 2019 in Rente gingen (linke Spalte), müssen 78 Prozent ihrer Rente mit dem Finanzamt teilen (2. Spalte von links). Wer 2040 in Rente geht, muss 100 Prozent versteuern. Der einmal ermittelte steuerfreie Eurobetrag der Rente bleibt als Freibetrag lebenslang erhalten
(→ Seite 167).

Jahr des Rentenbeginns	Steuerpflichtiger Anteil in Prozent
2005	50
2006	52
2007	54
2008	56
2009	58
2010	60
2011	62
2012	64
2013	66
2014	68
2015	70
2016	72
2017	74
2018	76
2019	**78**
2020	80
2021	81
2022	82

Jahr des Rentenbeginns	Steuerpflichtiger Anteil in Prozent
2023	83
2024	84
2025	85
2026	86
2027	87
2028	88
2029	89
2030	90
2031	91
2032	92
2033	93
2034	94
2035	95
2036	96
2037	97
2038	98
2039	99
2040	100

Besteuerung privater Renten

Privatrenten sind teilweise steuerpflichtig. Der steuerpflichtige Teil, Ertragsanteil genannt, richtet sich nach dem Lebensjahr bei Rentenbeginn. Wer mit 60 Jahren (linke Spalte) erstmals Leistungen aus einer privaten Rentenversicherung erhält, muss 22 Prozent versteuern (2. Spalte von links), bei Rentenbeginn mit 65 sind es 18 (→ Seite 171). Das ist ein Tabellenauszug. Er betrifft weder die voll steuerpflichtigen Riester-Renten, noch die Rürup-Rente, die wie eine gesetzliche Rente besteuert wird.

Lebensalter bei Rentenbeginn	Steuerpflichtiger Rentenanteil in Prozent
51	29
52	29
53	28
54	27
55	26
56	26
57	25
58	24
59	23
60	**22**
61	22
62	21
63	20
64	19
65	**18**

Lebensalter bei Rentenbeginn	Steuerpflichtiger Rentenanteil in Prozent
66	18
67	17
68	16
69	15
70	15
71	14
72	13
73	13
74	12
75	11
76	10
77	10
78	9
79	9
80	8

Altersentlastungsbetrag

Der Altersentlastungsbetrag steht allen zu, die mindestens 65 Jahre alt sind. Wer diesen Freibetrag für das Jahr 2019 nutzen will, muss vor dem 2. Januar 1955 geboren sein. Jedoch schmilzt der Altersentlastungsbetrag von Jahr zu Jahr für jeden, der 65 wird. Die einmal mit dem 65. Geburtstag „erworbene“ Höhe des Altersentlastungsbetrags bleibt lebenslang erhalten. Achtung: Den Altersentlastungsbetrag gibt es nicht für Einkünfte aus Renten und Pensionen, sondern für alle anderen Einkünfte, etwa Kapital-, Miet-, Lohneinkünfte oder gewerbliche Einkünfte (→ Seite 170).

Beispiel: Wer 2019 (Spalte links außen) seinen 65. Geburtstag feiert, erhält 17,6 Prozent (2. Spalte von links), maximal 836 Euro (3. Spalte von links).

Jahr	Prozent	bis Euro
2005	40,0	1 900
2006	38,4	1 824
2007	36,8	1 748
2008	35,2	1 672
2009	33,6	1 596
2010	32,0	1 520
2011	30,4	1 444
2012	28,8	1 368
2013	27,2	1 292
2014	25,6	1 216
2015	24,0	1 140
2016	22,4	1 064
2017	20,8	988
2018	19,2	912
2019	**17,6**	**836**

Jahr	Prozent	bis Euro
2020	16,0	760
2021	15,2	722
2022	14,4	684
2023	13,6	646
2024	12,8	608
2025	12,0	570
2026	11,2	532
2027	10,4	494
2028	9,6	456
2029	8,8	418
2030	8,0	380
2031	7,2	342
2032	6,4	304
2033	5,6	266
2040	0	0

Versorgungsfreibetrag mit Zuschlag

Beamten- und Werkspensionäre können von ihren Pensionen neben der Werbungskostenpauschale von 102 Euro einen Versorgungsfreibetrag und einen Zuschlag abziehen. Wie hoch Freibetrag und Zuschlag ausfallen, richtet sich danach, wann die Versorgungsbezüge zum ersten Mal ausgezahlt wurden (→ ab Seite 81).

Beispiel: Wer 2019 (Spalte links außen) erstmals eine Beamten- oder Betriebspension bezogen hat, erhält einen Versorgungsfreibetrag von 17,6 Prozent (2. Spalte von links), höchstens 1320 Euro (3. Spalte) und einen Zuschlag von 396 Euro (4. Spalte). Beide Abzugsbeträge bleiben unverändert, solange der Pensionär seine Pension erhält. Neupensionäre späterer Jahre müssen höhere Abschläge hinnehmen, weil die Freibeträge Jahr für Jahr sinken, bis sie bis 2040 ganz verschwinden.

Jahr	Versorgungsfreibetrag		Zuschlag zum Versorgungsfreibetrag in Euro
	in Prozent	bis Euro	
2005	40,0	3 000	900
2006	38,4	2 880	864
2007	36,8	2 760	828
2008	35,2	2 640	792
2009	33,6	2 520	756
2010	32,0	2 400	720
2011	30,4	2 280	684
2012	28,8	2 160	648
2013	27,2	2 040	612
2014	25,6	1 920	576
2015	24,0	1 800	540
2016	22,4	1 680	504

Jahr	Versorgungsfreibetrag		Zuschlag zum Versorgungsfreibetrag in Euro
	in Prozent	bis Euro	
2017	20,8	1 560	468
2018	19,2	1 440	432
2019	**17,6**	**1 320**	**396**
2020	16,0	1 200	360
2021	15,2	1 140	342
2022	14,4	1 080	324
2023	13,6	1 020	306
2024	12,8	960	288
2025	12,0	900	270
2026	11,2	840	252
2027	10,4	780	234
2028	9,6	720	216
2029	8,8	660	198
2030	8,0	600	180
2031	7,2	540	162
2032	6,4	480	144
2033	5,6	420	126
2034	4,8	360	108
2035	4,0	300	90
2036	3,2	240	72
2037	2,4	180	54
2038	1,6	120	36
2039	0,8	60	18
2040	0	0	0

Der Weg zum Einkommen

Arbeitnehmer können mithilfe dieser etwas vereinfachten Berechnung die Schritte zum zu versteuernden Einkommen und den Inhalt ihres Steuerbescheids besser nachvollziehen.

In Zeile 1 bis 7 werden die Einkünfte ermittelt. Das ist beim Lohn überschaubar (→ Seite 10). In Zeile 3 gehören alle weiteren steuerpflichtigen Einkünfte zusammengenommen, zum Beispiel aus einer selbstständigen Nebentätigkeit, Vermietung oder einer Rente. Tragen Sie hier bitte nur Werte ein, von denen Sie bereits Werbungskosten, Betriebsausgaben, Pauschalen und Freibeträge abgezogen haben. Zinsen und andere Kapitalerträge tauchen hier nur noch auf, wenn sie nicht der Abgeltungsteuer unterlegen haben, beziehungsweise wenn sie nicht der Abgeltungsteuer unterliegen sollen.

In einem zweiten Schritt (Zeile 8 bis 11) werden Aufwendungen und Kosten abgezogen, die Sie in Form von Sonderausgaben und außergewöhnlichen Belastungen hatten. So ermitteln Sie das Einkommen (Zeile 12). Davon ziehen Eltern die Kinderfreibeträge ab, wenn die für sie günstiger sind als das Kindergeld (→ Seite 122). Für alle andern entspricht das Einkommen auch ohne diesen Schritt dem zu versteuernden Einkommen (Zeile 14). Wie viel Einkommensteuer darauf fällig wird, finden Sie unter www.test.de/Steuerratgeber-Extra oder unter www.bmf-steuerrechner.de, dort „Berechnung und Information zur Einkommensteuer" anklicken, danach „Berechnung der Einkommensteuer".

Die so ermittelte Einkommensteuer ist aber häufig noch nicht das Ende der Rechnerei. Das Finanzamt zieht davon gegebenenfalls Steuerermäßigungen ab, die sich aus Parteispenden oder aus Dienstleistungen rund um den Haushalt ergeben (→ Anlagen Sonderausgaben und Haushaltsnahe Aufwendungen Seite 41 und 58), ebenso bereits gezahlte Steuer, vor allem die laut Lohnsteuerbescheinigung vom Arbeitgeber abgeführte Lohnsteuer. Hinzugezählt werden eventuell erhaltenes Kindergeld und erhaltene Riester-Zulagen, wenn Kinderfreibeträge beziehungsweise der Sonderausgabenabzug für die Riesterrente mehr Steuerentlastung brachten (→ Seite 122 und 139). Auch der Solidaritätszuschlag (5,5 Prozent der Einkommensteuer) und gegebenenfalls 8 oder 9 Prozent Kirchensteuer kommen hinzu. Arbeitnehmerehepaare, die eine gemeinsame Steuererklärung abgeben, rechnen bis Zeile 7 jeder für sich und danach gemeinsam weiter.

Zeile	Ermittlung der Einkünfte	Euro
1	Jahresbruttolohn laut Lohnsteuerbescheinigung	
2	minus Werbungskosten (tatsächliche oder 1 000 Euro)	–
3	plus alle weiteren steuerpflichtigen Einkünfte (etwa aus gewerblicher und freiberuflicher Tätigkeit, Renten, Pensionen, Vermietung, Land- und Forstwirtschaft, → Seite 10)	+
4	**Summe der Einkünfte**	=
5	minus Altersentlastungsbetrag (bis 40 % der begünstigten Einkünfte, bis 1 900 Euro, → Seite 251)	–
6	minus Entlastungsbetrag für Alleinerziehende (bis 1908 Euro für das 1. Kind, → Seite 131)	–
7	**Gesamtbetrag der Einkünfte**	=
8	minus Verlustabzug (→ Seite 65)	–
9	minus Versicherungsbeiträge (→ Seite 68)	–
10	minus weitere Sonderausgaben (→ ab Seite 41, einschließlich Kinderbetreuungskosten → Seite 136, mindestens 36 Euro pro Person)	–
11	minus außergewöhnliche Belastungen (→ ab Seite 49)	
12	**Einkommen**	=
13	minus Kinderfreibeträge (sofern sie mehr Entlastung als Kindergeld bringen, → Seite 127)	–
14	**Zu versteuerndes Einkommen**	

Steuersätze

Der Durchschnittssteuersatz ist der Steuersatz, den der Fiskus im Schnitt vom ersten bis zum letzten Euro des zu versteuernden Einkommens nimmt. Der Grenzsteuersatz zeigt an, wie viel Steuer für den letzten Euro des zu versteuernden Einkommens fällig wird (→ auch Seite 200).

Beispiel: Ein alleinstehender kinderloser Arbeitnehmer mit einem zu versteuernden Einkommen von 20 000 Euro zahlt 2 414 Euro Einkommensteuer. Das sind im Durchschnitt für jeden Euro 12,1 Cent Steuer, für den letzten Euro 26,5 Cent.

Zu versteuerndes Einkommen in Euro	Grenzsteuersatz	Durchschnittssteuersatz	Grenzsteuersatz	Durchschnittssteuersatz
	alleinstehend		verheiratet/verpartnert	
9 168	0,0 %	0,0 %	0,0 %	0,0 %
10 000	15,6 %	1,2 %	0,0 %	0,0 %
12 000	19,6 %	4,0 %	0,0 %	0,0 %
14 000	23,5 %	6,5 %	0,0 %	0,0 %
16 000	24,7 %	8,7 %	0,0 %	0,0 %
18 000	25,6 %	10,5 %	0,0 %	0,0 %
20 000	**26,5 %**	**12,1 %**	15,6 %	1,2 %
30 000	30,8 %	17,6 %	24,3 %	7,6 %
40 000	35,1 %	21,4 %	26,5 %	12,1 %
50 000	39,4 %	24,6 %	28,6 %	15,2 %
60 000	42,0 %	27,4 %	30,8 %	17,6 %
70 000	42,0 %	29,5 %	32,9 %	19,6 %
80 000	42,0 %	31,0 %	35,1 %	21,4 %
90 000	42,0 %	32,2 %	37,3 %	23,1 %
100 000	42,0 %	33,2 %	39,4 %	24,6 %

Musterformulare

Hier finden Sie die für Arbeitnehmer wichtigsten Originalformulare 2019, die anhand eines Beispielfalls ausgefüllt sind.

Familie Kühn ist ein Ehepaar mit zwei Kindern. Die Eltern Franziska und Felix sind Arbeitnehmer und verdienen 3 500 Euro beziehungsweise 2 500 Euro brutto im Monat. Felix muss 400 Euro Zinsen aus einem Privatkredit nachträglich versteuern. Weil er nicht weiß, ob der persönliche Steuersatz vorteilhafter ist, beantragt er die Günstigerprüfung (→ Seite 150). Außerdem erhält Felix eine Aufwandsentschädigung als Trainer. Andere steuerpflichtige Einnahmen liegen nicht vor.

Zur Altersvorsorge zahlt Franziska in einen Riestervertrag ein. Felix hatte 2019 höhere Kosten für ein Zahnimplantat.

Tochter Fiona ist 29 Jahre alt, studiert und wohnt noch zu Hause. Die Eltern bekommen für Fiona kein Kindergeld mehr, weil sie älter als 25 ist. Sie unterstützen sie finanziell und übernehmen auch Fionas Beiträge zur studentischen Kranken- und Pflegeversicherung. Fiona arbeitet nebenbei für 200 Euro im Monat als Kellnerin.

Die jüngere Tochter Fanny (21) wohnt ebenfalls noch bei den Eltern. Sie lernt Kauffrau für Büromanagement und erhält monatlich 450 Euro Lehrlingsgeld. Die Eltern erhalten für sie Kindergeld.

Familie Kühn braucht neben dem **Hauptvordruck** folgende Anlagen:

- **Anlage N** zweimal für den Arbeitslohn und die Werbungskosten
- **Anlage Sonderausgaben** für Spenden und Kirchensteuer
- **Anlage S** für die Felix Vergütung als Trainer
- **Anlage KAP** zweimal für jeden Ehegatten für die Kapitalerträge,
- **Anlage Kind** für die Tochter Fanny,
- **Anlage Vorsorgeaufwand** für die Versicherungen
- **Anlage AV** für die Riester-Förderung
- **Anlage Unterhalt** für die Unterstützung von Tochter Fiona,
- **Anlage Haushaltsnahe Aufwendungen** für den Handwerkerlohn
- **Anlage Außergewöhnliche Belastungen** für die Zahnarztrechnung

Die Anlagen sind ab Seite 262 abgebildet (außer leere Seiten der Anlage N, Anlage Kind und Anlage Unterhalt).

Wichtige Formularänderungen 2019 im Überblick

Seite		Zeile
	Hauptbogen	
34	Der bisher vierseitige Hauptvordruck ist auf zwei Seiten reduziert. Sonderausgaben, außergewöhnliche Belastungen, haushaltsnahe Dienstleistungen, Beschäftigungsverhältnisse und Handwerkerleistungen sowie sonstige Angaben und Anträgen sind ab 2019 in eigene Anlagen einzutragen.	
38	Soll der Steuerbescheid an einen Bevollmächtigten im Ausland zugestellt werden, kommt das Land in die neue Zeile 36	36
38	Angaben aus der bisher vierten Seite sind jetzt auf Seite zwei einzutragen: Arbeitnehmersparzulage	37
39	Einkommensersatzleistungen	38/39
39	Auswahl der personellen Bearbeitung mit ergänzenden Angaben	40
40	Unterschrift.	42
	Anlage Sonderausgaben	
	Die bisher auf Seite zwei des Mantelbogens abgefragten Sonderausgaben kommen in diese neue Anlage:	
41	Kirchensteuer,	4
42	Spenden und Parteibeiträge,	5 - 12
44	Berufsausbildungskosten,	13/ 14
47	Versorgungs- und Unterhaltsleistungen sowie Ausgleichszahlungen an den früheren Partner.	15 - 21
	Anlage Außergewöhnliche Belastungen	
	Die bisher auf Seite drei des Mantelbogens abgefragten **außergewöhnlichen Belastungen** kommen in diese neue Anlage:	
49	Behindertenpauschbetrag,	4 - 9
51	Hinterbliebenenpauschbetrag,	10
51	Pflegepauschbetrag,	11/12

Seite		Zeile
53	Krankheitskosten und weitere außergewöhnliche Belastungen,	13 - 19
55	Angaben für eine Steuerermäßigung auf Pflege- und andere Kosten, die in den außergewöhnlichen Belastungen enthalten sind.	20 - 22
	Anlage Haushaltsnahe Aufwendungen	
	Die bisher auf Seite drei des Mantelbogens abgefragten **haushaltsnahen Beschäftigungsverhältnisse, Dienstleistungen und Handwerkerleistungen** kommen in diese neue Anlage:	
58	Haushaltshilfe im Minijob,	4
59	sozialversicherungspflichtige Haushaltshilfe, haushaltsnahe Dienst- und Pflegeleistungen,	5
60	Handwerkerleistungen,	6
63	Aufteilung des Höchstbetrages auf verschiedene Personen.	7 - 11
	Anlage Sonstiges	
64	Weitere Angaben aus der bisherigen Seite vier des Mantelbogens kommen in diese neue Anlage. Für Arbeitnehmer sind vor allem wichtig:	
64	Spendenvortrag,	6
65	Verlustabzug,	7/8
65	Freibetrag beim Verkauf von Investmentfonds für steuerbefreite Altanteile	9
65	Kostenaufteilung bei Einzelveranlagung von Ehe- und eingetragenen Lebenspartnern.	10
	Anlage Kind	
129	Da Angaben zu Versicherungsbeiträgen für Kinder elektronisch übertragen werden können, erfolgt eine veränderte Abfrage.	
129	Beiträge für zur Kranken- und Pflegeversicherung des Kindes, bei der Sie selbst Versicherungsnehmer sind, werden aus den eDaten vom Finanzamt übernommen und müssen in die Papiererklärung in der Regel nicht mehr eingetragen werden.	31- 33
129	Über die Basisvorsorge hinausgehende Beiträge sind einzutragen, da die Krankenkasse diese Beiträge nicht elektronisch meldet.	34

Seite		Zeile
129	In den Zeilen 35 - 39 sind Beiträge einzutragen, bei denen das Kind Versicherungsnehmer ist (beispielsweise Sozialversicherungsbeiträge auf den Lohn aus der betrieblichen Ausbildung), wenn diese von den Eltern im Rahmen der Unterhaltspflicht übernommen werden. Die eDaten liegen dem Finanzamt für das Kind als Steuerpflichtigen vor, jedoch nicht für die Steuererklärung der Eltern.	35 - 39
129	Beitragserstattungen etwa nach dem BAföG sind extra einzutragen.	40
130	In die Zeilen 41 und 42 gehören Beiträge zu ausländischen Kranken- und Pflegeversicherungen.	41-42
130	Die Zeilen zur Übertragung von Freibeträgen, zum Alleinerziehenden-Entlastungsbetrag, zum Sonderbedarf bei Ausbildung, Schulgeld und Kinderbetreuungskosten wurden in den Zeilennummern nach hinten verschoben. Inhaltlich sind sie unverändert.	43 - 79
135	Zur Übertragung des Behindertenpauschbetrag des Kindes muss ab 2019 in einer neuen Zeile ein zusätzlicher Eintrag erfolgen.	71
	Anlagen KAP, KAP-INV, KAP-BET	
149	Die Fragen zu den Kapitalerträgen stehen unverändert auf drei Anlagen. Die „Anlage KAP-BET“ und „Anlage KAP-INV“ widmen sich Spezialproblemen, für die professionelle Steuerhilfe erforderlich ist.	
155	Der Vortext zu Zeile 13 wurde erweitert, da Angaben zum Sparer-Pauschbetrag auch für Kapitalerträge aus den Anlagen KAP-INV und KAP-BET notwendig sind	13
	Anlage N	
81	Arbeitnehmer müssen eDaten, die bereits elektronisch gemeldet wurden, nicht mehr in die Papiererklärung eintragen. Das betrifft die dunkelgrünen, mit **e** gekennzeichneten Zeilen. Sie müssen nur prüfen, ob die Angaben auf der Lohnsteuerbescheinigung und im späteren Steuerbescheid korrekt sind. Alle anderen Angaben, die dem Finanzamt noch nicht vorliegen, sind weiterhin einzutragen.	5 - 20 28 39

Seite		Zeile
Anlage R		
167	eDaten, die bereits elektronisch gemeldet wurden, müssen nicht mehr in die Papiererklärung eingetragen werden. Das betrifft die dunkelgrünen, mit **e** gekennzeichneten Zeilen. Sie müssen nur prüfen, ob die Angaben auf den Bescheinigungen der Versicherungs- oder Leistungsträger und im späteren Steuerbescheid korrekt sind. Alle anderen Angaben, die dem Finanzamt noch nicht vorliegen, sind weiterhin einzutragen.	5 - 10 15 - 16 19 - 20 31 - 32 36 - 43 45 - 53
169	Die Frage nach der Rentenart ist entfallen. Es ist nur noch eine „1" einzutragen, wenn eine Rente aus dem Ausland bezogen wird.	4
173	Werbungskosten zu Leibrenten sind ab 2019 auf der ersten Seite einzutragen.	21 - 22
Anlage Vorsorgeaufwand		
68	Arbeitnehmer müssen Versicherungsbeiträge, die bereits elektronisch gemeldet wurden, nicht mehr in die Papiererklärung eintragen. Das betrifft die dunkelgrünen, mit **e** gekennzeichneten Zeilen. Sie müssen nur prüfen, ob die Angaben auf der Lohnsteuerbescheinigung und dem Beleg der Versicherung korrekt sind. Zusatzbeiträge, Beiträge von Versicherern im Ausland und andere Angaben, die dem Finanzamt noch nicht vorliegen, sind weiterhin einzutragen.	divers.
77	Die Angabe zum Anspruch auf steuerfreie Zuschüsse oder Beihilfen aus der früheren Zeile 11 wurde auf Seite 2 in Zeile 51 verschoben.	51

Zeile			
1	X Einkommensteuererklärung	Festsetzung der Arbeitnehmer-Sparzulage	Eingangsstempel
2	Erklärung zur Festsetzung der Kirchensteuer auf Kapitalerträge	Erklärung zur Feststellung des verbleibenden Verlustvortrags	
3	Steuernummer	12/345/678910	

4 **An das Finanzamt**
BERLIN-MITTE/TIERGARTEN

Daten für die mit (e) gekennzeichneten Zeilen liegen im Regelfall vor und müssen, wenn sie zutreffend sind, nicht ausgefüllt werden.
– Bitte Infoblatt eDaten / Anleitung beachten –

5 Bei **Wohnsitzwechsel: bisheriges Finanzamt**

Allgemeine Angaben

6 Telefonische Rückfragen tagsüber unter Nr.: 030/11223344

Steuerpflichtige Person (**stpfl. Person**), nur bei Zusammenveranlagung: **Ehemann** oder **Person A** *) (Ehegatte A / Lebenspartner[in] A nach dem LPartG)

7 Identifikationsnummer (IdNr.): 13 579 111 315 — *) Bitte Anleitung beachten.

8 Name: KÜHN — Geburtsdatum: 10121961

9 Vorname: FELIX

Religionsschlüssel:
Evangelisch = EV
Römisch-Katholisch = RK
nicht kirchensteuerpflichtig = VD
Weitere siehe Anleitung

10 Titel, akademischer Grad:

11 Straße (derzeitige Adresse): BRUNNENALLEE — Religion: VD

12 Hausnummer: 7 — Hausnummerzusatz: — Adressergänzung:

13 Postleitzahl: 10177 — Wohnort: BERLIN

14 Ausgeübter Beruf: ANGESTELLTER

15 Verheiratet / Lebenspartnerschaft begründet seit dem: 08081988 — Verwitwet seit dem: TTMMJJJJ — Geschieden / Lebenspartnerschaft aufgehoben seit dem: TTMMJJJJ — Dauernd getrennt lebend seit dem: TTMMJJJJ

Nur bei Zusammenveranlagung: **Ehefrau** oder **Person B** (Ehegatte B / Lebenspartner[in] B nach dem LPartG)

16 IdNr.: 24 681 012 141

17 Name: KÜHN — Geburtsdatum: 30051963

18 Vorname: FRANZISKA

Religionsschlüssel:
Evangelisch = EV
Römisch-Katholisch = RK
nicht kirchensteuerpflichtig = VD
Weitere siehe Anleitung

19 Titel, akademischer Grad:

20 Straße (falls von Zeile 11 abweichend): — Religion: EV

21 Hausnummer: — Hausnummerzusatz: — Adressergänzung:

22 Postleitzahl: — Wohnort (falls von Zeile 13 abweichend):

23 Ausgeübter Beruf: ANGESTELLTE

Nur von Ehegatten / Lebenspartnern auszufüllen

24 X Zusammenveranlagung — Einzelveranlagung von Ehegatten / Lebenspartnern — Wir haben Gütergemeinschaft vereinbart

Bankverbindung – Bitte stets angeben –

25 IBAN (inländisches Geldinstitut): DE30100123450808154711

26 IBAN (ausländisches Geldinstitut):

27 BIC zu Zeile 26:

28 X **Kontoinhaber** lt. Zeile 8 und 9 — lt. Zeile 17 und 18 — oder: **Name** (im Fall der Abtretung bitte amtlichen Abtretungsvordruck einreichen)

Der Steuerbescheid soll nicht mir / uns zugesandt werden, sondern:

– Nur ausfüllen, wenn dem Finanzamt keine entsprechende Bekanntgabevollmacht vorliegt –

31 Name

32 Vorname

33 Straße

34 Hausnummer | Hausnummerzusatz | Postfach

35 Postleitzahl | Wohnort

36 Staat (falls Anschrift im Ausland)

Antrag auf Festsetzung der Arbeitnehmer-Sparzulage **15**

		stpfl. Person / Ehemann / Person A	Ehefrau / Person B
37	Für alle vom Anbieter übermittelten elektronischen Vermögensbildungsbescheinigungen wird die Festsetzung der Arbeitnehmer-Sparzulage beantragt	17 ☐ 1 = Ja	18 ☐ 1 = Ja

Einkommensersatzleistungen **18**

	– ohne Beträge lt. Zeile 28 der Anlage N –	stpfl. Person / Ehemann / Person A EUR	Ehefrau / Person B EUR
38	– die dem Progressionsvorbehalt unterliegen, z. B. Arbeitslosengeld, Elterngeld, Insolvenzgeld, Krankengeld, Mutterschaftsgeld	120 ,—	121 ,— ⓔ
39	– vergleichbare Leistungen i. S. d. Zeile 38 aus einem EU- / EWR-Staat oder der Schweiz	136 ,—	137 ,—

Ergänzende Angaben zur Steuererklärung

40 Über die Angaben in der Steuererklärung hinaus sind weitere oder abweichende Angaben oder Sachverhalte zu berücksichtigen. Diese ergeben sich aus der beigefügten Anlage, welche mit der Überschrift **„Ergänzende Angaben zur Steuererklärung“** gekennzeichnet ist. 175 ☐ 1 = Ja

Hinweis: Wenn über die Angaben in der Steuererklärung hinaus weitere oder abweichende Angaben oder Sachverhalte berücksichtigt werden sollen, tragen Sie bitte eine „1“ ein. Gleiches gilt, wenn bei den in der Steuererklärung erfassten Angaben bewusst eine von der Verwaltungsauffassung abweichende Rechtsauffassung zugrunde gelegt wurde. Falls Sie mit Abgabe der Steuererklärung lediglich Belege und Aufstellungen einreichen, ist keine Eintragung vorzunehmen.

Unterschrift

Datenschutzhinweis:
Die mit der Steuererklärung / dem Antrag angeforderten Daten werden aufgrund der §§ 149, 150 und 181 Abs. 2 der Abgabenordnung, der §§ 25, 46 und 51a Abs. 2d des Einkommensteuergesetzes sowie des § 14 Abs. 4 des Fünften Vermögensbildungsgesetzes erhoben.
Informationen über die Verarbeitung personenbezogener Daten in der Steuerverwaltung und über Ihre Rechte nach der Datenschutz-Grundverordnung sowie über Ihre Ansprechpartner in Datenschutzfragen entnehmen Sie bitte dem allgemeinen Informationsschreiben der Finanzverwaltung. Dieses Informationsschreiben finden Sie unter www.finanzamt.de (unter der Rubrik „Datenschutz“) oder erhalten Sie bei Ihrem Finanzamt.

41 Die Steuererklärung wurde unter Mitwirkung eines Angehörigen der steuerberatenden Berufe i. S. d. §§ 3 und 4 des Steuerberatungsgesetzes erstellt: ☐ 1 = Ja

Bei der Anfertigung dieser Steuererklärung hat mitgewirkt:

42 30.4.2020 Felix Kühn Franziska Kühn

Datum, Unterschrift(en) **Steuererklärungen sind eigenhändig – bei Ehegatten / Lebenspartnern von beiden – zu unterschreiben.**

1 Name: KÜHN

2 Vorname: FRANZISKA

3 **Steuernummer** 12/345/678910

4 Sofern keine IdNr. vorhanden: **eTIN** lt. Lohnsteuerbescheinigung(en) | **eTIN** lt. weiterer Lohnsteuerbescheinigung(en)

Anlage N

Jeder Ehegatte / Lebenspartner mit Einkünften aus nichtselbständiger Arbeit hat eine eigene Anlage N abzugeben.

☐ stpfl. Person / Ehemann / Person A

☒ Ehefrau / Person B

Daten für die mit (e) gekennzeichneten Zeilen liegen im Regelfall vor und müssen, wenn sie zutreffend sind, nicht ausgefüllt werden. – Bitte Infoblatt eDaten / Anleitung beachten –

4

Einkünfte aus nichtselbständiger Arbeit

Angaben zum Arbeitslohn

Zeile		Kz	Lohnsteuerbescheinigung(en) Steuerklasse 1 – 5 (EUR, Ct)	Kz	Lohnsteuerbescheinigung(en) Steuerklasse 6 oder einer Urlaubskasse (EUR, Ct)	
5	**Steuerklasse**	168	4			(e)
6	Bruttoarbeitslohn	110	42000,—	111	,—	(e)
7	Lohnsteuer	140	6614,00	141	,	(e)
8	Solidaritätszuschlag	150	297,16	151	,	(e)
9	Kirchensteuer des Arbeitnehmers	142	486,27	143	,	(e)
10	**Nur bei Konfessionsverschiedenheit:** Kirchensteuer für den Ehegatten / Lebenspartner	144	,	145	,	(e)

Zeile		Kz	1. Versorgungsbezug	Kz	2. Versorgungsbezug	
11	**Steuerbegünstigte Versorgungsbezüge** (in Zeile 6 enthalten)	200	,—	210	,—	(e)
12	Bemessungsgrundlage für den Versorgungsfreibetrag lt. Nr. 29 der Lohnsteuerbescheinigung	201	,—	211	,—	(e)
13	Maßgebendes Kalenderjahr des Versorgungsbeginns lt. Nr. 30 der Lohnsteuerbescheinigung	206	JJJJ	216	JJJJ	(e)
14	Bei unterjähriger Zahlung: Erster und letzter Monat, für den Versorgungsbezüge gezahlt wurden, lt. Nr. 31 der Lohnsteuerbescheinigung	202 / 203	Monat MM – Monat MM	212 / 213	Monat MM – Monat MM	(e)
15	Sterbegeld, Kapitalauszahlungen / Abfindungen und Nachzahlungen von Versorgungsbezügen lt. Nr. 32 der Lohnsteuerbescheinigung (in den Zeilen 6 und 11 enthalten)	204	,—	214	,—	(e)
16	Ermäßigt zu besteuernde Versorgungsbezüge für mehrere Jahre lt. Nr. 9 der Lohnsteuerbescheinigung	205	,—	215	,—	(e)
17	**Ermäßigt besteuerte Entschädigungen / Arbeitslohn für mehrere Jahre** lt. Nr. 10 der Lohnsteuerbescheinigung			166	,—	(e)
18	**Entschädigungen / Arbeitslohn für mehrere Jahre** – ggf. lt. Nr. 19 der Lohnsteuerbescheinigung – vom Arbeitgeber nicht ermäßigt besteuert			165	,—	(e)

Steuerabzugsbeträge zu den Zeilen 16 und 17

Zeile		Kz			Kz		
19	Lohnsteuer	146	,	Solidaritätszuschlag	152	,	(e)
20	Kirchensteuer Arbeitnehmer	148	,	Kirchensteuer Ehegatte / Lebenspartner	149	,	(e)

Zeile		Kz	
21	Steuerpflichtiger Arbeitslohn, von dem kein Steuerabzug vorgenommen worden ist (soweit nicht in der Lohnsteuerbescheinigung enthalten)	115	,—
22	Steuerfreier Arbeitslohn nach Doppelbesteuerungsabkommen / sonstigen zwischenstaatlichen Übereinkommen (Übertrag aus den Zeilen 52, 71 und / oder 82 der ersten **Anlage N-AUS**)	139	,—
23	Steuerfreier Arbeitslohn nach Auslandstätigkeitserlass (Übertrag aus Zeile 67 der ersten **Anlage N-AUS**)	136	,—
24	Steuerfreie Einkünfte (Besondere Lohnbestandteile) nach Doppelbesteuerungsabkommen / sonstigen zwischenstaatlichen Übereinkommen / Auslandstätigkeitserlass (Übertrag aus Zeile 81 der ersten **Anlage N-AUS**)	178	,—
25	Beigefügte **Anlage(n) N-AUS**		Anzahl

26 Grenzgänger nach 117 ☐ (2 = Frankreich, 3 = Schweiz, 4 = Österreich) — Arbeitslohn in EUR / CHF 116 ,— — Schweizerische Abzugsteuer in CHF 135 ,

27 Steuerfrei erhaltene Aufwandsentschädigungen / Einnahmen — aus der Tätigkeit als — 118 EUR ,—

28 **Kurzarbeitergeld, Zuschuss zum Mutterschaftsgeld, Verdienstausfallentschädigung nach dem Infektionsschutzgesetz, Aufstockungsbeträge nach dem Altersteilzeitgesetz, Altersteilzeitzuschläge nach Besoldungsgesetzen (lt. Nr. 15 der Lohnsteuerbescheinigung)** 119 ,— (e)

Werbungskosten – ohne Beträge lt. Zeile 91 bis 94 – 8

Wege zwischen Wohnung und erster Tätigkeitsstätte / Sammelpunkt / weiträumigem Tätigkeitsgebiet (Entfernungspauschale)

Zeile	Erste Tätigkeitsstätte in (PLZ, Ort und Straße)	vom	bis	Arbeitstage je Woche	Urlaubs- und Krankheitstage
31	EINSTEINWEG 13, 15827 DAHLEWITZ	0101	3112	5	30
32		TTMM	TTMM		

Zeile	Sammelpunkt / nächstgelegener Zugang zum weiträumigen Tätigkeitsgebiet (PLZ, Ort und Straße)	vom	bis	Arbeitstage je Woche	Urlaubs- und Krankheitstage
33		TTMM	TTMM		
34		TTMM	TTMM		

Zeile	Ort lt. Zeile	aufgesucht an Tagen	einfache Entfernung (auf volle Kilometer abgerundet)	davon mit eigenem oder zur Nutzung überlassenem Pkw zurückgelegt	davon mit Sammelbeförderung des Arbeitgebers zurückgelegt	davon mit öffentl. Verkehrsmitteln, Motorrad, Fahrrad o. Ä., als Fußgänger, als Mitfahrer einer Fahrgemeinschaft zurückgelegt	Aufwendungen für Fahrten mit öffentlichen Verkehrsmitteln (ohne Fähr- und Flugkosten) EUR	Behinderungsgrad mind. 70 oder mind. 50 und Merkzeichen „G"
35	31	110 220	111 32 km	112 32 km	113 km	km	114 ,—	115 1 = Ja
36		130	131 km	132 km	133 km	km	134 ,—	135 1 = Ja
37		150	151 km	152 km	153 km	km	154 ,—	155 1 = Ja
38		170	171 km	172 km	173 km	km	174 ,—	175 1 = Ja

39 Arbeitgeberleistungen lt. Nr. 17 und 18 der Lohnsteuerbescheinigung — steuerfrei ersetzt 290 EUR ,— pauschal besteuert 295 EUR ,— ⓔ

40 Von der Agentur für Arbeit oder dem Jobcenter gezahlte Fahrtkostenzuschüsse 291 ,—

Beiträge zu Berufsverbänden (Bezeichnung der Verbände)

41 GEWERKSCHAFT 310 412,—

Aufwendungen für Arbeitsmittel – soweit nicht steuerfrei ersetzt – (Art der Arbeitsmittel bitte einzeln angeben.) EUR

42 FACHBÜCHER 89,—

43 + ,— ▶ 320 89,—

Aufwendungen für ein häusliches Arbeitszimmer

44 325 ,—

Fortbildungskosten – soweit nicht steuerfrei ersetzt –

45 FORTBILDUNG – KONTROLLE MED. GERÄTE 330 280,—

Weitere Werbungskosten – soweit nicht steuerfrei ersetzt –

Fähr- und Flugkosten bei Wegen zwischen Wohnung und erster Tätigkeitsstätte / Sammelpunkt / weiträumigem Tätigkeitsgebiet

46 ,—

Sonstiges (z. B. Bewerbungskosten, Kontoführungsgebühren)

47 BEWERBUNGSKOSTEN, PORTO + 22,—

48 KONTOFÜHRUNG + 16,— ▶ 380 38,—

Reisekosten bei beruflich veranlassten Auswärtstätigkeiten

49 Die Fahrten wurden ganz oder teilweise mit einem Firmenwagen oder im Rahmen einer unentgeltlichen Sammelbeförderung des Arbeitgebers durchgeführt 401 2 (1 = Ja, 2 = Nein)

– Falls „Ja": Für die Fahrten mit Firmenwagen oder Sammelbeförderung dürfen mangels Aufwands keine Eintragungen zu Fahrtkosten in Zeile 50 vorgenommen werden. –

Fahrt- und Übernachtungskosten, Reisenebenkosten

50 MESSE IN FRANKFURT A.M., HANNOVER, BERLIN u. a. 410 920,—

51 Vom Arbeitgeber steuerfrei ersetzt 420 0,—

Pauschbeträge für Mehraufwendungen für Verpflegung

Bei einer Auswärtstätigkeit im Inland:

52 Abwesenheit von mehr als 8 Stunden (bei Auswärtstätigkeit ohne Übernachtung) 470 8 Anzahl der Tage

53 An- und Abreisetage (bei einer mehrtägigen Auswärtstätigkeit mit Übernachtung) 471 4 Anzahl der Tage

54 Abwesenheit von 24 Stunden 472 8 Anzahl der Tage

55 Kürzungsbeträge wegen Mahlzeitengestellung (eigene Zuzahlungen sind ggf. gegenzurechnen) 473 38,—

56 Bei einer Auswärtstätigkeit im Ausland (Berechnung bitte in einer gesonderten Aufstellung): 474 ,—

57 Vom Arbeitgeber steuerfrei ersetzt 490 0,—

Zeile		
1	Name	KÜHN
2	Vorname	FELIX
3	**Steuernummer**	12/345/678910
4	Sofern keine IdNr. vorhanden: **eTIN** lt. Lohnsteuerbescheinigung(en) / **eTIN** lt. weiterer Lohnsteuerbescheinigung(en)	

Anlage N

Jeder Ehegatte / Lebenspartner mit Einkünften aus nichtselbständiger Arbeit hat eine eigene Anlage N abzugeben.

X stpfl. Person / Ehemann / Person A

Ehefrau / Person B

Daten für die mit ⓔ gekennzeichneten Zeilen liegen im Regelfall vor und müssen, wenn sie zutreffend sind, nicht ausgefüllt werden. – Bitte Infoblatt eDaten / Anleitung beachten –

4

Einkünfte aus nichtselbständiger Arbeit

Angaben zum Arbeitslohn

Zeile		Kz	Lohnsteuerbescheinigung(en) Steuerklasse 1 – 5 (EUR, Ct)	Kz	Lohnsteuerbescheinigung(en) Steuerklasse 6 oder einer Urlaubskasse (EUR, Ct)	
5	**Steuerklasse**	168	4			ⓔ
6	Bruttoarbeitslohn	110	30000,—	111	,—	ⓔ
7	Lohnsteuer	140	3549,00	141	,	ⓔ
8	Solidaritätszuschlag	150	137,72	151	,	ⓔ
9	Kirchensteuer des Arbeitnehmers	142	,	143	,	ⓔ
10	**Nur bei Konfessionsverschiedenheit:** Kirchensteuer für den Ehegatten / Lebenspartner	144	,	145	,	ⓔ

Zeile		Kz	1. Versorgungsbezug	Kz	2. Versorgungsbezug	
11	**Steuerbegünstigte Versorgungsbezüge** (in Zeile 6 enthalten)	200	,—	210	,—	ⓔ
12	Bemessungsgrundlage für den Versorgungsfreibetrag lt. Nr. 29 der Lohnsteuerbescheinigung	201	,—	211	,—	ⓔ
13	Maßgebendes Kalenderjahr des Versorgungsbeginns lt. Nr. 30 der Lohnsteuerbescheinigung	206	JJJJ	216	JJJJ	ⓔ
14	Bei unterjähriger Zahlung: Erster und letzter Monat, für den Versorgungsbezüge gezahlt wurden, lt. Nr. 31 der Lohnsteuerbescheinigung	202 – 203	Monat MM – Monat MM	212 – 213	Monat MM – Monat MM	ⓔ
15	Sterbegeld, Kapitalauszahlungen / Abfindungen und Nachzahlungen von Versorgungsbezügen lt. Nr. 32 der Lohnsteuerbescheinigung (in den Zeilen 6 und 11 enthalten)	204	,—	214	,—	ⓔ
16	Ermäßigt zu besteuernde Versorgungsbezüge für mehrere Jahre lt. Nr. 9 der Lohnsteuerbescheinigung	205	,—	215	,—	ⓔ
17	**Ermäßigt besteuerte Entschädigungen / Arbeitslohn für mehrere Jahre** lt. Nr. 10 der Lohnsteuerbescheinigung			166	,—	ⓔ
18	**Entschädigungen / Arbeitslohn für mehrere Jahre** – ggf. lt. Nr. 19 der Lohnsteuerbescheinigung – vom Arbeitgeber nicht ermäßigt besteuert			165	,—	ⓔ

Steuerabzugsbeträge zu den Zeilen 16 und 17

Zeile		Kz			Kz		
19	Lohnsteuer	146	,	Solidaritätszuschlag	152	,	ⓔ
20	Kirchensteuer Arbeitnehmer	148	,	Kirchensteuer Ehegatte / Lebenspartner	149	,	ⓔ

Zeile		Kz	
21	Steuerpflichtiger Arbeitslohn, von dem kein Steuerabzug vorgenommen worden ist (soweit nicht in der Lohnsteuerbescheinigung enthalten)	115	,—
22	Steuerfreier Arbeitslohn nach Doppelbesteuerungsabkommen / sonstigen zwischenstaatlichen Übereinkommen (Übertrag aus den Zeilen 52, 71 und / oder 82 der ersten **Anlage N-AUS**)	139	,—
23	Steuerfreier Arbeitslohn nach Auslandstätigkeitserlass (Übertrag aus Zeile 67 der ersten **Anlage N-AUS**)	136	,—
24	Steuerfreie Einkünfte (Besondere Lohnbestandteile) nach Doppelbesteuerungsabkommen / sonstigen zwischenstaatlichen Übereinkommen / Auslandstätigkeitserlass (Übertrag aus Zeile 81 der ersten **Anlage N-AUS**)	178	,—
25	Beigefügte **Anlage(n) N-AUS**	Anzahl	

Zeile		Kz		Kz	Arbeitslohn in EUR / CHF	Kz	Schweizerische Abzugsteuer in CHF
26	Grenzgänger nach	117	2 = Frankreich 3 = Schweiz 4 = Österreich	116	,—	135	,

Zeile		aus der Tätigkeit als	Kz	EUR
27	Steuerfrei erhaltene Aufwandsentschädigungen / Einnahmen		118	,—

Zeile		Kz		
28	**Kurzarbeitergeld, Zuschuss zum Mutterschaftsgeld, Verdienstausfallentschädigung nach dem Infektionsschutzgesetz, Aufstockungsbeträge nach dem Altersteilzeitgesetz, Altersteilzeitzuschläge nach Besoldungsgesetzen (lt. Nr. 15 der Lohnsteuerbescheinigung)**	119	,—	ⓔ

Anlage Sonderausgaben

1 Name: KÜHN

2 Vorname: FELIX

3 **Steuernummer** 12/345/678910

Angaben zu Sonderausgaben

– Ohne Versicherungsaufwendungen und Altersvorsorgebeiträge –

52

Kirchensteuer

Zeile		Kz.	2019 gezahlt EUR	Kz.	2019 erstattet EUR
4	soweit diese nicht als Zuschlag zur Abgeltungsteuer einbehalten oder gezahlt wurde	103	487,–	104	212,–

Zuwendungen (Spenden und Mitgliedsbeiträge)

Zeile		Kz.	lt. Bestätigungen EUR	Kz.	lt. Betriebsfinanzamt EUR
	Spenden und Mitgliedsbeiträge (ohne Beträge in den Zeilen 9 bis 12)				
5	– zur Förderung steuerbegünstigter Zwecke an Empfänger im Inland	123	380,–	124	,–
6	– zur Förderung steuerbegünstigter Zwecke an Empfänger im EU- / EWR-Ausland	133	,–	134	,–
7	– an politische Parteien (§§ 34g, 10b EStG)	127	,–	128	,–
8	– an unabhängige Wählervereinigungen (§ 34g EStG)	129	,–	130	,–

Zeile		Kz.	stpfl. Person / Ehemann / Person A EUR	Kz.	Ehefrau / Person B EUR
	Spenden in das zu erhaltende Vermögen (Vermögensstock) einer Stiftung				
9	2019 geleistete Spenden an Empfänger im Inland (lt. Bestätigungen / lt. Betriebsfinanzamt)	208	,–	209	,–
10	2019 geleistete Spenden (lt. Bestätigungen / lt. Betriebsfinanzamt) an Empfänger im EU- / EWR-Ausland	224	,–	225	,–
11	Von den Spenden in den Zeilen 9 und 10 sollen 2019 berücksichtigt werden	212	,–	213	,–
12	2019 zu berücksichtigende Spenden aus Vorjahren in das zu erhaltende Vermögen (Vermögensstock) einer Stiftung, die bisher noch nicht berücksichtigt wurden	214	,–	215	,–

Berufsausbildungskosten

Aufwendungen für die eigene **Berufsausbildung: stpfl. Person / Ehemann / Person A**

13 Bezeichnung der Ausbildung, Art und Höhe der Aufwendungen — 200 EUR ,–

Aufwendungen für die eigene **Berufsausbildung: Ehefrau / Person B**

14 Bezeichnung der Ausbildung, Art und Höhe der Aufwendungen — 201 ,–

Weitere Aufwendungen

Gezahlte Versorgungsleistungen

15 Renten — Rechtsgrund, Datum des Vertrags — 102 abziehbar % — 101 tatsächlich gezahlt EUR ,–

16 Dauernde Lasten — Rechtsgrund, Datum des Vertrags — 100 ,–

Unterhaltsleistungen lt. **Anlage U** an den

17 – geschiedenen Ehegatten, Lebenspartner einer aufgehobenen Lebenspartnerschaft – dauernd getrennt lebenden Ehegatten / Lebenspartner — 117 IdNr. der unterstützten Person — 116 ,–

18 In Zeile 17 enthaltene Beiträge (abzgl. Erstattungen und Zuschüsse) zur Basis-Kranken- und gesetzlichen Pflegeversicherung — 118 EUR ,– — Davon entfallen auf Krankenversicherungsbeiträge mit Anspruch auf Krankengeld — 119 ,–

Ausgleichszahlungen im Rahmen des schuldrechtlichen Versorgungsausgleichs

19 Rechtsgrund, Datum der erstmaligen Zahlung — 121 ,–

20 Name der empfangsberechtigten Person — 132 IdNr. der empfangsberechtigten Person

21 **Ausgleichsleistungen** zur Vermeidung des Versorgungsausgleichs lt. **Anlage U** — 131 ,–

1 Name: KÜHN

2 Vorname: FELIX

3 **Steuernummer** 12/345/678910

Anlage S

Jeder Ehegatte / Lebenspartner mit Einkünften aus selbständiger Arbeit hat eine eigene Anlage S abzugeben.

☒ stpfl. Person / Ehemann / Person A

☐ Ehefrau / Person B

Einkünfte aus selbständiger Arbeit

Für jeden Betrieb ist zusätzlich eine Bilanz oder – soweit keine Bilanz erstellt wird – eine Anlage EÜR elektronisch zu übermitteln.

Gewinn (ohne die Beträge in den Zeilen 31, 35 und 40; bei ausländischen Einkünften: Anlage AUS beachten) 22

Zeile		Kennzahl	EUR
4	aus freiberuflicher Tätigkeit (genaue Berufsbezeichnung oder Tätigkeit)	100/300	,–
5	aus einer weiteren freiberuflichen Tätigkeit (genaue Berufsbezeichnung oder Tätigkeit)	101/301	,–
6	lt. gesonderter Feststellung (Finanzamt und Steuernummer)	110/310	,–
7	aus Beteiligung (Gesellschaft, Finanzamt und Steuernummer) 1. Beteiligung	120/320	,–
8	aus allen weiteren Beteiligungen	130/330	,–
9	aus Gesellschaften / Gemeinschaften / ähnlichen Modellen i. S. d. § 15b EStG		,–
10	aus sonstiger selbständiger Arbeit (z. B. als Aufsichtsratsmitglied)	140/340	,–
11	aus allen weiteren Tätigkeiten (genau bezeichnen)	150/350	,–
12	In den Zeilen 4 bis 8, 10 und 11 nicht enthaltener steuerfreier Teil der Einkünfte, für die das **Teileinkünfteverfahren** gilt	160/360	,–
13	In den Zeilen 4 bis 8, 10 und 11 enthaltene positive Einkünfte i. S. d. § 2 Abs. 4 UmwStG		,–
14	Steuerpflichtiger Teil der Leistungsvergütungen als Beteiligter einer Wagniskapitalgesellschaft, die **vor** dem 1.1.2009 gegründet wurde (§ 18 Abs. 1 Nr. 4 EStG) Gesellschaft, Finanzamt und Steuernummer	170/370	,–
15	Steuerpflichtiger Teil der Leistungsvergütungen als Beteiligter einer Wagniskapitalgesellschaft, die **nach** dem 31.12.2008 gegründet wurde (§ 18 Abs. 1 Nr. 4 EStG) Gesellschaft, Finanzamt und Steuernummer	180/380	,–
16	Ich beantrage für den in den Zeilen 4 bis 8 und 35 enthaltenen Gewinn die Begünstigung nach § 34a EStG und / oder es wurde zum 31.12.2018 ein nachversteuerungspflichtiger Betrag festgestellt. Einzureichende **Anlage(n) 34a**		Anzahl

Veräußerungsgewinn

vor Abzug etwaiger Freibeträge bei Veräußerung / Aufgabe eines **ganzen Betriebs,** eines **Teilbetriebs,** eines ganzen **Mitunternehmeranteils** (§ 16 EStG)

Zeile		Kz	EUR
31	Veräußerungsgewinn, für den der **Freibetrag nach § 16 Abs. 4 EStG** wegen dauernder Berufsunfähigkeit oder Vollendung des 55. Lebensjahres **beantragt** wird. Für nach dem 31.12.1995 erfolgte Veräußerungen / Aufgaben wurde der Freibetrag nach § 16 Abs. 4 EStG bei keiner Einkunftsart in Anspruch genommen.	200/400	,–
32	In Zeile 31 enthaltener steuerpflichtiger Teil, für den das **Teileinkünfteverfahren** gilt	210/410	,–
33	Auf den Veräußerungsgewinn lt. Zeile 31 wurde zumindest teilweise § 6b oder § 6c EStG angewendet. Die Übertragungen von aufgedeckten stillen Reserven und / oder die in Anspruch genommenen Rücklagen nach § 6b oder § 6c EStG betragen	202/402	,–
34	Veräußerungsgewinn lt. Zeile 31, für den der **ermäßigte Steuersatz** des § 34 Abs. 3 EStG wegen dauernder Berufsunfähigkeit oder Vollendung des 55. Lebensjahres beantragt wird. Für nach dem 31.12.2000 erfolgte Veräußerungen / Aufgaben wurde der ermäßigte Steuersatz des § 34 Abs. 3 EStG bei keiner Einkunftsart in Anspruch genommen.	220/420	,–
35	Veräußerungsgewinn(e), für den / die der **Freibetrag nach § 16 Abs. 4 EStG nicht beantragt** wird oder **nicht zu gewähren** ist	230/430	,–
36	In Zeile 35 enthaltener steuerpflichtiger Teil, für den das **Teileinkünfteverfahren** gilt	240/440	,–
37	Auf den / die Veräußerungsgewinn(e) lt. Zeile 35 wurde zumindest teilweise § 6b oder § 6c EStG angewendet.	231/431	1 = Ja, für die / alle Veräußerung(en) 2 = Ja, aber nicht für alle Veräußerungen
38	In Zeile 35 enthaltener Veräußerungsgewinn, für den der **ermäßigte Steuersatz** des § 34 Abs. 3 EStG wegen dauernder Berufsunfähigkeit oder Vollendung des 55. Lebensjahres beantragt wird. Für nach dem 31.12.2000 erfolgte Veräußerungen / Aufgaben wurde der ermäßigte Steuersatz des § 34 Abs. 3 EStG bei keiner Einkunftsart in Anspruch genommen.	250/450	EUR ,–
39	In Zeile 38 enthaltener steuerpflichtiger Teil, für den das **Teileinkünfteverfahren** gilt	260/460	,–
40	Veräußerungsverlust nach § 16 EStG	270/470	,–
41	In Zeile 40 enthaltener steuerpflichtiger Teil, für den das **Teileinkünfteverfahren** gilt	280/480	,–

42 X **Zu den Zeilen 31 bis 39:** Erwerber ist eine Gesellschaft, an der die veräußernde Person oder ein Angehöriger beteiligt ist **(lt. gesonderter Aufstellung).**

Sonstiges

Zeile		Kz	EUR
43	In den Zeilen 4 bis 11 enthaltene begünstigte sonstige Gewinne i. S. d. § 34 Abs. 2 Nr. 2 bis 4 EStG	190/390	,–

Einnahmen aus der nebenberuflichen Tätigkeit als

Zeile		Kz	Gesamtbetrag	Kz	davon als steuerfrei behandelt	Rest enthalten in Zeile(n)
44	TRAINER FUSSBALL KIEL E. V.	191/391	2020 €	192/392	2020 €	–
45		193/393	€	194/394	€	

Anlage KAP

- [x] zur Einkommensteuererklärung
- [ ] zur Erklärung zur Festsetzung der Kirchensteuer auf Kapitalerträge
- [x] stpfl. Person / Ehemann / Person A
- [ ] Ehefrau / Person B

54

Zeile		
1	Name	KÜHN
2	Vorname	FELIX
3	Steuernummer	12/345/678910

Einkünfte aus Kapitalvermögen / Anrechnung von Steuern

Anträge

Zeile		Kz.	Eintrag	
4	Ich beantrage die Günstigerprüfung für sämtliche Kapitalerträge. **(Bei Zusammenveranlagung: Die Anlage KAP meines Ehegatten / Lebenspartners ist beigefügt.)**	01	1	1 = Ja
5	Ich beantrage eine Überprüfung des Steuereinbehalts für bestimmte Kapitalerträge.	02		1 = Ja

Erklärung zur Kirchensteuerpflicht

Zeile		Kz.	Eintrag	
6	Ich bin kirchensteuerpflichtig und habe Kapitalerträge erzielt, von denen Kapitalertragsteuer, aber keine Kirchensteuer einbehalten wurde.	03		1 = Ja

Kapitalerträge, die dem inländischen Steuerabzug unterlegen haben

Zeile		Kz.	Beträge lt. Steuerbescheinigung(en) EUR	Kz.	korrigierte Beträge (lt. gesonderter Aufstellung) EUR
7	Kapitalerträge	10	750,–	20	,–
8	In Zeile 7 enthaltene Gewinne aus Aktienveräußerungen	12	,–	22	,–
8a	In Zeile 7 enthaltene Gewinne aus der Veräußerung bestandsgeschützter Alt-Anteile i. S. d. § 56 Abs. 6 Satz 1 Nr. 2 InvStG	19	,–	29	,–
9	In Zeile 7 enthaltene Ersatzbemessungsgrundlage	14	,–	24	,–
10	Nicht ausgeglichene Verluste **ohne** Verluste aus der Veräußerung von Aktien	15	,–	25	,–
11	Nicht ausgeglichene Verluste aus der Veräußerung von Aktien	16	,–	26	,–

Sparer-Pauschbetrag

Zeile		Kz.	EUR
12	In Anspruch genommener Sparer-Pauschbetrag, der auf die in den Zeilen 7 bis 11, 23 und 26 erklärten Kapitalerträge entfällt (ggf. „0")	17	750,–
	Bei Eintragungen in den Zeilen 7 bis 11, 14 bis 20, 23, 26, 58 und 60 dieser Anlage, in den Zeilen 6 bis 18, 21 und 22 der Anlage KAP-BET sowie in der Anlage KAP-INV:		
13	In Anspruch genommener Sparer-Pauschbetrag, der auf die in der Anlage KAP **nicht** erklärten Kapitalerträge entfällt (ggf. „0")	18	,–

Kapitalerträge, die nicht dem inländischen Steuerabzug unterlegen haben

– ohne Investmenterträge lt. Anlage KAP-INV –

Zeile		Kz.	EUR
14	Inländische Kapitalerträge (ohne Betrag lt. Zeile 19)	30	400,–
15	Ausländische Kapitalerträge (ohne Betrag lt. Zeile 58)	34	,–
16	In den Zeilen 14 und 15 enthaltene Gewinne aus Aktienveräußerungen i. S. d. § 20 Abs. 2 Satz 1 Nr. 1 EStG	32	,–
17	In den Zeilen 14 und 15 enthaltene Verluste **ohne** Verluste aus der Veräußerung von Aktien	35	,–
18	In den Zeilen 14 und 15 enthaltene Verluste aus der Veräußerung von Aktien i. S. d. § 20 Abs. 2 Satz 1 Nr. 1 EStG	36	,–
19	Zinsen, die vom Finanzamt für Steuererstattungen gezahlt wurden	60	,–

Kapitalerträge, die der tariflichen Einkommensteuer unterliegen

(nicht in den Zeilen 7, 14 und 15 der Anlage KAP sowie in den Zeilen 6 und 11 der Anlage KAP-BET enthalten)

Zeile		Kz.	EUR
20	Hinzurechnungsbetrag nach § 10 AStG	75	,–
21	Laufende Einkünfte aus sonstigen Kapitalforderungen jeder Art, aus stiller Gesellschaft und partiarischen Darlehen (ohne Betrag lt. Zeile 60)	70	,–
22	Gewinn aus der Veräußerung oder Einlösung von Kapitalanlagen lt. Zeile 21	71	,–
23	Kapitalerträge aus Lebensversicherungen i. S. d. § 20 Abs. 1 Nr. 6 Satz 2 EStG	68	,–
24	Ich beantrage für die Einkünfte lt. Zeile 25 die Anwendung der tariflichen Einkommensteuer. ***– bitte Anleitung beachten –***		1 = Ja
	Laufende Einkünfte aus einer unternehmerischen Beteiligung an einer Kapitalgesellschaft		
25	Gesellschaft, Finanzamt und Steuernummer	72	,–
26	Bezüge und Einnahmen i. S. d. § 32d Abs. 2 Nr. 4 EStG (ohne Betrag lt. Zeile 60) – Korrespondenzprinzip –	77	,–
27	Ich habe Einkünfte aus Spezial-Investmentanteilen i. S. d. § 20 Abs. 1 Nr. 3a EStG erzielt. (lt. gesonderter Aufstellung)	09	1 = Ja

Steuerabzugsbeträge zu Erträgen in den Zeilen 7 bis 18 und zu Investmenterträgen lt. Anlage KAP-INV

Zeile		Kz	lt. Bescheinigung(en) EUR	Ct
48	Kapitalertragsteuer	80	,	
49	Solidaritätszuschlag	81	,	
50	Kirchensteuer zur Kapitalertragsteuer	82	,	
51	Angerechnete ausländische Steuern	83	,	
52	Anrechenbare noch nicht angerechnete ausländische Steuern	84	,	
53	Fiktive ausländische Quellensteuer (nicht in den Zeilen 51 und / oder 52 enthalten)	85	,	

Anzurechnende Steuern zu Erträgen in den Zeilen 21 bis 27 sowie aus anderen Einkunftsarten

Zeile		Kz	EUR	Ct
54	Kapitalertragsteuer	86	,	
55	Solidaritätszuschlag	87	,	
56	Kirchensteuer zur Kapitalertragsteuer	88	,	

Beschränkung der Anrechenbarkeit der Kapitalertragsteuer nach § 36a EStG

57 Ich habe Kapitalerträge erzielt, bei denen die Voraussetzungen für eine volle Anrechnung der Kapitalertragsteuer nach § 36a EStG nicht erfüllt sind. 06 1 = Ja

Familienstiftungen nach § 15 AStG (lt. Feststellung)

Einkünfte einer ausländischen Familienstiftung, die **nicht** der tariflichen Einkommensteuer unterliegen

Zeile		Kz	EUR	Ct
58	Bezeichnung, Finanzamt und Steuernummer	38	,	—
59	Anzurechnende ausländische Steuern (zu Zeile 58)	08	,	
60	Einkünfte einer ausländischen Familienstiftung, die der tariflichen Einkommensteuer unterliegen (siehe Zeile 18 der Anlage AUS)	78	,	—

Steuerstundungsmodelle

Einkünfte aus Gesellschaften / Gemeinschaften / ähnlichen Modellen i. S. d. § 15b EStG (lt. gesonderter Aufstellung)

Zeile		EUR	
61		,	—

Zeile			
1	Name: KÜHN		
2	Vorname: FRANZISKA		
3	Steuernummer: 12/345/678910		

Anlage KAP

- [x] zur Einkommensteuererklärung
- [ ] zur Erklärung zur Festsetzung der Kirchensteuer auf Kapitalerträge
- [ ] stpfl. Person / Ehemann / Person A
- [x] Ehefrau / Person B

Einkünfte aus Kapitalvermögen / Anrechnung von Steuern

54

Anträge

Zeile		Kz	Eintrag	
4	Ich beantrage die Günstigerprüfung für sämtliche Kapitalerträge. **(Bei Zusammenveranlagung: Die Anlage KAP meines Ehegatten / Lebenspartners ist beigefügt.)**	01	1	1 = Ja
5	Ich beantrage eine Überprüfung des Steuereinbehalts für bestimmte Kapitalerträge.	02		1 = Ja

Erklärung zur Kirchensteuerpflicht

Zeile		Kz	Eintrag	
6	Ich bin kirchensteuerpflichtig und habe Kapitalerträge erzielt, von denen Kapitalertragsteuer, aber keine Kirchensteuer einbehalten wurde.	03		1 = Ja

Kapitalerträge, die dem inländischen Steuerabzug unterlegen haben

Zeile		Kz	Beträge lt. Steuerbescheinigung(en) EUR	Kz	korrigierte Beträge (lt. gesonderter Aufstellung) EUR
7	Kapitalerträge	10	1952,—	20	,—
8	In Zeile 7 enthaltene Gewinne aus Aktienveräußerungen	12	,—	22	,—
8a	In Zeile 7 enthaltene Gewinne aus der Veräußerung bestandsgeschützter Alt-Anteile i. S. d. § 56 Abs. 6 Satz 1 Nr. 2 InvStG	19	,—	29	,—
9	In Zeile 7 enthaltene Ersatzbemessungsgrundlage	14	,—	24	,—
10	Nicht ausgeglichene Verluste **ohne** Verluste aus der Veräußerung von Aktien	15	,—	25	,—
11	Nicht ausgeglichene Verluste aus der Veräußerung von Aktien	16	,—	26	,—

Sparer-Pauschbetrag

Zeile		Kz	EUR
12	In Anspruch genommener Sparer-Pauschbetrag, der auf die in den Zeilen 7 bis 11, 23 und 26 erklärten Kapitalerträge entfällt (ggf. „0")	17	801,—
	Bei Eintragungen in den Zeilen 7 bis 11, 14 bis 20, 23, 26, 58 und 60 dieser Anlage, in den Zeilen 6 bis 18, 21 und 22 der Anlage KAP-BET sowie in der Anlage KAP-INV:		
13	In Anspruch genommener Sparer-Pauschbetrag, der auf die in der Anlage KAP **nicht** erklärten Kapitalerträge entfällt (ggf. „0")	18	,—

Kapitalerträge, die nicht dem inländischen Steuerabzug unterlegen haben

– ohne Investmenterträge lt. Anlage KAP-INV –

Zeile		Kz	EUR
14	Inländische Kapitalerträge (ohne Betrag lt. Zeile 19)	30	,—
15	Ausländische Kapitalerträge (ohne Betrag lt. Zeile 58)	34	,—
16	In den Zeilen 14 und 15 enthaltene Gewinne aus Aktienveräußerungen i. S. d. § 20 Abs. 2 Satz 1 Nr. 1 EStG	32	,—
17	In den Zeilen 14 und 15 enthaltene Verluste **ohne** Verluste aus der Veräußerung von Aktien	35	,—
18	In den Zeilen 14 und 15 enthaltene Verluste aus der Veräußerung von Aktien i. S. d. § 20 Abs. 2 Satz 1 Nr. 1 EStG	36	,—
19	Zinsen, die vom Finanzamt für Steuererstattungen gezahlt wurden	60	,—

Kapitalerträge, die der tariflichen Einkommensteuer unterliegen

(nicht in den Zeilen 7, 14 und 15 der Anlage KAP sowie in den Zeilen 6 und 11 der Anlage KAP-BET enthalten)

Zeile		Kz	EUR
20	Hinzurechnungsbetrag nach § 10 AStG	75	,—
21	Laufende Einkünfte aus sonstigen Kapitalforderungen jeder Art, aus stiller Gesellschaft und partiarischen Darlehen (ohne Betrag lt. Zeile 60)	70	,—
22	Gewinn aus der Veräußerung oder Einlösung von Kapitalanlagen lt. Zeile 21	71	,—
23	Kapitalerträge aus Lebensversicherungen i. S. d. § 20 Abs. 1 Nr. 6 Satz 2 EStG	68	,—
24	Ich beantrage für die Einkünfte lt. Zeile 25 die Anwendung der tariflichen Einkommensteuer. ***– bitte Anleitung beachten –***		1 = Ja
	Laufende Einkünfte aus einer unternehmerischen Beteiligung an einer Kapitalgesellschaft		
25	Gesellschaft, Finanzamt und Steuernummer	72	,—
26	Bezüge und Einnahmen i. S. d. § 32d Abs. 2 Nr. 4 EStG (ohne Betrag lt. Zeile 60) – Korrespondenzprinzip –	77	,—
27	Ich habe Einkünfte aus Spezial-Investmentanteilen i. S. d. § 20 Abs. 1 Nr. 3a EStG erzielt. (lt. gesonderter Aufstellung)	09	1 = Ja

Steuerabzugsbeträge zu Erträgen in den Zeilen 7 bis 18 und zu Investmenterträgen lt. Anlage KAP-INV

Zeile		Kz	lt. Bescheinigung(en) EUR	Ct
48	Kapitalertragsteuer	80	281	41
49	Solidaritätszuschlag	81	15	47
50	Kirchensteuer zur Kapitalertragsteuer	82	25	32
51	Angerechnete ausländische Steuern	83		
52	Anrechenbare noch nicht angerechnete ausländische Steuern	84		
53	Fiktive ausländische Quellensteuer (nicht in den Zeilen 51 und / oder 52 enthalten)	85		

Anzurechnende Steuern zu Erträgen in den Zeilen 21 bis 27 sowie aus anderen Einkunftsarten

Zeile		Kz	EUR	Ct
54	Kapitalertragsteuer	86		
55	Solidaritätszuschlag	87		
56	Kirchensteuer zur Kapitalertragsteuer	88		

Beschränkung der Anrechenbarkeit der Kapitalertragsteuer nach § 36a EStG

57 Ich habe Kapitalerträge erzielt, bei denen die Voraussetzungen für eine volle Anrechnung der Kapitalertragsteuer nach § 36a EStG nicht erfüllt sind. 06 [ ] 1 = Ja

Familienstiftungen nach § 15 AStG (lt. Feststellung)

Einkünfte einer ausländischen Familienstiftung, die **nicht** der tariflichen Einkommensteuer unterliegen

Bezeichnung, Finanzamt und Steuernummer

Zeile		Kz	EUR	Ct
58		38		—
59	Anzurechnende ausländische Steuern (zu Zeile 58)	08		
60	Einkünfte einer ausländischen Familienstiftung, die der tariflichen Einkommensteuer unterliegen (siehe Zeile 18 der Anlage AUS)	78		—

Steuerstundungsmodelle

Einkünfte aus Gesellschaften / Gemeinschaften / ähnlichen Modellen i. S. d. § 15b EStG (lt. gesonderter Aufstellung)

Zeile		EUR	
61			—

Anlage Kind

Für jedes Kind bitte eine eigene Anlage Kind abgeben.

Daten für die mit (e) gekennzeichneten Zeilen liegen im Regelfall vor und müssen, wenn sie zutreffend sind, nicht ausgefüllt werden.
– Bitte Infoblatt eDaten / Anleitung beachten –

1 Name: KÜHN

2 Vorname: FELIX

3 **Steuernummer** 12/345/678910 — lfd. Nr. der Anlage 01

Angaben zum Kind

3

4 **Identifikationsnummer** 01 08 154 711 851

Vorname

5 FANNY — ggf. abweichender Familienname

Geburtsdatum

6 16 01061998 — Anspruch auf Kindergeld oder vergleichbare Leistungen für 2019 — 15 EUR 2388,–

Für die Kindergeldfestsetzung zuständige Familienkasse

7 BERLIN-NEUKÖLLN

8 Wohnsitz im Inland 00 vom 0101 bis 3112 — Wohnsitz im Ausland 07 vom T T M M bis T T M M

9 ggf. abweichende Adresse (bei Wohnsitz im Ausland bitte auch den Staat angeben) (Kz 14)

Kindschaftsverhältnis zur stpfl. Person / Ehemann / Person A

10 02 1 — 1 = leibliches Kind / Adoptivkind 2 = Pflegekind 3 = Enkelkind / Stiefkind

Kindschaftsverhältnis zur Ehefrau / Person B

03 1 — 1 = leibliches Kind / Adoptivkind 2 = Pflegekind 3 = Enkelkind / Stiefkind

Kindschaftsverhältnis zu einer anderen Person

11 Name, Vorname — Geburtsdatum dieser Person T T M M J J J J — Dauer des Kindschaftsverhältnisses 04 vom T T M M bis T T M M

12 Letzte bekannte Adresse — Art des Kindschaftsverhältnisses 1 = leibliches Kind / Adoptivkind 2 = Pflegekind

13 Der andere Elternteil lebte im Ausland 37 T T M M T T M M

14 Das Kindschaftsverhältnis zum anderen Elternteil ist durch dessen Tod erloschen am 06 T T M M J J J J

15 Der Wohnsitz oder gewöhnliche Aufenthalt des anderen Elternteiles ist nicht zu ermitteln oder der Vater des Kindes ist amtlich nicht feststellbar 05 1 = Ja

Angaben für ein volljähriges Kind

Das Kind

- befand sich in einer Schul-, Hochschul- oder Berufsausbildung,
- befand sich in einer Übergangszeit von höchstens vier Monaten (z. B. zwischen zwei Ausbildungsabschnitten),
- konnte eine Berufsausbildung mangels Ausbildungsplatzes nicht beginnen oder fortsetzen und / oder
- hat ein freiwilliges soziales oder ökologisches Jahr (Jugendfreiwilligendienstegesetz), eine europäische Freiwilligenaktivität, einen entwicklungspolitischen Freiwilligendienst, einen Freiwilligendienst aller Generationen (§ 2 Abs. 1a SGB VII), einen Internationalen Jugendfreiwilligendienst, Bundesfreiwilligendienst oder einen Anderen Dienst im Ausland (§ 5 Bundesfreiwilligendienstgesetz) geleistet.

(Folgen diese Abschnitte unmittelbar aufeinander, sind sie zu einem Zeitraum zusammenzufassen.)

16 1. Zeitraum: 80 vom 01012019 bis 31122019 — 2. Zeitraum: 81 vom T T M M J J J J bis T T M M J J J J

17 Erläuterungen zu den Berücksichtigungszeiträumen: AUSBILDUNG

18 Das Kind war ohne Beschäftigung und bei einer Agentur für Arbeit als arbeitsuchend gemeldet 82 T T M M J J J J T T M M J J J J

19 Das Kind war wegen einer vor Vollendung des 25. Lebensjahres eingetretenen Behinderung außerstande, sich selbst finanziell zu unterhalten (Bitte Anleitung beachten.) 83 T T M M J J J J T T M M J J J J

20 Das Kind hat den gesetzlichen Grundwehr- / Zivildienst oder einen davon befreienden Dienst geleistet, der vor dem 1.7.2011 begonnen hat T T M M J J J J T T M M J J J J

Angaben zur Erwerbstätigkeit eines volljährigen Kindes (nur bei Eintragungen in Zeile 16)

21 Das Kind hat bereits eine erstmalige Berufsausbildung oder ein Erststudium abgeschlossen 84 2 — 1 = Ja 2 = Nein

Falls Zeile 21 mit „Ja" beantwortet wurde:

22 Das Kind war erwerbstätig (kein Ausbildungsdienstverhältnis) — 1 = Ja 2 = Nein

Falls Zeile 22 mit „Ja" beantwortet wurde:

23 Das Kind übte eine / mehrere geringfügige Beschäftigung(en) im Sinne der §§ 8, 8a SGB IV (sog. Minijob) aus — 1 = Ja 2 = Nein — Beschäftigungszeitraum vom T T M M bis T T M M

24 Das Kind übte andere Erwerbstätigkeiten aus (bei mehreren Erwerbstätigkeiten bitte Angaben lt. gesonderter Aufstellung) — 1 = Ja 2 = Nein — Erwerbszeitraum T T M M T T M M

25 (Vereinbarte) regelmäßige wöchentliche Arbeitszeit der Tätigkeit(en) lt. Zeile 23 Stunden lt. Zeile 24 Stunden

Beiträge zur inländischen Kranken- und Pflegeversicherung (Nicht in der Anlage Vorsorgeaufwand enthalten)

Aufwendungen von mir / uns als Versicherungsnehmer geschuldet und von mir / uns getragen

Zeile		Kz.	EUR
31	Beiträge zu Krankenversicherungen des Kindes (nur Basisabsicherung, keine Wahlleistungen)	66	419,– e
32	Beiträge zur sozialen Pflegeversicherung und / oder zur privaten Pflege-Pflichtversicherung	67	83,– e
33	Von den Versicherungen lt. den Zeilen 31 und / oder 32 erstattete Beträge	68	0,– e
34	Über die Basisabsicherung hinausgehende Beiträge zu Kranken- und Pflegeversicherungen des Kindes (z. B. für Wahlleistungen, Zusatzversicherungen) abzüglich erstatteter Beiträge	69	,–

Aufwendungen vom Kind als Versicherungsnehmer geschuldet und von mir / uns getragen

Zeile		Kz.	EUR
35	Beiträge zu Krankenversicherungen des Kindes (nur Basisabsicherung, keine Wahlleistungen)	70	,–
36	In Zeile 35 enthaltene Beiträge, aus denen sich ein Anspruch auf Krankengeld ergibt	71	,–
37	Beiträge zur sozialen Pflegeversicherung und / oder zur privaten Pflege-Pflichtversicherung	72	,–
38	Von den Versicherungen lt. den Zeilen 35 und / oder 37 erstattete Beträge	73	,–
39	In Zeile 38 enthaltene Beiträge, aus denen sich ein Anspruch auf Krankengeld ergibt	74	,–
40	Zuschuss von dritter Seite zu den Beiträgen lt. den Zeilen 35 und / oder 37 (z. B. nach § 13a BAföG)	75	,–

Beiträge zur ausländischen Kranken- und Pflegeversicherung (Nicht in der Anlage Vorsorgeaufwand enthalten)

Aufwendungen von mir / uns / dem Kind als Versicherungsnehmer geschuldet und von mir / uns getragen

Zeile		Kz.	EUR
41	Beiträge (abzüglich steuerfreier Zuschüsse und / oder Erstattungen) zu ausländischen Kranken- und Pflegeversicherungen des Kindes, die mit inländischen gesetzlichen Kranken- und Pflegeversicherungen vergleichbar sind	89	,–
42	In Zeile 41 enthaltene Beiträge, aus denen sich ein Anspruch auf Krankengeld ergibt	90	,–

Übertragung des Kinderfreibetrags / des Freibetrags für den Betreuungs- und Erziehungs- oder Ausbildungsbedarf

43 Ich beantrage den vollen Kinderfreibetrag und den vollen Freibetrag für den Betreuungs- und Erziehungs- oder Ausbildungsbedarf, weil der andere Elternteil
– seiner Unterhaltsverpflichtung nicht zu mindestens 75% nachkommt oder
– mangels Leistungsfähigkeit nicht unterhaltspflichtig ist
36 [ ] 1 = Ja

44 Falls die Frage in Zeile 43 mit Ja beantwortet wurde: Es wurden Unterhaltsleistungen nach dem Unterhaltsvorschussgesetz gezahlt für den Zeitraum
38 vom TTMM bis TTMM

45 Ich beantrage den vollen Freibetrag für den Betreuungs- und Erziehungs- oder Ausbildungsbedarf, weil das minderjährige Kind bei dem anderen Elternteil nicht gemeldet war.
39 [ ] 1 = Ja
43 TTMM TTMM

46 Nur beim Stief- / Großelternteil: Ich / wir beantrage(n) die Übertragung des Kinderfreibetrags und des Freibetrags für den Betreuungs- und Erziehungs- oder Ausbildungsbedarf, weil ich / wir das Kind in meinem / unserem Haushalt aufgenommen habe(n) oder ich / wir als Großelternteil gegenüber dem Kind unterhaltspflichtig bin / sind.
76 [ ] 1 = Ja
Zeitraum der Haushaltszugehörigkeit / Unterhaltsverpflichtung
77 vom TTMM bis TTMM

47 Nur beim Stief- / Großelternteil: Der Kinderfreibetrag und der Freibetrag für den Betreuungs- und Erziehungs- oder Ausbildungsbedarf sind lt. **Anlage K** zu übertragen.
41 [ ] 1 = Zustimmung eines Elternteils liegt vor
2 = Zustimmungen beider Elternteile liegen vor

48 Nur bei den berechtigten Elternteilen: Der Übertragung des Kinderfreibetrags und des Freibetrags für den Betreuungs- und Erziehungs- oder Ausbildungsbedarf auf den Stief- / Großelternteil wurde lt. **Anlage K** zugestimmt.
40 [ ] 1 = Ja

Entlastungsbetrag für Alleinerziehende

Zeile		Kz.	vom	bis
49	Das Kind war mit mir in der gemeinsamen Wohnung gemeldet	42	TTMM	TTMM
50	Für das Kind wurde mir Kindergeld ausgezahlt	44	TTMM	TTMM

51 Außer mir war(en) in der gemeinsamen Wohnung eine / mehrere volljährige Person(en) gemeldet, für die (zeitweise) kein Anspruch auf Kindergeld oder Freibeträge für Kinder bestand.
46 [ ] 1 = Ja 2 = Nein
Falls ja 47 TTMM TTMM

52 Es bestand eine Haushaltsgemeinschaft mit mindestens einer weiteren volljährigen Person, für die (zeitweise) kein Anspruch auf Kindergeld oder Freibeträge für Kinder bestand.
49 [ ] 1 = Ja 2 = Nein
Falls ja 50 TTMM TTMM

Name, Vorname (weitere Personen bitte in einer gesonderten Aufstellung angeben)

53

Verwandtschaftsverhältnis

Beschäftigung / Tätigkeit

54

Zeile						
1	Name: KÜHN					
2	Vorname: FELIX					
3	Steuernummer: 12/345/678910					

Anlage Vorsorgeaufwand

Daten für die mit (e) gekennzeichneten Zeilen liegen im Regelfall vor und müssen, wenn sie zutreffend sind, nicht ausgefüllt werden. – Bitte Infoblatt eDaten / Anleitung beachten –

52

Angaben zu Vorsorgeaufwendungen

Zeile	Beiträge zur Altersvorsorge	Kz	stpfl. Person / Ehemann / Person A EUR	Kz	Ehefrau / Person B EUR	
4	Arbeitnehmeranteil lt. Nr. 23 a/b der Lohnsteuerbescheinigung	300	2790,–	400	3906,–	(e)
5	Beiträge zur landwirtschaftlichen Alterskasse, zu berufsständischen Versorgungseinrichtungen, die den gesetzlichen Rentenversicherungen vergleichbare Leistungen erbringen (abzüglich steuerfreier Zuschüsse lt. Nr. 22 b der Lohnsteuerbescheinigung) – ohne Beiträge, die in Zeile 4 geltend gemacht werden –	301	,–	401	,–	
6	Beiträge zu gesetzlichen Rentenversicherungen – ohne Beiträge, die in Zeile 4 geltend gemacht werden –	302	,–	402	,–	
7	Erstattete Beiträge und / oder steuerfreie Zuschüsse zu den Zeilen 4 bis 6 (ohne Zuschüsse, die von den Beiträgen lt. Zeile 8 abzuziehen sind und ohne Zuschüsse lt. Zeile 9 und 10)	309	,–	409	,–	(e)
8	Beiträge zu zertifizierten Basisrentenverträgen (sog. Rürup-Verträge) mit Laufzeitbeginn nach dem 31.12.2004 (abzüglich steuerfreier Zuschüsse) – ohne Altersvorsorgebeiträge, die in der Anlage AV geltend gemacht werden –	303	,–	403	,–	(e)
9	Arbeitgeberanteil / -zuschuss lt. Nr. 22 a/b der Lohnsteuerbescheinigung	304	2790,–	404	3906,–	(e)
10	Arbeitgeberanteil zu gesetzlichen Rentenversicherungen im Rahmen einer pauschal besteuerten geringfügigen Beschäftigung (bitte Anleitung beachten)	306	,–	406	,–	

Zeile	Beiträge zur inländischen gesetzlichen Kranken- und Pflegeversicherung	Kz	Person A EUR	Kz	Person B EUR	
11	Arbeitnehmerbeiträge zu Krankenversicherungen lt. Nr. 25 der Lohnsteuerbescheinigung	320	,–	420	,–	(e)
12	In Zeile 11 enthaltene Beiträge, aus denen sich kein Anspruch auf Krankengeld ergibt	322	,–	422	,–	
13	Arbeitnehmerbeiträge zu sozialen Pflegeversicherungen lt. Nr. 26 der Lohnsteuerbescheinigung	323	2325,–	423	3255,–	(e)
14	Zu den Zeilen 11 bis 13: Von der Kranken- und / oder sozialen Pflegeversicherung erstattete Beiträge	324	,–	424	,–	(e)
15	In Zeile 14 enthaltene Beiträge zur Krankenversicherung, aus denen sich kein Anspruch auf Krankengeld ergibt, und zur sozialen Pflegeversicherung	325	458,–	425	641,–	(e)
16	Beiträge zu Krankenversicherungen – ohne Beiträge, die in Zeile 11 geltend gemacht werden – (z. B. bei Rentnern, bei freiwillig gesetzlich versicherten Selbstzahlern)	326	,–	426	,–	(e)
17	In Zeile 16 enthaltene Beiträge zur Krankenversicherung, aus denen sich ein Anspruch auf Krankengeld ergibt	328	,–	428	,–	
18	Beiträge zu sozialen Pflegeversicherungen – ohne Beiträge, die in Zeile 13 geltend gemacht werden – (z. B. bei Rentnern, bei freiwillig gesetzlich versicherten Selbstzahlern)	329	,–	429	,–	(e)
19	Zu den Zeilen 16 bis 18: Von der Kranken- und / oder sozialen Pflegeversicherung erstattete Beiträge	330	,–	430	,–	(e)
20	In Zeile 19 enthaltene Beiträge zur Krankenversicherung, aus denen sich ein Anspruch auf Krankengeld ergibt	331	,–	431	,–	
21	Zuschuss zu den Beiträgen lt. Zeile 16 und / oder 18 – ohne Beträge lt. Zeile 37 und 39 – (z. B. von der Deutschen Rentenversicherung)	332	,–	432	,–	(e)
22	Über die Basisabsicherung hinausgehende Beiträge zu Krankenversicherungen (z. B. für Wahlleistungen, Zusatzversicherungen) abzüglich erstatteter Beiträge	338	,–	438	,–	

Zeile	Beiträge zur inländischen privaten Kranken- und Pflegeversicherung	Kz	Person A EUR	Kz	Person B EUR	
23	Beiträge zu Krankenversicherungen (nur Basisabsicherung, keine Wahlleistungen)	350	,–	450	,–	(e)
24	Beiträge zu Pflege-Pflichtversicherungen	351	,–	451	,–	(e)
25	Zu den Zeilen 23 und 24: Von der privaten Kranken- und / oder Pflege-Pflichtversicherung erstattete Beiträge	352	,–	452	,–	(e)
26	Zuschuss von dritter Seite zu den Beiträgen lt. Zeile 23 und / oder 24 (z. B. von der Deutschen Rentenversicherung)	353	,–	453	,–	(e)
27	Über die Basisabsicherung hinausgehende Beiträge zu Krankenversicherungen (z. B. für Wahlleistungen, Zusatzversicherungen) abzüglich erstatteter Beiträge	354	,–	454	,–	
28	Beiträge (abzüglich erstatteter Beiträge) zu zusätzlichen Pflegeversicherungen (ohne Pflege-Pflichtversicherung)	355	,–	455	,–	

Beiträge zur ausländischen gesetzlichen oder privaten Kranken- und Pflegeversicherung

Zeile		Kz.	stpfl. Person / Ehemann / Person A EUR	Kz.	Ehefrau / Person B EUR
31	Beiträge (abzüglich steuerfreier Zuschüsse – ohne Beiträge lt. Zeile 37 –) zur Krankenversicherung, die mit einer inländischen Krankenversicherung vergleichbar ist (nur Basisabsicherung, keine Wahlleistungen)	333	,–	433	,–
32	In Zeile 31 enthaltene Beiträge zur Krankenversicherung, aus denen sich kein Anspruch auf Krankengeld ergibt	334	,–	434	,–
33	Beiträge (abzüglich steuerfreier Zuschüsse – ohne Beiträge lt. Zeile 39 –) zur sozialen Pflegeversicherung / Pflege-Pflichtversicherung, die mit einer inländischen Pflegeversicherung vergleichbar ist	335	,–	435	,–
34	**Zu den Zeilen 31 bis 33:** Von der Kranken- und / oder sozialen Pflegeversicherung / Pflege-Pflichtversicherung erstattete Beiträge	336	,–	436	,–
35	In Zeile 34 enthaltene Beiträge zur Krankenversicherung, aus denen sich kein Anspruch auf Krankengeld ergibt, und zur sozialen Pflegeversicherung	337	,–	437	,–
36	Über die Basisabsicherung hinausgehende Beiträge (abzüglich erstatteter Beiträge) zu Krankenversicherungen und zusätzlichen Pflegeversicherungen (z. B. für Wahlleistungen, Zusatzversicherungen)	339	,–	439	,–

Steuerfreie Arbeitgeberzuschüsse

Zeile		Kz.	stpfl. Person / Ehemann / Person A EUR	Kz.	Ehefrau / Person B EUR
37	Gesetzliche Krankenversicherung lt. Nr. 24 a der Lohnsteuerbescheinigung	360	,–	460	,– (e)
38	Private Krankenversicherung lt. Nr. 24 b der Lohnsteuerbescheinigung	361	,–	461	,– (e)
39	Gesetzliche Pflegeversicherung lt. Nr. 24 c der Lohnsteuerbescheinigung	362	,–	462	,– (e)

Als Versicherungsnehmer für andere Personen übernommene Kranken- und Pflegeversicherungsbeiträge

– „Andere Personen" sind z. B. Kinder, für die **kein** Anspruch auf Kindergeld / Kinderfreibetrag besteht (bei Anspruch auf Kindergeld / Kinderfreibetrag sind die Eintragungen in den Zeilen 31 bis 42 der Anlage Kind vorzunehmen). –

40 600 IdNr. der mitversicherten Person | Name, Vorname, Geburtsdatum der mitversicherten Person

Zeile		Kz.	stpfl. Person / Ehegatten / Lebenspartner EUR
41	Beiträge (abzüglich steuerfreier Zuschüsse) zu privaten Krankenversicherungen (nur Basisabsicherung, keine Wahlleistungen)	601	,– (e)
42	Beiträge (abzüglich steuerfreier Zuschüsse) zu Pflege-Pflichtversicherungen	602	,– (e)
43	**Zu den Zeilen 41 und 42:** Von der privaten Kranken- und / oder Pflege-Pflichtversicherung erstattete Beiträge	603	,– (e)
44	Beiträge (abzüglich erstatteter Beiträge) zu privaten Kranken- und / oder Pflegeversicherungen (ohne Basisabsicherung, z. B. für Wahlleistungen, Zusatzversicherungen)	604	,–

Weitere sonstige Vorsorgeaufwendungen

Zeile		Kz.	stpfl. Person / Ehemann / Person A EUR	Kz.	Ehefrau / Person B EUR
45	Arbeitnehmerbeiträge zur Arbeitslosenversicherung lt. Nr. 27 der Lohnsteuerbescheinigung	370	375,–	470	525,– (e)

Beiträge (abzüglich steuerfreier Zuschüsse und erstatteter Beiträge) zu

Zeile		Kz.	stpfl. Person / Ehegatten / Lebenspartner EUR
46	– Versicherungen gegen Arbeitslosigkeit – ohne Beiträge, die in Zeile 45 geltend gemacht werden –	500	,–
47	– freiwilligen eigenständigen Erwerbs- und Berufsunfähigkeitsversicherungen	501	,–
48	– Unfall- und Haftpflichtversicherungen sowie Risikoversicherungen, die nur für den Todesfall eine Leistung vorsehen	502	730,–
49	– Rentenversicherungen mit Kapitalwahlrecht und / oder Kapitallebensversicherungen mit einer Laufzeit von mindestens 12 Jahren sowie einem Laufzeitbeginn und der ersten Beitragszahlung vor dem 1.1.2005	503	,–
50	– Rentenversicherungen ohne Kapitalwahlrecht mit Laufzeitbeginn und erster Beitragszahlung vor dem 1.1.2005 (auch steuerpflichtige Beiträge zu Versorgungs- und Pensionskassen) – ohne Altersvorsorgebeiträge, die in der Anlage AV geltend gemacht werden –	504	,–

Ergänzende Angaben zu Vorsorgeaufwendungen

Zeile		Kz.	stpfl. Person / Ehemann / Person A	Kz.	Ehefrau / Person B
51	Haben Sie zu Ihrer Krankenversicherung oder Ihren Krankheitskosten Anspruch auf steuerfreie Zuschüsse, steuerfreie Arbeitgeberbeiträge oder steuerfreie Beihilfen?	307	2 = Nein	407	2 = Nein
	Es bestand 2019 keine gesetzliche Rentenversicherungspflicht aus dem **aktiven** Dienstverhältnis / aus der Tätigkeit				
52	– als Beamter / Beamtin	380	1 = Ja	480	1 = Ja
53	– als Vorstandsmitglied / GmbH-Gesellschafter-Geschäftsführer/in	381	1 = Ja	481	1 = Ja
54	– als (z. B. Praktikant/in, Student/in im Praktikum) Bezeichnung	382	1 = Ja	482	1 = Ja
55	Aufgrund des genannten Dienstverhältnisses / der Tätigkeit bestand hingegen eine Anwartschaft auf Altersversorgung	383	1 = Ja 2 = Nein	483	1 = Ja 2 = Nein
56	Die Anwartschaft auf Altersversorgung wurde ganz oder teilweise ohne eigene Beitragsleistungen erworben	384	1 = Ja 2 = Nein	484	1 = Ja 2 = Nein

Es wurde Arbeitslohn aus einem **nicht aktiven** Dienstverhältnis – insbesondere Betriebsrente / Werkspension – bezogen, bei dem es sich nicht um steuer-

Anlage AV

1 Name: KÜHN

2 Vorname: FELIX

3 Steuernummer: 12/345/678910

Angaben zur steuerlichen Förderung von Altersvorsorgebeiträgen (sog. Riester-Verträge)

Allgemeine Angaben 39

Zeile		stpfl. Person / Ehemann / Person A		Ehefrau / Person B	
4	Mitgliedsnummer der landwirtschaftlichen Alterskasse	112		312	

Für alle vom Anbieter übermittelten Altersvorsorgebeiträge wird ein zusätzlicher Sonderausgabenabzug geltend gemacht.
– Sollten Sie dies für bestimmte Verträge nicht wünschen, nehmen Sie bitte die entsprechenden Eintragungen auf Seite 2 vor. –

Berechnungsgrundlagen

– Bei Zusammenveranlagung: Bitte die Art der Begünstigung (unmittelbar / mittelbar) beider Ehegatten / Lebenspartner angeben. –

Zeile		stpfl. Person / Ehemann / Person A		Ehefrau / Person B	
5	**Ich bin für das Jahr 2019 unmittelbar begünstigt.** **(Bitte die Zeilen 6 bis 14 ausfüllen.)**	106	1 = Ja	306	1 (1 = Ja)
			EUR		EUR
6	Beitragspflichtige Einnahmen i. S. d. inländischen gesetzlichen Rentenversicherung **2018**	100	,–	300	41820,–
7	Inländische Besoldung, Amtsbezüge und Einnahmen beurlaubter Beamter **2018** **(Ein Eintrag ist nur erforderlich, wenn Sie eine Einwilligung gegenüber der zuständigen Stelle abgegeben haben.)**	101	,–	301	,–
8	Entgeltersatzleistungen **2018**	104	,–	304	,–
9	Tatsächliches Entgelt **2018**	102	,–	302	,–
10	Jahres(brutto)betrag der Rente wegen voller Erwerbsminderung oder Erwerbsunfähigkeit in der inländischen gesetzlichen Rentenversicherung **2018**	109	,–	309	,–
11	Inländische Versorgungsbezüge wegen Dienstunfähigkeit **2018** **(Ein Eintrag ist nur erforderlich, wenn Sie eine Einwilligung gegenüber der zuständigen Stelle abgegeben haben.)**	113	,–	313	,–
12	Einkünfte aus Land- und Forstwirtschaft **2017**	103	,–	303	,–
13	Jahres(brutto)betrag der Rente wegen voller Erwerbsminderung oder Erwerbsunfähigkeit nach dem Gesetz über die Alterssicherung der Landwirte **2018**	111	,–	311	,–
14	Einnahmen aus einer Beschäftigung, die einer ausländischen gesetzlichen Rentenversicherungspflicht unterlag und / oder Jahres(brutto)betrag der Rente wegen voller Erwerbsminderung oder Erwerbsunfähigkeit aus einer ausländischen gesetzlichen Rentenversicherung **2018**	114	,–	314	,–
15	**Ich bin für das Jahr 2019 mittelbar begünstigt.** (Bei Einzelveranlagung von Ehegatten / Lebenspartnern: Die Angaben zu den Altersvorsorgebeiträgen werden bei der Einkommensteuerveranlagung des anderen Ehegatten / Lebenspartners berücksichtigt.)	106	2 = Ja	306	2 = Ja

Angaben zu Kindern, für die ein Anspruch auf Kinderzulage besteht

Bei Eltern, die miteinander verheiratet sind oder miteinander eine Lebenspartnerschaft führen und 2019 nicht dauernd getrennt gelebt haben:

Anzahl der Kinder, für die für **2019** Kindergeld festgesetzt worden ist und

Zeile		Geboren vor dem 1.1.2008 (Anzahl der Kinder)		Geboren nach dem 31.12.2007 (Anzahl der Kinder)	
16	– die bei Zusammenveranlagung der Mutter / Person B zugeordnet werden oder – die bei Zusammenveranlagung von Person A auf Person B übertragen wurden	305	01	315	
17	– für die bei Zusammenveranlagung oder Einzelveranlagung von Ehegatten / Lebenspartnern die Kinderzulage von der Mutter auf den Vater / von Person B auf Person A übertragen wurde, – die bei Einzelveranlagung von Ehegatten / Lebenspartnern der Mutter / Person A zugeordnet werden oder – die bei Zusammenveranlagung Person A zugeordnet werden	105		115	
18	Anzahl der bei Einzelveranlagung von Ehegatten / Lebenspartnern von der Mutter auf den Vater übertragenen Kinderzulagen **– Eintragung nur in der Steuererklärung der übertragenden Person –**	225		235	

Bei allen anderen Kindergeldberechtigten:

Anzahl der Kinder, für die für den ersten Anspruchszeitraum **2019** Kindergeld gegenüber

Zeile					
19	– stpfl. Person / Ehemann / Person A	205		215	
20	– Ehefrau / Person B	405		415	

festgesetzt worden ist (Diese Kinder dürfen nicht in den Zeilen 16 bis 18 enthalten sein.).

Altersvorsorgeverträge, für die kein zusätzlicher Sonderausgabenabzug geltend gemacht wird

stpfl. Person / Ehemann / Person A

31 Für nachfolgende Altersvorsorgeverträge möchte ich keinen zusätzlichen Sonderausgabenabzug geltend machen. 200 ☐ 1 = Ja

1. Vertrag

32 Anbieternummer ☐☐☐☐☐☐☐☐☐☐ Zertifizierungsnummer 0 0 ☐☐☐☐

33 Vertragsnummer ☐☐☐☐☐☐☐☐☐☐☐☐☐☐☐☐☐☐☐☐

2. Vertrag

34 Anbieternummer ☐☐☐☐☐☐☐☐☐☐ Zertifizierungsnummer 0 0 ☐☐☐☐

35 Vertragsnummer ☐☐☐☐☐☐☐☐☐☐☐☐☐☐☐☐☐☐☐☐

3. Vertrag

36 Anbieternummer ☐☐☐☐☐☐☐☐☐☐ Zertifizierungsnummer 0 0 ☐☐☐☐

37 Vertragsnummer ☐☐☐☐☐☐☐☐☐☐☐☐☐☐☐☐☐☐☐☐

4. Vertrag

38 Anbieternummer ☐☐☐☐☐☐☐☐☐☐ Zertifizierungsnummer 0 0 ☐☐☐☐

39 Vertragsnummer ☐☐☐☐☐☐☐☐☐☐☐☐☐☐☐☐☐☐☐☐

Ehefrau / Person B

40 Für nachfolgende Altersvorsorgeverträge möchte ich keinen zusätzlichen Sonderausgabenabzug geltend machen. 400 ☐ 1 = Ja

1. Vertrag

41 Anbieternummer ☐☐☐☐☐☐☐☐☐☐ Zertifizierungsnummer 0 0 ☐☐☐☐

42 Vertragsnummer ☐☐☐☐☐☐☐☐☐☐☐☐☐☐☐☐☐☐☐☐

2. Vertrag

43 Anbieternummer ☐☐☐☐☐☐☐☐☐☐ Zertifizierungsnummer 0 0 ☐☐☐☐

44 Vertragsnummer ☐☐☐☐☐☐☐☐☐☐☐☐☐☐☐☐☐☐☐☐

3. Vertrag

45 Anbieternummer ☐☐☐☐☐☐☐☐☐☐ Zertifizierungsnummer 0 0 ☐☐☐☐

46 Vertragsnummer ☐☐☐☐☐☐☐☐☐☐☐☐☐☐☐☐☐☐☐☐

4. Vertrag

47 Anbieternummer ☐☐☐☐☐☐☐☐☐☐ Zertifizierungsnummer 0 0 ☐☐☐☐

48 Vertragsnummer ☐☐☐☐☐☐☐☐☐☐☐☐☐☐☐☐☐☐☐☐

Anlage Unterhalt

Für jeden unterstützten Haushalt bitte eine eigene Anlage Unterhalt abgeben.

1 Name: KÜHN

2 Vorname: FELIX

3 **Steuernummer** 12/345/678910 — lfd. Nr. der Anlage

Angaben zu Unterhaltsleistungen an bedürftige Personen

Haushalt, in dem die unterstützte(n) Person(en) lebte(n) — 53

Anschrift dieses Haushaltes

4 10177 BERLIN, BRUNNENALLEE 7

Wohnsitzstaat, wenn Ausland

5

Die Eintragungen in den Zeilen 6 bis 10 und 17 bis 26 sind nur in der ersten Anlage Unterhalt je Haushalt erforderlich.

6 Anzahl der Personen, die in dem Haushalt lt. Zeile 4 lebten — Anzahl: 04

Aufwendungen für den Unterhalt

Zeile		vom	bis	Gesamtaufwendungen EUR
7	Erster Unterstützungszeitraum, für den Unterhalt geleistet wurde, und Höhe der Aufwendungen (einschließlich von mir getragener Beträge lt. den Zeilen 11 bis 25)	0101	3112	9168,–
8	Zeitpunkt der ersten Unterhaltsleistung für den ersten Unterstützungszeitraum im Kalenderjahr	01012019		
9	Zweiter Unterstützungszeitraum, für den Unterhalt geleistet wurde, und Höhe der Aufwendungen (einschließlich von mir getragener Beträge lt. den Zeilen 11 bis 25)	TTMM	TTMM	,–
10	Zeitpunkt der ersten Unterhaltsleistung für den zweiten Unterstützungszeitraum im Kalenderjahr	TTMMJJJJ		

Beiträge zu Basis-Kranken- und gesetzlichen Pflegeversicherungen, die von der / den unterstützten Person(en) als Versicherungsnehmer geschuldet wurden.

Zeile		Auf den ersten Unterstützungszeitraum entfallen EUR	Auf den zweiten Unterstützungszeitraum entfallen EUR
11	Basis-Kranken- und gesetzliche Pflegeversicherungsbeiträge (abzüglich steuerfreier Zuschüsse und erstatteter Beiträge) für die unterstützte Person lt. Zeile 32	851,–	,–
12	in Zeile 11 enthaltene Beiträge, aus denen sich ein Anspruch auf Krankengeld ergibt	,–	,–
13	Basis-Kranken- und gesetzliche Pflegeversicherungsbeiträge (abzüglich steuerfreier Zuschüsse und erstatteter Beiträge) für die unterstützte Person lt. Zeile 62	238,–	,–
14	In Zeile 13 enthaltene Beiträge, aus denen sich ein Anspruch auf Krankengeld ergibt	,–	,–
15	Basis-Kranken- und gesetzliche Pflegeversicherungsbeiträge (abzüglich steuerfreier Zuschüsse und erstatteter Beiträge) für die unterstützte Person lt. Zeile 92	,–	,–
16	In Zeile 15 enthaltene Beiträge, aus denen sich ein Anspruch auf Krankengeld ergibt	,–	,–

Unterhaltsleistungen an im Ausland lebende Personen

Zeile		Einreisedatum	Übergabedatum	EUR
17	X Unterhaltszahlungen durch Bank- oder Postüberweisung			,–
18	X Unterhaltszahlungen durch Übergabe von Bargeld			
19	Mitgenommene Beträge	TTMMJJJJ	TTMMJJJJ	,–
20		TTMMJJJJ	TTMMJJJJ	,–
21	X Unterhaltszahlungen im Rahmen von Familienheimfahrten zum Ehegatten / Lebenspartner			
22		TTMMJJJJ	TTMMJJJJ	,–
23		TTMMJJJJ	TTMMJJJJ	,–
24		TTMMJJJJ	TTMMJJJJ	,–
25		TTMMJJJJ	TTMMJJJJ	,–
26	Nettomonatslohn der unterstützenden stpfl. Person			,–

Allgemeine Angaben zur unterstützten Person

31 Identifikationsnummer: 47 110 815 815 — lfd. Nr.

32 Name, Vorname: KÜHN, FIONA — Geburtsdatum: 01041990 — wenn 2019 verstorben: Sterbedatum T T M M J J J J

33 Beruf, Familienstand: STUDENTIN, LEDIG — Verwandtschaftsverhältnis zur unterstützenden Person: TOCHTER

34 **Bei Unterhaltsempfängern im Ausland:** Die von der Heimatbehörde und der unterstützten Person bestätigte Unterhaltserklärung über die Bedürftigkeit liegt mir vor. — 1 = Ja 2 = Nein

35 Name, Vorname des im selben Haushalt lebenden Ehegatten / Lebenspartners — Name, Vorname

36 Die unterstützte Person lebte in meinem inländischen Haushalt. — 1 — 1 = Ja 2 = Nein — Falls ja (wenn nicht ganzjährig) vom T T M M bis T T M M

37 Hatte jemand für diese Person Anspruch auf Kindergeld oder Freibeträge für Kinder? — 2 — 1 = Ja 2 = Nein — Falls ja (wenn nicht ganzjährig) T T M M T T M M

38 Die unterstützte Person ist mein
– geschiedener Ehegatte
– Lebenspartner einer aufgehobenen Lebenspartnerschaft
– dauernd getrennt lebender Ehegatte / Lebenspartner
(kein Abzug von Sonderausgaben nach § 10 Abs. 1a Nr. 1 EStG, keine Zusammenveranlagung). — 2 — 1 = Ja 2 = Nein

39 Die unterstützte Person ist mein nicht dauernd getrennt lebender und nicht unbeschränkt einkommensteuerpflichtiger Ehegatte / Lebenspartner — 2 — 1 = Ja 2 = Nein

40 Die unterstützte Person ist als Kindesmutter / Kindesvater gesetzlich unterhaltsberechtigt (bis zur Vollendung des dritten Lebensjahres des Kindes). — 2 — 1 = Ja 2 = Nein — Falls ja (wenn nicht ganzjährig) T T M M T T M M

41 Die unterstützte Person ist nicht unterhaltsberechtigt, jedoch wurden oder würden bei ihr wegen der Unterhaltszahlungen öffentliche Mittel gekürzt oder nicht gewährt. — 2 — 1 = Ja 2 = Nein — Falls ja (wenn nicht ganzjährig) T T M M T T M M

42 Gesamtwert des Vermögens der unterstützten Person — EUR 0,–

Zum Unterhalt der bedürftigen Person haben auch beigetragen (Name, Anschrift)

43

44 vom T T M M bis T T M M — Betrag EUR ,–

Einkünfte und Bezüge der unterstützten Person

	Diese Person hatte vom	bis	Bruttoarbeitslohn EUR	darauf entfallende Werbungskosten (ohne Werbungskosten zu Versorgungsbezügen) EUR	Versorgungsbezüge – im Arbeitslohn enthalten – EUR	Bemessungsgrundlage für den Versorgungsfreibetrag EUR	Werbungskosten zu Versorgungsbezügen EUR
45	0101	3112	2400				
46	T T M M	T T M M					

	maßgebendes Kalenderjahr des Versorgungsbeginns Jahr	vom	bis	Renten EUR	steuerpflichtiger Teil der Rente EUR	Werbungskosten zu Renten EUR
47		T T M M	T T M M			
48		T T M M	T T M M			

	vom	bis	Einkünfte aus Kapitalvermögen (tarifliche Einkommensteuer) EUR	vom	bis	Übrige Einkünfte EUR
49	T T M M	T T M M		T T M M	T T M M	
50	T T M M	T T M M		T T M M	T T M M	

	vom	bis	Erträge aus Kapitalvermögen (Abgeltungsteuer) EUR	vom	bis	Sozialleistungen / übrige Bezüge (z. B. aus Minijobs) EUR
51	T T M M	T T M M		T T M M	T T M M	
52	T T M M	T T M M		T T M M	T T M M	

	vom	bis	Kosten zu allen Bezügen EUR	vom	bis	Öffentliche Ausbildungshilfen EUR
53	T T M M	T T M M		T T M M	T T M M	
54	T T M M	T T M M		T T M M	T T M M	

Anlage Haushaltsnahe Aufwendungen

1 Name: KÜHN

2 Vorname: FELIX

3 **Steuernummer** 12/345/678910

Haushaltsnahe Beschäftigungsverhältnisse, Dienstleistungen und Handwerkerleistungen

Steuerermäßigung für Aufwendungen 18

Geringfügige Beschäftigungen im Privathaushalt – sog. Minijobs –

Aufwendungen (abzüglich Erstattungen) EUR

Art der Tätigkeit

4 | 202 | ,–

Haushaltsnahe Beschäftigungsverhältnisse / Dienstleistungen

- sozialversicherungspflichtige Beschäftigungen im Privathaushalt
- haushaltsnahe Dienstleistungen, Hilfe im eigenen Haushalt
- Pflege- und Betreuungsleistungen im Haushalt, in Heimunterbringungskosten enthaltene Aufwendungen für Dienstleistungen, die denen einer Haushaltshilfe vergleichbar sind; das in Zeile 19 der Anlage Außergewöhnliche Belastungen als Erstattung für häusliche Pflege- und Betreuungskosten berücksichtigte Pflegegeld (§ 37 SGB XI) / Pflegetagegeld

Art der Tätigkeit / Aufwendungen

5 TREPPENREINIGUNG/HAUSWART LT. BETRIEBSKOSTENABRECHNUNG | 212 | 325,–

Handwerkerleistungen

für Renovierungs-, Erhaltungs- und Modernisierungsmaßnahmen im eigenen Haushalt (ohne öffentlich geförderte Maßnahmen, für die zinsverbilligte Darlehen oder steuerfreie Zuschüsse in Anspruch genommen werden, z. B. KfW-Bank, landeseigener Förderbanken oder Gemeinden)

Art der Aufwendungen | Summe der Rechnungsbeträge EUR | | darin enthaltene Lohnanteile, Maschinen- und Fahrtkosten inkl. Umsatzsteuer EUR

6 MALERARBEITEN, FIRMA KUNTERBUNT | 3860,– | 214 | 1800,–

Nur bei Alleinstehenden und Eintragungen in den Zeilen 20 bis 22 der Anlage Außergewöhnliche Belastungen und / oder in den Zeilen 4 bis 6 der Anlage Haushaltsnahe Aufwendungen:

Anzahl der weiteren Personen

7 Es bestand ganzjährig ein gemeinsamer Haushalt mit einer oder mehreren anderen alleinstehenden Person(en) | 223

Name, Vorname, Geburtsdatum

8

Nur bei Alleinstehenden oder Einzelveranlagung von Ehegatten / Lebenspartnern und Eintragungen in den Zeilen 20 bis 22 der Anlage Außergewöhnliche Belastungen und / oder in den Zeilen 4 bis 6 der Anlage Haushaltsnahe Aufwendungen:

Laut einzureichendem gemeinsamen Antrag ist der Höchstbetrag für die Aufwendungen

9 – lt. Zeile 20 der Anlage Außergewöhnliche Belastungen und / oder Zeile 4 der Anlage Haushaltsnahe Aufwendungen in einem anderen Verhältnis als je zur Hälfte aufzuteilen. Der bei mir zu berücksichtigende Anteil beträgt | 224 | %

10 – lt. Zeile 21 der Anlage Außergewöhnliche Belastungen und / oder Zeile 5 der Anlage Haushaltsnahe Aufwendungen in einem anderen Verhältnis als je zur Hälfte aufzuteilen. Der bei mir zu berücksichtigende Anteil beträgt | 225 | %

11 – lt. Zeile 22 der Anlage Außergewöhnliche Belastungen und / oder Zeile 6 der Anlage Haushaltsnahe Aufwendungen in einem anderen Verhältnis als je zur Hälfte aufzuteilen. Der bei mir zu berücksichtigende Anteil beträgt | 226 | %

Nur in Fällen der Zusammenveranlagung oder Einzelveranlagungen von Ehegatten / Lebenspartnern und Eintragungen in den Zeilen 20 bis 22 der Anlage Außergewöhnliche Belastungen und / oder in den Zeilen 4 bis 6 der Anlage Haushaltsnahe Aufwendungen:

stpfl. Person / Ehemann / Person A | Ehefrau / Person B

12 Es wurde 2019 ein gemeinsamer Haushalt begründet oder aufgelöst und für einen Teil des Kalenderjahres ein Einzelhaushalt geführt | 219 | 1 = Ja | 220 | 1 = Ja

Anlage Außergewöhnliche Belastungen

1 Name: KÜHN

2 Vorname: FELIX

3 **Steuernummer** 12/345/678910

Außergewöhnliche Belastungen / Pauschbeträge

53

Behinderten-Pauschbetrag

– bei erstmaliger Beantragung / Änderung bitte Nachweis einreichen –

Zeile		Ausweis / Rentenbescheid / Bescheinigung gültig von	bis	unbefristet gültig	Grad der Behinderung
4	stpfl. Person / Ehemann / Person A	100 M M J J	101 M M J J	102 1 = Ja	105
5	Ich bin – geh- und stehbehindert	104 1 = Ja			
6	– blind / ständig hilflos	103 1 = Ja			
7	Ehefrau / Person B	150 M M J J	151 M M J J	152 1 = Ja	155
8	Ich bin – geh- und stehbehindert	154 1 = Ja			
9	– blind / ständig hilflos	153 1 = Ja			

Hinterbliebenen-Pauschbetrag

Zeile		stpfl. Person / Ehemann / Person A	Ehefrau / Person B
10	Ich beantrage den Hinterbliebenen-Pauschbetrag	380 1 = Ja	381 1 = Ja

Pflege-Pauschbetrag

– bei erstmaliger Beantragung / Änderung bitte Nachweis einreichen –

11 Die **unentgeltliche** persönliche Pflege einer ständig hilflosen Person in ihrer oder in meiner Wohnung erfolgte durch — 200 — 1 = stpfl. Person / Ehemann / Person A; 2 = Ehefrau / Person B; 3 = beide Ehegatten / Lebenspartner

12 Name, Anschrift und Verwandtschaftsverhältnis der hilflosen Person(en) — Anzahl weiterer Pflegepersonen 201

Andere Aufwendungen

Zeile	Art der Aufwendungen	Summe der Aufwendungen EUR	Anspruch auf zu erwartende / Erhaltene Versicherungsleistungen, Beihilfen, Unterstützungen; Wert des Nachlasses usw. EUR
	Krankheitskosten (z. B. Arznei-, Heil- und Hilfsmittel, Kurkosten)		
13	ZAHNIMPLANTAT FÜR 2 ZÄHNE	3410,–	810,–
	Pflegekosten (z. B. häusliche Pflege und Heimunterbringung)		
14		+ ,–	+ ,–
	Behinderungsbedingte Aufwendungen (z. B. Umbaukosten)		
15		+ ,–	+ ,–
	Behinderungsbedingte Kfz-Kosten		
16		+ ,–	+ ,–
	Bestattungskosten (z. B. Grabstätte, Sarg, Todesanzeige)		
17		+ ,–	+ ,–
	Sonstige außergewöhnliche Belastungen		
18		+ ,–	+ ,–
19		300 3410,–	301 810,–

Für folgende Aufwendungen wird die Steuerermäßigung für haushaltsnahe Beschäftigungsverhältnisse / Dienstleistungen / Handwerkerleistungen beantragt, soweit sie wegen Abzugs der zumutbaren Belastung nicht als außergewöhnliche Belastungen berücksichtigt werden (die Beträge sind nicht zusätzlich in den Zeilen 4 bis 6 der Anlage Haushaltsnahe Aufwendungen einzutragen):

Zeile			Aufwendungen (abzüglich Erstattungen) EUR
20	Die in Zeile 19 enthaltenen Pflegeleistungen im Rahmen eines geringfügigen Beschäftigungsverhältnisses im Privathaushalt – sog. Minijob – betragen	370	,–
21	Die in Zeile 19 enthaltenen übrigen haushaltsnahen Pflegeleistungen (ohne Minijob) und in Heimunterbringungskosten enthaltenen Aufwendungen für Dienstleistungen, die denen einer Haushaltshilfe vergleichbar sind, betragen	371	,–
22	Die in Zeile 19 enthaltenen Arbeitskosten für Handwerkerleistungen betragen	372	,–

Stichwortverzeichnis

F

G

H

I, J

K

L

M

N

O, P

Q, R

S

T

U

V

W

Z

Die Stiftung Warentest wurde 1964 auf Beschluss des Deutschen Bundestages gegründet, um dem Verbraucher durch vergleichende Tests von Waren und Dienstleistungen eine unabhängige und objektive Unterstützung zu bieten.

9., aktualisierte Auflage,

Stiftung Warentest
Lützowplatz 11–13
10785 Berlin
Telefon 0 30/26 31–0
Fax 0 30/26 31–25 25
www.test.de
email@stiftung-warentest.de

USt-IdNr.: DE136725570

Vorstand: Hubertus Primus
Weitere Mitglieder der Geschäftsleitung:
Dr. Holger Brackemann, Daniel Gläser

Programmleitung: Niclas Dewitz

Autoren: Hans W. Fröhlich, Angela Rauhöft
Projektleitung: Philipp Sperrle
Fachliche Unterstützung: Uwe Rauhöft
Layout: Büro Brendel, Berlin
Grafik, Satz: Ulrike Hahn, Anne-Katrin Körbi
Bildredaktion: Anne-Katrin Körbi

Bildnachweis: Titel: Fotolia, bloomline
U4: iStockphoto
iStockfoto: 8 ThomasVogel
mauritius images: 224 Alamy, Aleksandr Matvee
Gettyimages: 11 Gpoint Studio, 21 Yoyochow23, 28 Tetra images RF, 31 Ienets_Mikolay, 32 Sky_Blue, 54 Artemenko Daria, 59 Choreograph, 61 artist-unlimited, 80 FluxFactory, 89 Halfpoint, 94 IOvE IOvE, 114 den-belitsky, 126 gpointstudio, 132 valbar, 144 m-imagephotography, 149 Photobuay, 159 BrianAJackson, 162 Marko Skrbic, 168 MarijaRadovic, 172 Andrew Lever, 181 kiddy0265, 186 GlobalStock, 200 grinvalds, 202 AntonBalazh, 219 Wolfgang Filser; 17, 18, 22, 39, 45, 51, 73, 75, 100, 106, 109, 111, 117, 122, 141, 165, 176, 178, 183, 190, 206, 208, 221 (iStockphoto); YK – stock.adobe.com: 69

Produktion: Vera Göring
Verlagsherstellung: Rita Brosius (Ltg.), Susanne Beeh, Romy Alig
Litho: tiff.any, Berlin
Druck: Rasch Druckerei und Verlag GmbH & Co. KG, Bramsche

ISBN: 978-3-7471-0107-0

Wir haben für dieses Buch 100 % Recyclingpapier und mineralölfreie Druckfarben verwendet. Stiftung Warentest druckt ausschließlich in Deutschland, weil hier hohe Umweltstandards gelten und kurze Transportwege für geringe CO_2-Emissionen sorgen. Auch die Weiterverarbeitung erfolgt ausschließlich in Deutschland.